泰州市名镇名村志

TAI ZHOU SHI MING ZHEN MING CUN ZHI

沈坨镇志

兴化市沈坨镇志编纂委员会 编

图书在版编目（CIP）数据

沈坨镇志 / 兴化市沈坨镇志编纂委员会编 . -- 南京 : 南京出版社 , 2025. 7. -- ISBN 978-7-5533-5032-5

Ⅰ . K295.35

中国国家版本馆 CIP 数据核字第 20240J3R71 号

书　　名　沈坨镇志
作　　者　兴化市沈坨镇志编纂委员会
出版发行　南京出版传媒集团
　　　　　南　京　出　版　社
社　　址　南京市玄武区太平门街 53 号
邮　　编　210016
联系电话　025-83283873、83283864（营销）　025-83112257（编务）

策划统筹　庄　斌　刘　娟
责任编辑　刘　娟
装帧设计　江苏大贤集团
责任印制　杨福彬

印　　刷　南京新洲印刷有限公司
开　　本　787 毫米 × 1092 毫米　1/16
印　　张　21.25　插页 16
字　　数　390 千字
版　　次　2025 年 7 月第 1 版
印　　次　2025 年 7 月第 1 次印刷
书　　号　ISBN 978-7-5533-5032-5
定　　价　120.00 元

总序

泰州因海而生，大江大海激荡交汇，渐次成陆。泰州也因海而兴，唐时“两淮盐税，泰州居半”“海陵红粟，仓储之积靡穷”。肥沃的土地、丰饶的物产吸引着历朝历代南迁或北渡的移民在此落地生根，吴楚之韵江淮之风氤氲交融，涵养成雄秀并蓄的胸襟和气度。千百年袅袅炊烟，耕读传家，生生不息。

尚文重教的泰州，古往今来阡陌街巷“弦诵相闻，蔚然有文雅之风”。南腔北调的泰州，里下河地区、高沙土地区和沿江地区，农事劳作、衣食住行、人生礼仪、岁时节庆有着些许差异，一方水土一方风情。风起云涌的泰州，民主革命前赴后继，建设发展筚路蓝缕，改革开放一路高歌。历史长河奔流不息，无数变迁里的因缘际会、绝续兴替，凝练起厚重的历史积淀和深远的人文情怀。

历史的车轮走到今天，我们正经历着史上规模最大、速度最快的城镇化进程，沉稳矜持的乡村驶入发展快车道，安土重迁的农民走南闯北逐梦他乡，乡镇在合并，村落在减少，人口在迁徙，社会在重构，聒碎乡心梦不成，归来何处是故乡。超速发展的信息化带来便利也带来挑战，那些令人无比温馨、饱含尊崇敬畏、具有不同特点的传统习俗日趋式微，多元的现代文明、价值观念不断翻新。一些曾经津津乐道、引以为豪的历史记忆似乎正在淡出视线，逐渐成为模糊的背影。

振兴乡村，文化为魂。盛世修志，志以问道。志书是中华民族记录历史、传承文明的独特载体。镇村志全面、系统、真实反映乡村传统与变迁，在服务科学决策、完善社会治理、激发爱乡情怀、养成健康风尚等方面有着独到的作用。在市及市区二轮志书编纂工作全面完成之际，我们适时启动镇村志和街道社区志的编修，选择部分具有一定特色的镇（街道）、村（社区），其中有的以历史文化见长，有的以生态环境闻名，有的以经济发展见著，对行将湮灭的自然风貌、历史遗存、经济业态、民俗风情、传统精神等进行抢救性征集整理，对自强不息、逐梦前行、砥砺奋斗事迹进行客观记述。

一镇一风格，一村一风情，一志一特色。泰州市名镇名村志不但记录乡村巨变，展示乡风民俗，系住乡音乡愁，还在着力彰显地方特色上下功夫。各部志书针对镇情村情订纲立目、征集史料、访寻掌故，力求文约事丰、图文并茂，让读者用不长的时间了解到主要的内容，获得较大的信息量。

他乡纵有当头月，不如故乡一盏灯。镇村志犹如一盏盏明灯，光芒虽不十分耀眼，但散发出淡淡田园诗意和故土温情，能够为游子照亮故乡小桥流水、街头巷尾、田塍篱角的万种风情，为后辈指引缅怀先贤、传承乡愁、寻根问祖的清晰路径。镇村志也是一扇对外展示的窗口，让更多的人从文字中品味泰州文化底蕴，触摸泰州精神气质，感受泰州乡村魅力。

有组织地编纂镇村志，在泰州历史上还是第一次。我们期待有更多的有识之士关注、支持镇村志事业，一起把这一厚植文化根脉、垒筑精神家园、服务乡村振兴的文章做好。

泰州市名镇（街道）名村（社区）志编纂委员会

2021 年 1 月

序

三度春秋，数易其稿，沈坨历史上首部镇志，在人们热切期盼中，付梓问世。“国有史，邑有志”，从此，沈坨拥有一张专属的文化名片，其功在当代，利在千秋，意义重大而深远。

《沈坨镇志》记载了沈坨镇的风土人情、发展历程，呈现了沈坨人的奋斗精神，留住了沈坨的根和魂。《沈坨镇志》的出版，诚赖众人之力。她得益于上级修志部门的精心指导和相关专家学者的鼎力相助，得益于全镇人民的热情支持和社会各界的大力配合，更得益于全体编纂人员字斟句酌、勤奋笔耕、无私奉献。在此谨表谢忱。

近千年来，沈坨民众在此生生不息，在此孜孜以求，美丽富饶的沈坨成就着无数沈坨百姓美好的生活愿景，勤劳善良的沈坨人民谱写了一曲曲可歌可泣的动人赞歌。沈坨有光荣历史，无数革命先辈舍生忘死，前仆后继，用生命和鲜血写下了气壮山河的英雄史诗，李默、吴崇禄、薛鹏等英烈精神成为沈坨人民弥足珍贵的精神财富。沈坨处交通要冲，省级航道蚌蜒河、兴姜河在此合流，曾经是周边四邻八乡通往兴化、泰州、姜堰、东台的交通枢纽。沈坨重文化传承，多少精英人才奋斗在祖国的大江南北，成为各条战线、不同领域的精兵强将。沈坨是美食之乡，“斜角”烧饼、手擀馄饨、沈坨板鸭等一张又一张特色招牌名片，让本地人找回那些愉悦的陈年记忆，更让远方游子体味到浓郁乡愁。沈坨多传奇故事，民间口耳相传着蚌蜒河、将军塘、东望子、冒家巷、伏龙庄等古老传说，薛仁贵、张士诚、岳飞、陈毅都曾在此留下足迹。沈坨居鱼米之乡，是重要的粮棉油生产基地，鱼虾蟹生态养殖、特色林果种植全产业链迈出坚实步伐。沈坨具别样风情，世世代代传承着特有的生活习俗和传统礼仪，更在继承中不断创新和发展着其精髓与根脉……凡此种种，不断滋养着沈坨人的精神品格，成为所有沈坨人的生命底色。

《沈坨镇志》融思想性、史料性、知识性为一体，实事求是地记述了沈坨的历史沿革、自然生态、经济社会和人文风貌，集千年的人文精华于一卷，赞扬了这方热土上的古老文明、优秀文化和传统美德，讴歌了沈坨人意气风发、勇于创新、真抓实干和勇创一流的奋斗精神，既是留住乡愁、保存文化记忆的一缕书香，也是一部全面了解、深刻认识沈坨情况的重要文献。她必将为我们实现经济社会发展目标提供借鉴，为沈坨的改革发展提供丰富的资政依据，为加强青少年思想道德建设和爱祖国爱家乡教育提供真实而生动的教材。

如今之沈坨，全镇上下凝心聚力、抢抓机遇，顽强拼搏、克难而进，各项工作成效显著，亮点纷呈，经济和社会各项事业全面进步，呈现蓬勃生机。沈坨的发展也面临前所未有的严峻挑战和极其难得的发展机遇，希望全镇广大干部群众能够认真地读志用志，让《沈坨镇志》在社会主义物质文明和精神文明建设中，充分发挥资政、存史、教化的重要作用；衷心希望沈坨人民团结一心、众志成城，在习近平新时代中国特色社会主义思想的指引下，以坚如磐石的信心、只争朝夕的劲头、坚韧不拔的毅力，迈开奔跑的步伐，追逐最初的梦想，奋力谱写中国式现代化沈坨新篇章。

《沈坨镇志》编纂委员会

2025 年 2 月

泰州名镇（街道）名村（社区）志编纂委员会

主　　任　张士林

副主任　吉　森

成　　员　徐常青　殷　建　冯鸿灿　钱厚亮　邵釜明
　　　　　　顾　伟　王　卉

《沈坨镇志》编纂委员会

第一届

主　　任　房宝才

副主任　沈　妍　吴　健

成　　员　袁凯中　俞春华　刘骏华　杨荣德
　　　　　　王　珊　朱晓斌　袁振沪　葛海燕

第二届

主　　任　沈　妍

副主任　潘小俊　吴　健

成　　员　袁凯中　芦　峥　俞春华　杨荣德
　　　　　　王　珊　朱晓斌　葛海燕

《沈坨镇志》编辑部

主　　编　袁凯中
副 主 编　葛海燕
执行主编　王卫明　倪学书
编　　撰　唐兆金　俞春泉
摄　　影　张忠良　王卫明
编　　务　陈秀萍　刘润婕

《沈坨镇志》审稿验收

终审单位　兴化市党史方志办公室
终审人员　吉　森　顾　伟　王　卉　冯鸿灿
　　　　　陈　莉　陈　辉　贺益梅
验收单位　泰州市党史方志办公室
验收人员　吉　森　顾　伟　王　卉　陈　辉　贺益梅

《沈坨镇志》批准出版

批准单位　中共兴化市沈坨镇委员会
　　　　　兴化市沈坨镇人民政府

凡例

一、以马克思列宁主义、毛泽东思想、邓小平理论、“三个代表”重要思想、科学发展观、习近平新时代中国特色社会主义思想为指导，坚持辩证唯物主义和历史唯物主义，客观记述沈坨发展变化的历史与现状。

二、记述上限追溯至有史记载事物发端，记述下限一般断至2021年底，大事记、图片延伸至2022年。详今明古，侧重反映时代特色和地方特点，体现沈坨的“名”与“特”。

三、记述地域范围以2021年沈坨区域为主，如涉及历史变迁，则适当记载。沈坨成立以前直接记行政村名称，或称“境域”“境内”。

四、采用纲目体，设类目、分目、条目3个层次，运用述、记、志、传、图、表、录等体裁，以志为主。统一采用现代汉语、第三人称记述。行文朴实、严谨、简洁、流畅，可读性强；图照精美，地方特色明显，生活气息浓，信息含量高，注重编排，图文并茂。

五、清及以前的纪年使用朝代年号纪年，括注公元年份；1912年1月1日起使用公元纪年。

六、数据以统计部门提供的数据为准。统计部门未提供数据的，以相关部门提供的数据为准。

七、计量单位和数字的使用，执行国家新闻出版相关规定，原则上使用法定计量单位。历史上使用的计量单位以及地名、机构名称，则如实记载。

八、人物传略记载已故人物，人物简介收录境内有重大影响和贡献的在世人物，名人履痕收录对本地有重要贡献的客籍人物，人物名录收录在外乡贤、先进模范人物，革命烈士名录收录于红色热土篇。入志人物皆以生年排序。

九、本志所用资料来自相关文献、档案，或由相关部门提供，均经核实，不再注明出处。

沈伦镇在江苏省的位置图

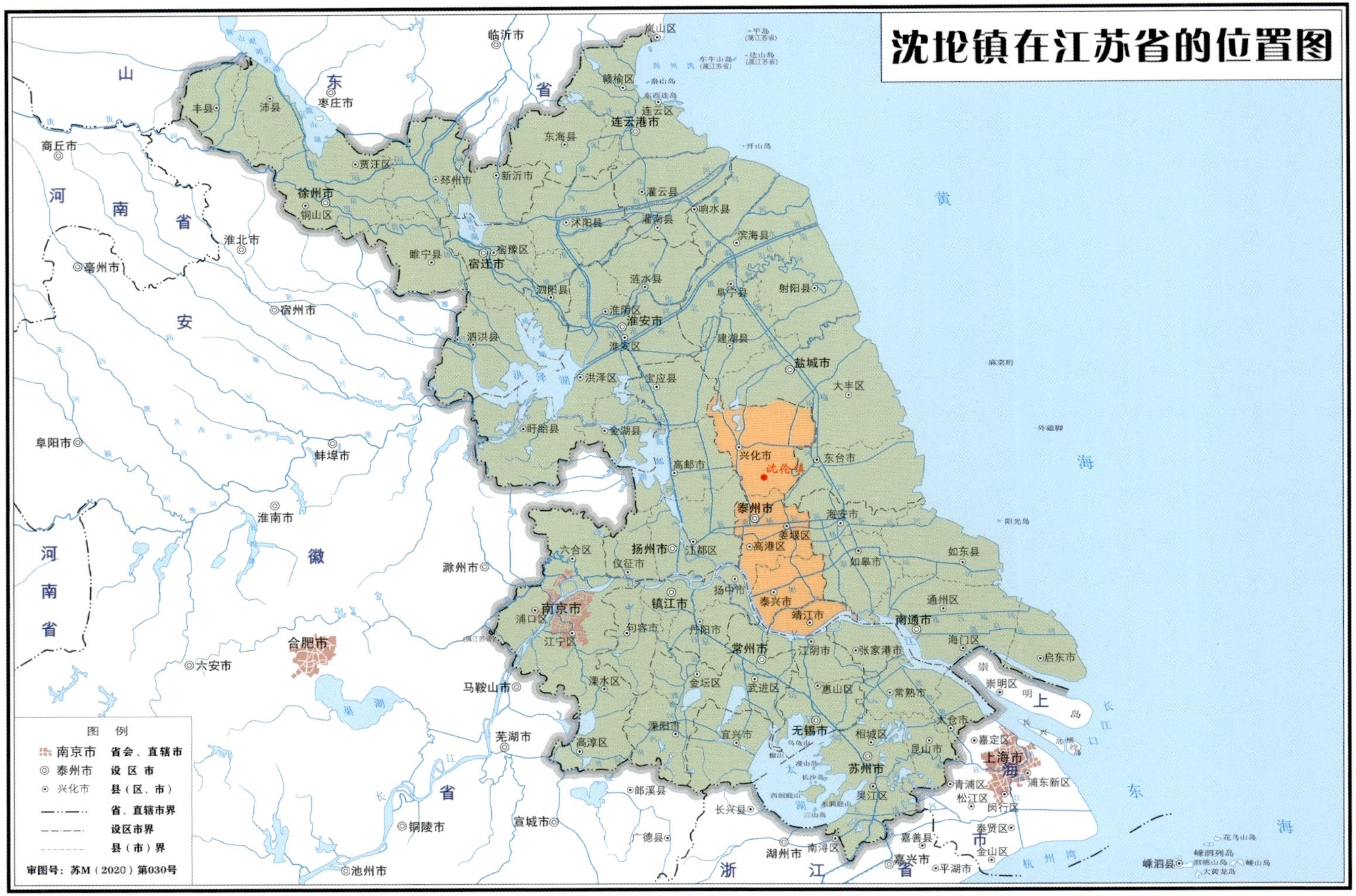

沈垞镇地图

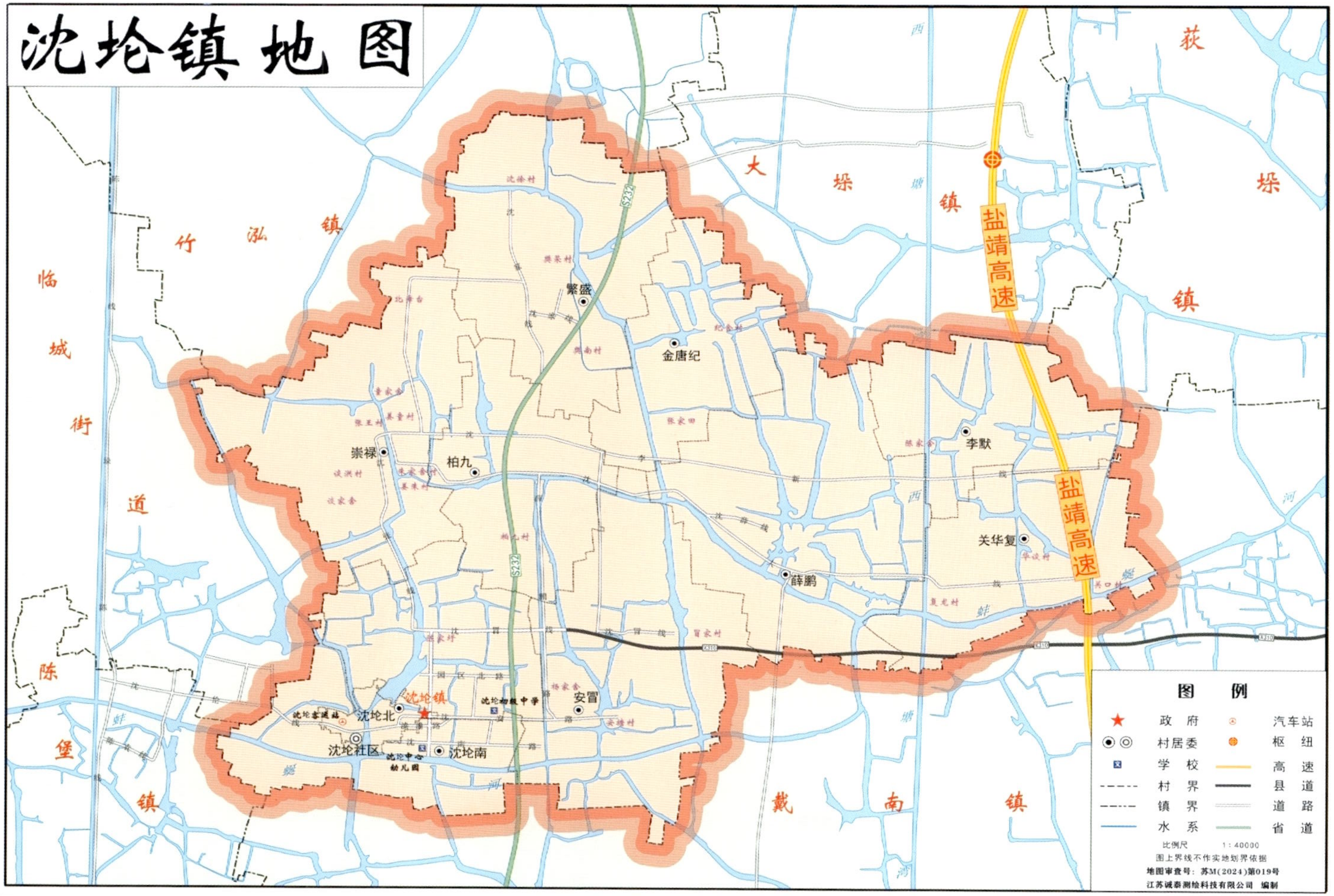

盐靖高速
繁盛
金唐纪
崇禄
柏九
李默
关华复
薛鹏
安留
沈垞镇
沈垞北
沈垞南
沈垞社区
沈垞初级中学
沈垞中心幼儿园
沈垞客运站
S232
X310
大垛镇
获垛镇
竹泓镇
临城街道
陈堡镇
戴南镇
图例
政府
汽车站
村居委
枢纽
学校
高速
村界
县道
镇界
道路
水系
省道
比例尺 1∶40000
图上界线不作实地划界依据
地图审查号：苏M(2024)第019号
江苏诚泰测绘科技有限公司 编制

沈纶集镇俯瞰图（蚌蜒河、兴姜河交汇点）

崇禄沿河风景带

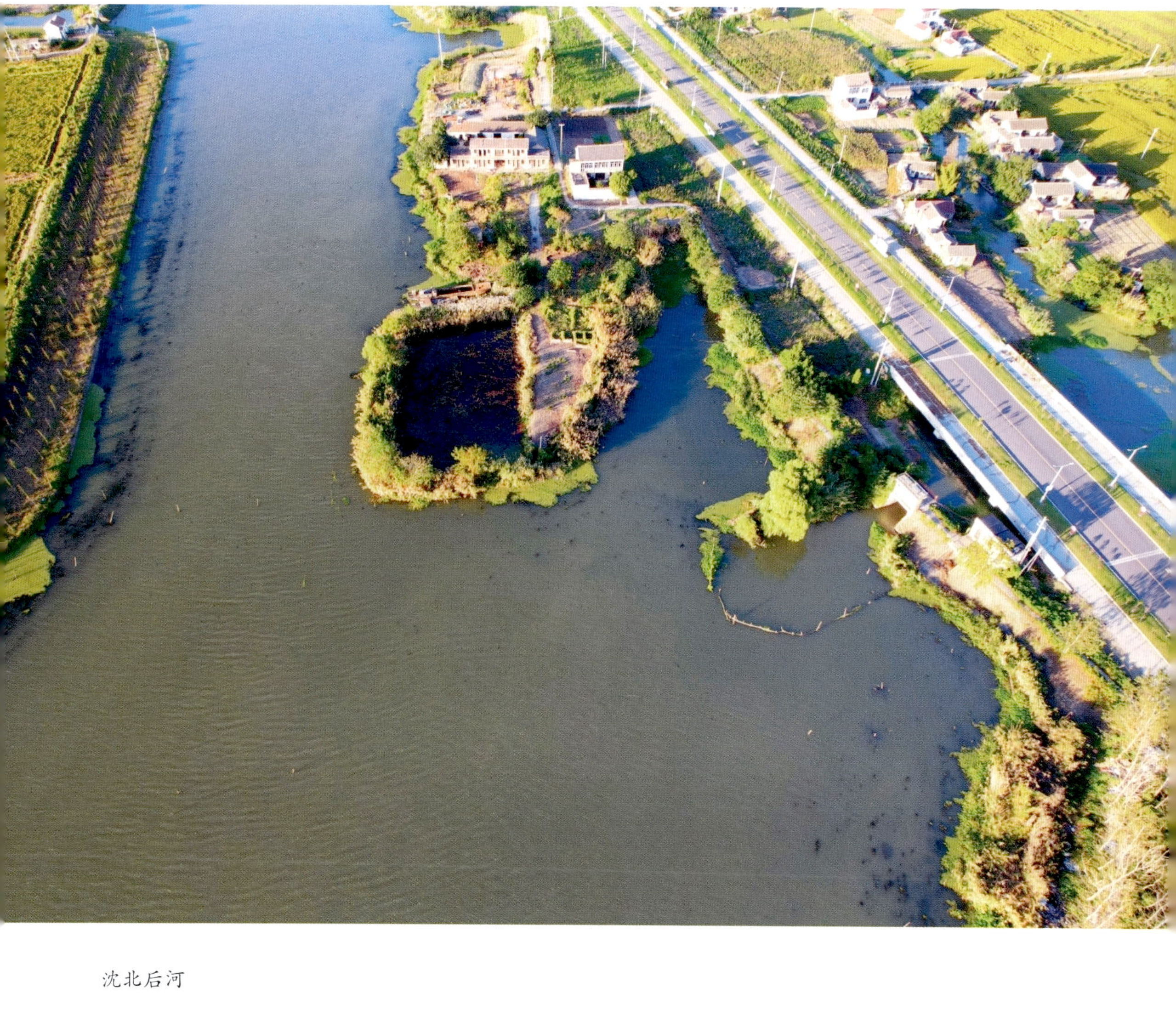

沈北后河

集镇一角

集镇一角

蚌蜒河大桥

兴姜河沈坨集镇段

沈坨中心校校园一角

集镇迎宾大道夜景

沈圪集镇紫苑花园居民小区

沈圪集镇新区风貌

姜朱崇礼亭景点

繁盛村庄后河

沈坨集镇后泊河

兴姜河沈坨沈三段沿岸景观

沈坨集镇前泊河

兴姜河沈坨沈四段晚景

薛鹏村俯瞰图

村民垂钓

蚌蜒北河柏九段

西唐港河沈埨段

目　　录

第九篇 风土人情

第十篇 人物

概　述

沈坨镇地处长江下游，位于江苏省兴化市东南部，是苏北里下河十大古镇之一。省级航道蚌蜒河、兴姜河在此交汇，省道 232、县道 310 呈“十”字形在境内穿腹而过，距宁靖盐高速戴南出口 10 公里，距泰州火车站 25 公里，距扬州泰州机场 30 公里。境内生态优美、土地肥沃、物产丰富，水陆交通便捷、地理位置优越。

2021 年，镇域面积 49.58 平方千米，辖 10 个行政村、1 个社区，总人口 2.75 万人。全年实现地区生产总值 8.97 亿元，财政总收入 6029 万元，工业企业开票销售 8.63 亿元，村级经营性收入 879.77 万元，农村居民人均可支配收入 25455 元。先后创成江苏省文明乡镇、江苏省卫生镇、江苏省水美乡镇、江苏省生态文明建设示范乡镇、江苏省垃圾分类处置试点示范乡镇。

千年古镇　人杰地灵

古镇沈坨，历史悠久。晚唐年间有先民生产生活，繁衍生息。宋元时期，形成较大人居村落。明洪武元年（1368），祖籍浙江湖州南浔的沈万九一家 200 余人，受远房族兄沈万三牵连被朝廷从南京驱逐，辗转流落到境内，并在此定居、垦荒、务农、繁衍，其时沈姓将田垄称之为“坨”，聚居地叫沈家坨。清顺治元年（1644），扬州城被清军攻陷，城内义士殷天寿携家人和众邻 300 多人逃离扬州，辗转至境内避难落户，因其中不乏商贾和手工业主，开布庄、粮行及手工作坊等，逐步形成比较繁荣的商贸集市，其时成为里下河地区十大古镇之一。清乾隆三十三年（1768），境域属东台县第八区。1912 年，境内推行市乡制，命名为沈坨市，仍属东台县第八区。

1943 年，沈坨属解放区兴东县。1945 年，沈坨属解放区溱潼县。1948 年，沈坨划归兴化县。

沈坨文化遗产丰富，古建筑、古遗址尤寺庙众多，有始建于光绪年间的穆家堡青龙庵，江苏省佛教协会副会长慈舟出自青龙庵。有兴化十三丛林之一的百年古刹雁荡观音禅寺，是省内少有保持原貌的古寺建筑群。有泰州地区为数不多的尼姑庵，建于同治十年（1871）的圆通庵。还有兴化四大名观之一的清义观，金家舍善庆寺、穆家堡塔院、集镇“前庙”“中庙”“后庙”、樊家舍伏龙律院等。穆家堡百年麻石街，见证了沈坨的繁荣。除文化遗迹之外，沈坨还有泰州市级非物质文化遗产兴化面塑、兴化市级非物质文化遗产徐氏皮肤病传统疗法等。

沈坨人崇文重教，英才辈出，涌现出无数在政治、经济、军事、文化、教育、卫生和科技等领域的名人志士。有的为民族独立、人民解放坚持斗争，留下许多可歌可泣的感人故事，如方宗儒、邢荣年、唐金发、邵培玉等。有的为社会主义建设事业踔厉奋发、勇毅前行，展现不平凡的业绩风采，如滕一峰、刘正洪等。有的为家乡发展、人民福祉日夜操劳、无私奉献，汇聚乡村振兴的强大力量。还有不少客籍名人，如佛教慈舟法师、著名作家费振钟、九三学社中央专职副主席刘政奎，他们或利用自己的影响，或利用手中的笔，为沈坨文化建设作出贡献。

生态沈坨　如诗如画

沈坨镇境内水网密布，沟渠纵横，环境优美。2009 年以来，充分挖掘当地资源禀赋，紧扣建设“秀美沈坨”战略目标，强力推进美丽乡村建设。2009—2011 年，姜朱村、沈坨南村、关华复村先后获评为兴化市新农村建设一等奖。2011 年，安塘村被确定为江苏省村庄建设与环境整治试点村。2013 年，柏九村柏家居民点被列为江苏省村庄建设与环境整治试点。2018 年，沈家村、樊荣村、李默村为泰州市、兴化市人居环境整治现场推进会成功备点。生态样板河段打造、人居环境整治等工作先后接待农业农村部、江苏省水利厅领导，盐城市盐都区、淮安市、沭阳县、姜堰区、高港区等市外部分乡镇及市内 20 余家乡镇（街道）党政代表团现场观摩。

沈坨镇有省级河道 1 条、市级河道 7 条、乡镇级河道 5 条、村级河道 304 条。

河长制工作开展以来，在认真组织开展水环境保洁、沉船打捞、网簖清理、沿岸排污口整治、违章建筑拆除等市级“六项行动”的基础上，致力于打造“沈坨版”的生态河道和样板河道。西塘港河被兴化市河长制办公室指定为兴化市镇村示范河道的标准，沈北后河获评江苏省五星级幸福河湖。薛鹏村、关华复村、安塘村、姜朱村先后创成江苏省“水美乡村”。在特色田园乡村建设中，崇禄村被授予江苏省特色田园乡村，张谭村、柏九村创成兴化市特色田园乡村。

产业兴镇　物阜民安

沈坨是典型的传统农业乡镇。历史上以种植业为主，主要种植稻、麦、棉，兼种油菜、豆类等旱谷。20 世纪 80 年代中期，实行家庭联产承包责任制，“五业”（农、林、牧、副、渔）并举。21 世纪后，立足本地生态环境和禀赋资源，持续推进高效农业发展，传统产业转型升级取得明显成效。2015 年，成功创建泰州市现代农业产业园，农业结构调整进程加快，形成水蜜桃、碧根果、无花果、木瓜、西兰花、娃娃菜、韭菜黄等果蔬种植基地，衍生白玉枇杷、苏翠一号梨、天鹅绒紫薇、冬桃等一批村级联办林果种植产业。引进以工商资本为投资主体的宏景生态循环农业产业园项目、藕虾（小龙虾）生态立体种养项目、美地果蔬家庭农场。

蚌蜒河畔一角

沈坨贸易兴旺，商贾云集。历史上，来自浙江及苏南、扬州等地先民于此生产生活，不仅促进了当地的物流畅通、贸易繁荣，同时将其家乡的美食引进沈坨，带动古镇餐饮业的繁荣。加之沈坨位于省级航道蚌蜒河与兴姜河交汇处，生态自然，物产丰殷，如螺蛳、蚬子、河虾、银鱼、虎头鲨、龙虾、螃蟹等，品类繁多。

沈坨人吃苦耐劳、勤奋实干。在长期的生产实践中，既积累了宝贵的生产经验，也形成很多生产习俗。沈坨人遵循传统，崇尚礼仪，在人与人交往中，在世世代代的传承中，形成了一系列特有的生活习俗和传统礼仪，这些生产生活习俗，受传统观念支配而影响深远。

红色热土　先贤留痕

沈坨是一方红色的故土，从抗日战争到解放战争结束的十多年间，多少仁人志士、英雄儿女为这方土地献出宝贵的生命，用热血浇灌出金色的收成，为后人留下一幅血染风采的悲壮画卷。1937 年，在穆家堡成长起来的进步青年方宗儒，投奔由李明扬任总指挥的国民党地方部队“鲁苏皖边区游击总指挥部”，任李明扬将军副官，并参与陈毅与李明扬会晤接待，给陈毅将军留下深刻印象。1941 年春，新四军在盐城重组军部，陈毅代军长在前往盐城的途中，夜访沈坨，在张国强家理发，留下一段佳话。发生在沈坨及周边地区大大小小的战斗十几次，攻克穆家堡、冒家庄伏击战、童家舍突围战、余家舍歼灭战、智惩顽匪“还乡团”等，有力地打击了敌人，薛鹏、李默、吴崇禄、陈正黄、许永国、许民山、黄正才等英烈在沈坨这方热土献出宝贵生命。

沈坨人民知恩于心，感恩于行。先后打造沈坨烈士陵园、李默烈士墓、薛鹏村史馆等“红色实境课堂”，形成以“传承红色文化、发扬红旗精神、建设红火乡村”为特色的“三红”党建品牌。10 个行政村中有 3 个村分别以李默、崇禄、薛鹏烈士的英名冠名，这在兴化绝无仅有。

秀美沈坨　未来可期

沈坨镇是一个古老的水乡小镇。中华人民共和国成立前，集镇规模较小，有几条老街古巷、商铺门店，水上交通相对发达。20 世纪六七十年代，作为竹泓区公所所在地，镇区有供销社、粮管所、商店、饭店等，县属、区属、乡办企业及商铺逐渐增加，开通每天一班的沈坨至兴化、沈坨至泰州、沈坨至姜堰的始发轮船客班。20 世纪 90 年代，沈坨实施填河造路，在兴姜河集镇与沈三村段新建 80 米长的跨河大桥，拉开集镇框架。随着经济不断发展，进入 21 世纪后，沈坨不断扩建、新建各类公用基础设施。至 2021 年，省道 232、县道 310 穿腹而过，境内 64 千米路网道路全面硬质化，拥有大小桥梁 548 座。集镇农贸市场、山杉木业大厦、农业服务中心、财政大楼、中心幼儿园等标志性建筑彰显镇企融合的生机和活力。

2009 年，与坐落于沈安路的镇中心敬老院置换，政府机关实施整体搬迁，拉开集镇框架，形成镇区“四横三纵”的街道格局，遵循建设“精致和谐、宜居宜业”小城镇理念，兴建工业集中区，建成沈坨广场、报告厅广场、东风桥、富民桥、沈北桥、迎宾大道、沈南路、沈北路、新区驳岸、污水处理厂、垃圾中转站、客运中心等集镇重点工程。府前公园、文体活动广场为居民提供上佳休闲去处。修葺后的集镇后街背巷依存千年古镇厚重的文化底蕴。各村实施人居环境建设，推进农村生活垃圾治理、户厕改造、危房改造、通村公路硬质化进村入户、河道疏浚、绿化亮化等工程，村庄面貌勃发出新的生机和活力。

沈坨在抓好物质文明建设的同时，不断加强社会主义精神文明建设，开展文明教育、文明创建和文明阵地品牌建设系列活动，不断将精神文明建设推向更高水平，一系列群众性精神文明创建活动百花齐放、百舸争流、硕果累累，涌现一批道德模范和先进典型。以江苏省文明家庭樊才林家庭为代表的文明家庭，发挥榜样的示范带动作用，让文明新风吹遍沈坨大地。本乡本土的凡人善举、“草根英雄”层出不穷，用平凡的行动和伟大的精神，感动和带动全镇人民见贤思齐、奋发向上。

悠久的历史、优美的环境、丰富的物产、深厚的文化积淀、光荣的革命传统，滋养着勤劳智慧的沈坨人民。新时代的沈坨镇，正以风雨兼程的精神和一往无前的奋斗姿态，咬定青山，脚踏实地，同心同德，踔厉前行，奋力谱写高质量发展新篇章。

集镇一角

大 事 记

唐

晚唐年间，境内有先民生产生活、繁衍生息。

宋

作为蚌蜒河流域汉唐先民文化堆积层遗址，境内形成较大的人居村落。

元

至正十一年（1351），云游至境内的九华山乙通法师，义捐黄金5两、白银50两，与地方合力建设集市广场及水陆码头，形成沈纶集镇雏形。

明

洪武元年（1368），沈万三远房族弟沈万九一家200余人被逐出南京，流落到境内落户。作为京都大户，沈家严格奉守“诗书济世、忠孝传家”之家风，在境内很快成为名门望族，遂定庄名为沈家纶。

洪武二年（1369），张士诚部一股伤残士卒及战争孤儿，流落在境内穆家堡周边的乡村僻野，生计无从着落。穆家堡庄首、庙长及社会贤达，发起成立“复善堂”进行妥善安置。“复善堂”石碑遗存完好。

清

顺治元年（1644），民族英雄史可法率领军民与攻打扬州城清军殊死抗战，因寡不敌众城破阵亡。城内义士殷天寿出资雇船30条，带众邻300多人逃出扬州，经大运河转入蚌蜒河，船只在境内前泊遇险，经当地众人抢救，无一伤亡，并得到妥善安置，难民亲感沈家坨人朴实善良、包容厚道，皆愿在此落户。众难民中不乏商贾和手工业主，对后来集镇商贸繁荣，成为苏北里下河“十大古镇”之一，具有不可替代的作用。

咸丰六年（1856），境内唐家舍罗姓妇人，年轻寡居，吃尽千辛万苦培育小叔和幼子成才，考取功名，朝廷颁旨新建“节孝坊”加以褒奖。

中华民国

1912年

境域隶属东台县第八区，境内推行市乡制，沈家坨定名为沈坨市，辖85个庄舍。

1913年

春，沈坨仍隶属东台县第八区，东台县警察所在沈坨设分所。

1915年

东台县警察所在沈坨设警备队驻点。

1927年

秋，境内大旱，河道干涸，庄稼基本绝收，疾疫流行，不计其数的百姓染病而亡。

1931年

7月，里下河地区遭受大水灾，境内村庄和农田受害，庄稼基本绝收。

1934 年

春，改“沈圪市”为“沈圪镇”，时属东台县第八区。

1935 年

冬，境内推行保甲制。10 户为甲，设甲长；10 甲为保，设保长。

1937 年

7 月，日本发动全面侵华战争。在穆家堡成长起来的进步青年方宗儒，投奔由李明扬任总指挥的国民党地方部队“鲁苏皖边区游击总指挥部”，任李明扬将军副官。

1939 年

7 月，陈毅“三进”泰州会晤李明扬，方宗儒均参与接待。

是年秋冬，沈圪有地下党组织活动，宣传抗日思想，动员青年参加抗日活动。

1941 年

2 月 21 日，日军乘汽艇偷袭沈圪，驻扎在沈圪的“税警团”一个连仓皇出逃，7 名同胞被日军杀害。

春，新四军在盐城重组军部，陈毅代军长在前往盐城途中，夜访沈圪，在境内剃头匠张国强家理发，留下一段佳话。

1943 年

是年，境域隶属兴东县。

1945 年

10 月，苏中军区党委将原属兴化县管辖的兴南办事处（蚌蜒河南部一带）和东台县第八区的部分乡镇划归溱潼县，沈圪在其中。

1947 年

2 月 27 日，华东分区某部副营长薛鹏，在攻打穆家堡战斗中牺牲。当年溱潼县政府将穆家堡镇改名为薛鹏镇。

4 月 17 日，在境内童家舍突围战中，大垛区游击连副连长吴崇禄为掩护战友安全撤退牺牲。当年大垛区委将烈士牺牲所在地的凡唐乡改名为崇禄乡。

7 月 30 日，宝应县望直区委书记李默，调任溱潼县大垛区委副书记，在沈坨境内华谈庄、复兴庄、袁家舍、王家舍一带坚持“保卫夏收、反顽化、反‘扫荡’”斗争，夜宿复兴庄时，因叛徒告密，遭敌人突然袭击牺牲。当年溱潼县政府将王家舍、复兴庄、关口一带村庄命名为李默乡。

1948 年

11 月 16 日，沈坨解放，划归兴化县管辖，隶属临城区。

11 月 24 日，成立沈坨镇人民政府，于加一任镇长，邢荣年任副镇长。下辖沈坨镇、薛鹏镇、崇禄乡、李默乡。

1949 年

2 月 16 日，兴化县委作出《关于动员全力以赴完成渡江支前任务的决定》，沈坨镇动员船只近百条、民工 200 多人支援大军渡江。沈二村民工顾生根，在送解放军渡江过程中，被流弹削去一块头盖骨，经抢救生还。

6 月，在镇中心商业区（祖师庙内）成立沈坨中心小学，教学内容主要是小学语文、小学算术（含珠算）两科。

中华人民共和国

1950 年

2 月，沈坨改属大垛区，辖沈坨镇、薛鹏镇、李默乡、凡唐乡（从崇禄乡中划出金家、纪家、唐张、樊荣、凡南、沈家等村复置凡唐乡）、崇禄乡、安丰乡“两镇四乡”。

1952 年

春，沈坨各村成立农业生产互助组。

1953 年

3 月，兴化法院在沈坨设沈坨法庭，首任庭长陈荷秋（女）。

1955 年

3 月，沈坨撤镇改乡，辖沈安乡、凡唐乡、崇禄乡、三烈乡。

10 月，沈坨各村组建“初级生产合作社”。

1956 年

秋，境内“初级农业生产合作社”转建“高级农业生产合作社”，设党支部书记、社长、会计。

1958 年

2 月，成立中共沈坨乡委员会，设立沈坨乡人民政府。

7 月，在镇区成立沈坨万斤大学（沈坨中学前身）。

9 月，撤沈坨乡，与刘陆乡合并成立沈坨公社，范围包括李默乡、凡唐乡、崇禄乡、安冒乡，社址在沈坨集镇。村改为生产大队，以大队为核算单位。

11 月，成立沈坨广播站，各大队均架设有线广播，接收兴化县广播站节目。

1959 年

是年，划出刘陆公社，仍设沈坨公社。

7 月，沈坨以片为单位设立乡村教学辅导组，具体为东片（华谈组）、西片（张王组）、北片（凡荣组）、薛鹏组、沈坨组。

10 月，成立兴化县竹泓区，区公所设在沈坨集镇。

1961 年

4 月，中共江苏省委工作组进驻沈坨传达贯彻中央“农业六十条”精神，纠正“一平二调”做法，狠刹“五风”，落实改善群众生活措施。

1962 年

7 月，国家实施减少城镇人口和压缩城镇粮食销量政策，沈坨压缩城镇定量居民人口近 200 人。

10 月，设沈坨公社党委，落实中央“三级所有，队为基础”的政策。改以生产队为核算单位。

1963 年

是年，安塘村购置常州柴油拖拉机厂 8 匹手扶拖拉机，时为兴化县农村大队第一台。

1964 年

3 月，沈坨万斤大学更名为沈坨农业中学。

1965 年

6 月，沈坨发生洪涝灾害，组织农机站所有机械、船只和兴化抗排站支援的船只到各大队参与排涝，同年筹建沈二灌排站。

1968 年

2 月，设沈坨公社革命委员会。

3 月，渔民陆上定居，设沈坨公社水产大队。

1969 年

春，上海、南京、扬州、兴化等城市知识青年 212 人到沈坨插队落户。

12 月，扬州苏北人民医院响应毛主席“把医疗卫生工作的重点放到农村去”的指示，下放到沈坨公社。院址在沈坨四大队兴姜河东侧。

1970 年

冬，各大队培养赤脚医生，实行合作医疗。

1972 年

4 月，组建沈坨农修厂水上船队，1 条小火轮和 16 条大驳船近 2000 吨位。

1973 年

4 月，在安塘大队兴办沈坨公社“万头猪场”。

1974 年

3 月，征用安塘大队九队蚌蜒河南土地 50 亩，兴建 24 门轮窑沈坨公社砖瓦厂，年产红砖2000多万块。

8月，推荐“工农兵”大学生，薛鹏三大队知青徐素华、张王大队青年王爱臣分别到南京大学、扬州师范学院就读。

1975年

7月，沈坨中学成立高中部，在沈坨二大队一队新建2幢教学楼，配套建有食堂、教师宿舍等，占地面积38亩。

1976年

3月，大面积推广种植杂交水稻，沈坨公社农科站牵头组织10多人去广东海南学习育种技术。

4月，境内推广棉花“营养钵”栽培技术，由上年的亩产籽棉198公斤，提高到258公斤，平均亩产提高30%以上。

8月，扬州地区专员公署在沈坨公社水产大队召开渔民陆上定居现场会，副专员张鸣功出席。

8月，薛鹏学校在初中部的基础上增设高中部。

9月，全公社开展防震抗震知识宣传，采取搭建防震棚防灾减灾措施。

1977年

2月，修建沈二电灌站至安塘地下渠道，形成地下灌水、地上行人的新型大道，全长2.5千米。

12月，国家恢复高考制度，沈坨近200名考生参加高考。

1978年

3月，沈坨粮管所在原有北站粮库的基础上，征用沈坨二大队1队土地30亩，新建南站粮库。

1979年

7月，沈坨人民公社组织2000人大会战，为期20天，开挖一条南北走向、长5千米的朝阳河。

1980 年

10 月，沈坨组织东片 5 个大队去大垛小何舍学习联产到组经验，试点推行联产到组生产责任制。

1981 年

4 月，撤销沈坨公社革命委员会，成立沈坨公社管理委员会。

10 月， 撤销沈坨中学高中部。

1983 年

8 月，实行政社分设（体制改革“两改三”），成立沈坨乡党委、沈坨乡人民政府、沈坨公社经济联合委员会。经济联合委员会辖工业公司、农业公司、副业公司。大队改为村。

1984 年

3 月，拆除设在安塘大队的沈坨公社万头猪场，实施土地复垦。

3 月，在朝阳河东侧安塘段新建沈坨农科大楼。

4 月，沈坨乡政府搬迁至兴姜河西侧新址办公。

1985 年

9 月，创办兴化县沈坨板鸭厂。

1986 年

1 月，根据中共扬州市委扩大会议精神，三套班子改为两套班子，俗称“三改两”。撤销沈坨公社联合经济委员会，同时设立沈坨乡纪律检查委员会。

1987 年

3 月，沈一空调配件厂被泰州春兰集团公司作为定点协作厂家，上规模扩大生产线，成为沈坨乡龙头企业。

1988 年

10 月，沈坨机农厂、农修厂、空调配件厂等重点企业开通程控电话。

1989 年

8 月，在沈坨三村 3 队新建沈坨小学，占地 26.5 亩。

10 月，华谈村自筹资金近 15 万元建造自来水厂，在兴化市率先实现村民饮用安全卫生自来水。

1990 年

12 月，铺设沈坨至原兴泰公路连接线，连接线全长 2.6 千米；首次开通沈坨—兴化客运班车，实行晴通雨阻。

1991 年

4 月，境内电视机普及入户，集镇首批安装闭路电视用户 631 户。

6 月，在沈坨二村 1 组段蚌蜒河北侧，投资 120 万元，建成沈坨集镇自来水厂，日供水量 5000 吨。沈坨一、二、三、四村及沈坨集镇、安塘村 2500 户 7000 多人受益。

7 月，沈坨遭遇百年未遇特大洪涝灾害，最高水位为 3.34 米。全镇水稻受灾面积 3.7 万亩，其中绝收面积 2.5 万亩；棉花受灾面积 0.9 万亩，其中绝收面积 0.5 万亩。包括日用商品、化肥、房屋、桥梁、船只、树木、农作物等，总损失 2300 多万元。

7 月，江苏省副省长吴锡军到沈坨指导抗灾救灾。

12 月，台湾佛教慈济慈善事业基金会在唐张村援建救灾房 106 间，定名为“慈善社区”。

1992 年

3 月，撤销沈坨客运轮船班次。

4 月，沈坨组织乡村干部赴东台富安参观考察，学习种桑、养蚕、丝织、服装一体化致富经验。

6 月，境内程控电话普及入户，集镇首批安装程控电话 363 部。

10 月，大面积推广种桑、养蚕，全乡扩种湖桑面积 1500 亩。

1993 年

4 月，在安塘村西首、朝阳河东岸新建沈坨乡多种经营服务公司蚕茧站。

6月，蚕茧站平均日收购蚕茧3000公斤，全年收购总量100万公斤。

1994年

5月，在兴姜河段建成沈坨集镇连接沈坨三村的沈坨大桥。大桥长80米、宽10米，总投资60万元。

1995年

6月，沈坨镇委托兴化市规划设计院编制《沈坨镇总体规划（1996—2020年）》。

8月，在沈坨一村5组征地48.25亩，新建沈坨初级中学。

1996年

2月，沈坨镇区拆迁，打通溱潼路、薛鹏路等主干道。

4月，在沈坨大桥东侧，新建沈坨水利站综合大楼。占地面积1107平方米，建筑面积1968平方米，总投资260万元。

12月，《沈坨镇总体规划（1996—2020年）》通过专家评审，并报经兴化市人民政府批准实施。

1997年

3月，沈坨全面推行乡村企业改制。

9月，完成砖瓦厂、农修厂、水泥制品厂、五金厂、板鸭厂、水乡特种线材厂、沈一空调配件厂、区日用制品厂等8家乡村企业改制。

1998年

4月，兴姜河沈坨段东岸，全部建成水泥驳岸。

6月，反映沈坨各个时期革命斗争历史的党史书籍《疾风劲草》出版发行。

9月，完成安塘木制厂、安塘包装厂、沈四五金厂等3家乡村企业改制。

1999年

9月，完成沈坨钢窗厂企业改制。

10月，在原机械农具厂（县属农机六厂）的厂址上，开发小商品市场。

2000 年

10 月，实施第一轮行政村合并，沈坨由 29 个行政村、1 个居委会合并为 13 个行政村、1 个集镇居委会。

11 月，经江苏省人民政府批准，沈坨乡撤乡建镇。

2001 年

10 月，全面实施农村通村公路“通达工程”，按照宽 3 米的砂石路标准通达各行政村。其中主要通道安塘至薛鹏段浇筑宽 4.5 米硬质路面。

2002 年

6 月，新建沈坨运输站大楼及公交车停车场。

2004 年

4 月，成立沈坨镇关心下一代工作委员会。

10 月，沈家村范维礼家庭被农业部表彰为“全国粮食生产大户”。

2005 年

3 月，泰州英才学校在沈坨中心校小学部创办第一所私立小学。

7 月，沈坨镇委托兴化市规划设计院编制《沈坨镇镇村布局规划》。

2006 年

2 月，沈坨镇被兴化市政府表彰为全市粮食工作先进单位。

4 月，烈士李默的两个胞弟到复兴和南王追寻烈士牺牲地和烈士墓，沈坨镇党委、政府举行盛大纪念活动。

7 月，在沈坨中学原校址兴建 3 层教学楼一幢，建筑面积 1290 平方米，沈坨中心小学搬迁至此。

2007 年

3 月，集镇至沈四自然村沿河大桥建成通车。

5 月，撤销农业银行沈坨支行。

6 月，招商引进泰州东盛服饰有限公司入户沈坨。企业占地 10.8 亩，建成厂房3200平方米，注册资本200万元。

2008年

2月，沈坨中心卫生院整体搬迁至原沈坨中心小学，新建住院大楼2800平方米、门诊大楼1200平方米。

4月，安馨园房地产开发公司在沈坨集镇开发第一批商品房。开发建设3层商住楼一幢，占地面积1317.6平方米。

6月，沈坨镇依据镇村布局规划，制定新农村建设方案。

12月，与镇中心敬老院和新建文化站综合大楼置换，镇政府机关迁址办公。

2009年

4月，沈坨镇党委、政府在姜朱村组织新农村建设先行试点，姜朱村被兴化市政府评为新农村建设一等奖。

6月，泰州舜泰服饰有限公司落户沈坨机械加工产业园。

8月，沈坨自主申报兴化市沈坨机械加工产业园，被兴化市政府确定为“14+1”兴化市级园区。园区规划用地2.6平方千米，首期建成1.5平方千米。

11月，投资220万元建成府前公园，投资360万元建成集镇迎宾大道、东风桥、富民桥。

12月，兴化市申怡金属铸造有限公司成为沈坨机械加工产业园首家签约入园企业。

12月，江苏省关工委常务副主任王霞林考察樊荣村樊才林“关情书苑”。

12月，大周公路全线建成通车，沈坨境内全长7.6千米。

是年，沈坨镇实现财政收入1550万元，首次突破千万元，增幅位列兴化市乡镇（街道）第一。

2010年

6月，沈坨镇党委书记戴荣军经组织选派援藏。

8月，110千伏薛鹏变电所在沈坨北村1组异地开工建设。

9月，樊才林获得中央文明办、国家关工委“全国关心下一代先进工作者”称号。

10月，戴南镇对口援建的沈坨镇中心校报告厅建成并投入使用。

11 月，投资 387 万元，建成集镇沈南路、沈北路、新风桥。

2011 年

1 月，在迎宾路西侧、沈南路南侧新建沈坨中心幼儿园。占地面积 1731 平方米，建筑面积 1297 平方米，总投资 350 万元。是年被评定为兴化市首批江苏省合格优质幼儿园。

7 月，始建于 1965 年的 35 千伏薛鹏变电所顺利并网停运。

9 月，泰州瑞奇保温材料厂落户沈坨机械加工产业园。企业注册资本 4000 万元，年产高铁声屏障产品 20 万平方米。

9 月，安塘村被确定为江苏省村庄建设与环境整治试点村。

10 月，实施通村公路“提档升级”工程，新建错车道 206 处，境内首次开通镇村公交线路。

2012 年

2 月，沈坨镇被兴化市委、市政府表彰为 2011 年度发展速度先进乡镇。综合考核排名首次进入兴化市前 15 名行列。

5 月，举办第一届全镇体育运动会。

9 月，沈坨中心校小学部搬迁至初中部，原小学部租赁创设残疾人康复中心。

10 月，沈坨镇确定沈坨南村沈三自然村为新农村建设第二批试点。铺设村庄柏油路 230 米，新建“国学一条街”“孝道牌坊”和农民休闲广场。

11 月，实施完成投资 208 万元的薛冒圩农业开发项目。

2013 年

1 月，沈坨镇被江苏省农业资源开发局授予 2012 年农业综合开发项目建设先进单位。

2 月，沈坨镇被泰州市村庄环境整治推进工作领导小组授予 2012 年度泰州市村庄环境整治工作先进集体。

3 月，柏九村柏家居民点被列为江苏省村庄建设与环境整治试点。

9 月，成立沈坨镇机械加工协会，召开第一届会员大会。

9 月，沈坨中心卫生院与泰州市人民医院结为技术协作医院。

10 月，建成沈坨镇农业综合服务中心、沈坨财政大楼。农业综合服务中心占地面积 336 平方米，建筑面积 880 平方米，总投资 150 万元；财政大楼占地面积 2000 平方米，建筑面积 823 平方米，总投资 206 万元。

11 月，沈坨镇成立兴化市首家镇级红十字会。

2014 年

3 月，沈坨镇被泰州市依法治市领导小组授予 2013—2014 年度法制乡镇（街道）创建工作先进单位。

4 月，在沈坨北村四组重建沈坨镇烈士陵园，将全镇烈士骨灰（遗骸）集中安放。占地面积 3300 平方米，设有瞻仰祭拜区、纪念碑和烈士遗骸安置区。

5 月，江苏省关工委主任曹鸿鸣考察樊荣村樊才林“关情书苑”。

6 月，沈坨镇“舞动青春”广场舞蹈队作为兴化市唯一代表队，参加泰州市全民健身系列活动启动仪式暨泰州市第五届广场健身舞交流展示大会，获得二等奖。

6 月，泰州市红十字会在沈坨镇成立泰州地区首个以个人命名的志愿者服务队——樊才林红十字志愿者服务队。

8 月，沈坨镇被兴化市政府确定为农村土地承包经营权确权登记颁证试点乡镇。

9 月，建成两层、面积 800 平方米的沈坨中心卫生院防保大楼。

10 月，沈坨镇被泰州市精神文明建设指导委员会评为泰州市文明乡镇。

10 月，实施完成投资 300 万的河道疏浚整乡推进工程。

11 月，实施完成投资 1300 万元的薛唐圩国家级万亩优质粮工程项目。新拆建圩口闸 11 座、排涝站 8 座、小型电灌站 34 座、硬质渠道 29 千米。

12 月，沈坨镇通过泰州市卫生镇创建考核验收，评定为泰州市卫生镇。

12 月，由乡镇自主建设的兴化市第一条按三级公路标准的通村公路沈李新线（称沈坨“中部干线”）建成通车。

2015 年

2 月，沈坨镇被兴化市委、市政府表彰为 2014 年度发展速度先进乡镇。

3 月，沈坨镇委托兴化市勘测设计院修编《沈坨镇总体规划（2015—

2030 年）》。

5 月，在上海市闵行区举办“江苏·沈坨经济社会发展说明会”，聘任 16 名上海地区“经济发展顾问”。

7 月，沈坨镇党委被兴化市委评定为 2014—2015 年度先进基层党（工）委。

8 月，沈坨镇沈南村、柏九村、张谭村 3 家村级淘宝服务站同日开业运营。

9 月，沈坨镇省级安监能力建设项目通过考核验收。

11 月，实施完成投资 5579 万元，涉及安塘、薛鹏、樊荣、冒家、金唐纪、沈家、柏九 7 个行政村的土地整治项目。该项目泰州市仅此一家，刷新沈坨历史上单体投入最大工程纪录。

12 月，实施完成集镇后街背巷整治和污水管网铺设工程，改造协和东巷、协和西巷、镇北路、人民路、中心街、商场西路、大桥西路、农贸市场北路、繁荣路、镇西路、裕民路等 11 条主街道和支巷道，总长 1672 米，面积 4598 平方米；改造通户次巷道 21 条，总长 470 米，改造面积 1010 平方米。

2016 年

1 月，由泰州市嘉铭置业有限公司投资建设的沈坨镇集镇农贸市场开业运营。

1 月，沈坨镇财政所被江苏省财政厅表彰为“规范化财政所”。

1 月，樊才林获得第三届“江苏慈善奖·最具爱心的行动楷模”称号。

2 月，沈坨镇被兴化市委、市政府表彰为绩效管理先进乡镇一等奖。

6 月，江苏天宝食品有限公司在沈坨工业园区开工建设，总投资 1.8 亿元，占地面积 32.24 亩。实现沈坨镇亿元以上项目零的突破。

7 月，沈坨镇党委被兴化市委表彰为 2015—2016 年度先进基层党（工）委。

7 月，委托兴化市规划勘测设计院设计的《沈坨镇总体规划（2015—2030 年）》通过专家论证，并经兴化市人民政府批准实施。

8 月，沈坨镇被兴化市委统战部、兴化市民宗局确定为兴化市乱建寺庙整治试点乡镇。

9 月，沈坨镇被江苏省精神文明建设委员会评为 2013—2015 年度江苏省文明乡镇。

11 月，沈坨镇江苏省教育服务“三农”高水平示范基地项目通过专家评估验收。

11 月，实施完成投资 1600 万元的江苏省小型农田水利重点县工程项目。

11 月，江苏省红十字会会长何权考察“樊才林红十字志愿者工作室”，实地调研红十字会规范化建设示范点情况。

12 月，实施完成集镇后街背巷整治提升工程，改造沈南路北、沿河路东、溱潼路南等 14 条主街道和支巷道，总长 1209 米，面积 2950 平方米。

12 月，沈坨镇通过江苏省卫生镇创建技术评估，被江苏省爱国卫生委员会授予江苏省卫生镇。关华复村、张谭村、姜朱村被授予江苏省卫生村。

2017 年

2 月，沈坨镇被兴化市委、市政府表彰为 2016 年度争先进位先进乡镇。

3 月，沈坨镇在沈坨北村沈四自然村创建脱贫攻坚项目 508 亩碧根果基地，注册成立沈坨镇沈顾果蔬农地股份专业合作社。

3 月，樊才林被中央人民广播电台和《现代快报》评为“2016 感动中国·江苏十大感动人物”。

5 月，共青团沈坨镇委员会被评为 2016 年度江苏省五四红旗团委。

7 月，兴化市放牛荡水产养殖专业合作社（柏九村）被农业部授予水产健康养殖示范场。

9 月，沈坨镇被兴化市政府确定为兴化市农村建设用地调查登记发证试点单位。

11 月，实施完成集镇主干道红绿灯抓拍系统。

12 月，通过整合中心校报告厅，建成泰州市首家乡镇廉政教育中心。

12 月，实施完成投资 1000 万元的集镇溱潼路综合改造工程，在溱潼路北侧安装 20 米高杆灯塔。实施完成投资 200 万元的集镇园区水系沟通及生态驳岸建设工程项目。

12 月，沈坨镇被江苏省水利厅授予 2017 年度江苏省水美乡镇。

2018 年

2 月，沈坨镇被兴化市委、市政府表彰为 2017 年度绩效管理先进乡镇一等奖。

2 月，江苏省人大常委会副主任、党组成员，泰州市委书记、人大常委会主任曲福田到樊荣村樊才林“关情书苑”调研。

3 月，在沈顾圩内、沈坨北村沈四自然村建成党建引领产业脱贫项目千亩碧根果基地。

4 月，中国关工委常务副主任闵振环（正部级）、祖书勤到樊荣村樊才林“关情书苑”调研。

6 月，投资 123 万元，在集镇主干道设置文化灯箱 150 个。

7 月，沈坨镇党委被兴化市委表彰为 2017—2018 年度先进基层党（工）委。

11 月，泰州市农村人居环境整治现场推进会在沈坨镇召开。沈家、樊荣、李默 3 个村提供观摩现场。

11 月，沈坨镇河长制办公室获评兴化市首期“骏马奖”。

2019 年

1 月，兴化市 2019 年度文化、科技、卫生“三下乡”集中服务活动在沈坨镇举行启动仪式。

1 月，沈坨镇获评第二批江苏省生态文明建设示范乡镇。安塘村获评江苏省“水美乡村”。

2 月，沈坨镇被兴化市委、市政府表彰为 2018 年度绩效管理综合先进乡镇一等奖。

7 月，沈坨镇党委被兴化市委表彰为 2018—2019 年度先进基层党（工）委。

7 月，在蚌蜒河南岸沈坨南村段掘得古井，古井外径长 87 厘米，内径 80 厘米；井砖长 26.5 厘米、高 12.5 米、厚 4.5 厘米，呈弧形，有榫卯。经江苏省考古专家孙建中考证，该井为晚唐时期民用井。

7 月，农业农村部农村社会事业促进司司长李伟国到沈家村调研农村人居环境整治工作。

8 月，青海省农村环境治理研讨班全体学员 83 人，到沈家村实践观摩。

9 月，中共江苏省委副书记任振鹤到沈顾果蔬农地股份专业合作社千亩碧根果基地调研。

9 月，由商务部主办、中国水产科学研究院淡水渔业研究中心承办的非洲法语国家水产养殖技术培训班全体学员到宏景生态产业园考察。

9 月，沈坨镇率先在兴化市实行行政村百姓大舞台全覆盖。兴化市委宣传部、兴化市文广新旅局在安冒村召开现场推进会。

9 月，樊荣村樊才林家庭获评江苏省第二届文明家庭。

9 月，沈坨撤销所有农村教学点，结束村级办学历史。

10 月，实施第二轮行政村规模调整，由 13 个行政村合并为 10 个行政村。

11 月，中共中央宣传部、城乡建设部、文物总局、中央广电总台联合摄制《兴化名城》，摄制组专程到樊荣村拍摄乡愁系列《一枝一叶总关情》。

2020 年

1 月，江苏省文化科技卫生“三下乡”科学普及活动在沈坨镇举行启动仪式。

1 月，姜朱村创建泰州市级特色田园乡村通过考核验收。

1 月，崇禄村被江苏省生态环境厅授予“江苏省生态文明建设示范村”。

2 月，沈坨镇被兴化市委、市政府表彰为 2019 年度绩效管理综合考核先进乡镇一等奖。

5 月，沈坨镇被兴化市政府确定为全市“房地一体”不动产登记发证唯一试点乡镇。

6 月，薛鹏村在党群服务中心南花园新建薛鹏烈士塑像。

7 月，沈坨镇党委被泰州市委组织部表彰为 2019—2020 年度“红旗乡镇（街道、园区）党（工）委”。

7 月，沈坨镇党委在中国共产党建党 100 周年庆祝大会上，为 112 名老党员颁发“光荣在党五十年”纪念章。

9 月，江苏省政协副主席王荣平到沈坨镇调研乡村振兴工作。

9 月，沈坨镇建成省级粮食生产全程机械化推进示范乡镇。

10 月，崇禄村被江苏省住建厅授予江苏省特色田园乡村称号。

10 月，沈坨镇迎宾大道南端、蚌蜒河大桥竣工通车。

10 月，薛鹏村在庄南出口处、县道 310 北侧设置宽 5 米、高 6 米的石牌坊村标一座。

11 月，沈坨镇沈北后河被江苏省河长制办公室命名为五星级幸福河湖。

12 月，崇禄村被国家林业和草原局命名为“国家森林乡村”。

2021年

2月，沈坨镇被兴化市委、市政府表彰为2020年度综合考核先进乡镇一等奖。

6月，位于集镇迎宾大道南端的蚌蜒河大桥竣工通车。桥梁总长228米，宽8米，总投资650万元。

7月，沈坨镇党委被泰州市委表彰为2020—2021年度“泰州市先进基层党组织”。

9月，沈坨镇被江苏省委、省政府表彰为“全省脱贫攻坚暨对口帮扶支援合作先进集体”，为泰州市乡镇（街道）唯一。

9月，沈坨镇被泰州市委、市政府命名为泰州市文明乡镇。

10月，拆除建于1974年的沈中建材厂（前身为沈坨公社砖瓦厂），土地全面复垦。

11月，沈坨镇被泰州市委、市政府表彰为“2015—2021年度全市平安建设先进集体”。

11月，实施农村生活污水处理设施建设工程，建成18个村级微动力污水处理站。

12月，崇禄村、关华复村被泰州市委、市政府表彰为泰州市乡村振兴示范村。

12月，沈坨镇被江苏省精神文明建设委员会命名为2019—2021年度江苏省文明乡镇。

12月，薛鹏村被江苏省住房和城乡建设厅命名为第五批江苏省传统村落。

2022年

1月，沈坨镇林果产业园入选农业农村部《全国农村创业园区（基地）目录（2021）》。

2月，沈坨镇被兴化市委、市政府表彰为2021年度综合考核先进乡镇一等奖。

2月，沈坨镇被江苏省委、省政府表彰为2021年度“强村富民”先进集体。

9月，沈坨镇被江苏省生态环境厅命名为江苏省生态宜居美丽示范镇，崇禄村、关华复村被命名为江苏省生态宜居美丽示范村。

9月，柏九村、繁盛村被泰州市委、市政府表彰为泰州市乡村振兴示范村。

12月，沈坨镇被泰州市委、市政府表彰为泰州市“强镇兴村富民”先进集体。

2023年

2月，沈坨镇被兴化市委、市政府表彰为2022年度综合考核先进乡镇一等奖。

9月，沈坨镇聘请江苏华里设计有限公司编制关华复、李默、金唐纪、繁盛4个村村庄规划。

10月，李默烈士墓入选第三批江苏省革命文物名录。

10月，实施完成投资38万元、长1500米的县道310至沈四自然村连接线工程。

11月，实施完成投资1200万元的安南圩、薛冒圩、四新东圩8000亩高标准良田项目。

11月，崇禄村入选2023年江苏省乡村振兴示范村，崇禄、关华复、繁盛、柏九4个村上榜第一批江苏省宜居宜业和美乡村，关华复村被江苏省林业厅命名为江苏省绿美乡村。

12月，沈坨镇中心卫生院成功创建泰州市老年友善医院、江苏省四级中医馆。

沈纶镇四新东圩高标准良田一角

第一篇 镇情概览

沈坨是苏北里下河十大古镇之一。晚唐年间，境内蚌蜒河畔有先民生产生活，繁衍生息。宋元时期，形成较大的人居村落。洪武元年（1368），祖籍浙江湖州南浔的沈万三远房族弟沈万九，受沈万三牵连被朝廷从南京驱逐，一家200余人辗转流落到境内，并在此定居、垦荒、务农、繁衍。顺治元年（1644），扬州城被清军攻陷，城内义士殷天寿携家人和众邻300多人逃离扬州，辗转至境内避难落户，因其中不乏商贾和手工业主，他们开布庄、粮行及手工作坊等，沈坨逐步形成比较繁荣的商贸集市。

沈坨地处兴化市东南部，省级航道蚌蜒河、兴姜河在此交汇，省道232与县道310呈“十”字形在境内穿腹而过，境内生态优美、土地肥沃、物产丰富，水陆交通便捷、地理位置优越。2021年，镇域面积49.58平方千米，辖10个行政村、1个社区，总人口2.75万人。先后创建成江苏省文明镇、江苏省卫生镇、江苏省水美乡镇、江苏省生态文明建设示范乡镇、江苏省垃圾分类处置试点示范乡镇、江苏省粮食生产全程机械化推进示范乡镇。

历史沿革

镇名由来

洪武元年（1368），浙江湖州南浔沈姓家族中的一支辗转迁入境内，并在此定居、垦荒、务农、繁衍。其时，沈姓将田地中垄起的部位称为坨，故将其聚居地叫作沈家坨。1912年，境内推行市乡制，定名为沈坨市。“沈坨”地名由此沿袭至今。

境域和区划

民国初期，境域隶属东台县第八区。1912年，改沈家坨为沈坨市，辖85个庄舍：沈坨庄、华潭庄、复兴庄、穆家堡、唐家舍、金家舍、纪家舍、樊家舍、南冯舍、九家尖、冒家庄、雁荡庄、唐家庄、徐富庄、余家湾、管家庄、北陈庄、荀家庄、荀庄头、纪家庄、

沈坨镇门头

顾蔡庄、北庄、东孙沐庄、西孙沐庄、东孙王庄、西孙王庄、朱隆庄、卞家庄、西纪庄、朱杨庄、薛家庄、南朱庄、袁家庄、彭家庄、南芦庄、北芦庄、陈官庄、陆家庄、蔡家堡、尚家庄、沈杨庄、东里堡、西里堡、高季庄、殷家庄、陈家堡、周家泽、黄家舍、中心舍、曹家舍、冯庄、冯家楼、武家泽、东费舍、西费舍、李家庄、蒋家舍、唐家舍、东朱舍、西朱舍、中朱舍、三王庄、三赵庄、王梅庄、刘六舍、大王庄、薛家舍、夏家舍、吴家舍、谭家舍、洪家舍、北朱家舍、柏家舍、杨家舍、朱家套、王麻舍、解家舍、徐家舍、沈家舍、姜家舍、童家舍、王家舍、张家舍、赵家舍、储家舍。

1943 年，镇境隶属中国共产党领导的兴东县。1945 年，改属中国共产党领导的溱潼县。1948 年，划归兴化县，初属临城区，范围包括沈坨镇、薛鹏镇、崇禄乡、李默乡。1950 年改属大垛区，范围包括沈坨镇、薛鹏镇、李默乡、凡唐乡、崇禄乡、安冒乡。1955 年，改沈坨镇为沈坨乡，隶属临城区，下辖沈安乡、凡唐乡、崇禄乡、三烈乡。1958 年，成立沈坨乡人民政府，同年与刘陆乡合并成立沈坨公社，下辖李默乡、凡唐乡、崇禄乡、安冒乡。1959 年划出刘陆公社，仍为沈坨公社，改属竹泓区。1983 年，撤销人民公社，复置沈坨乡。2000 年，撤乡建沈坨镇。

2000 年前，沈坨有 29 个行政村，155 个村民小组。

原行政村：沈坨一村、沈坨二村、沈坨三村、沈坨四村、关口村、华谈村、复兴村、南王村、袁陆村、薛鹏一村、薛鹏二村、薛鹏三村、薛鹏四村、农科村、冒家村、纪家村、金家村、唐张村、凡南村、凡荣村、沈徐村、九尖村、柏家村、朱家村、姜童村、张王村、谈洪村、安塘村、水产村 29 个村委会和沈坨集镇 1 个居委会。

2000 年 10 月行政村合并，设立 13 个行政村：关华复村、李默村、薛鹏村、金唐纪村、樊荣村、沈家村、柏九村、姜朱村、张谭村、安塘村、冒家村、沈坨南村、沈坨北村。

2019 年 10 月，原有 13 个行政村规模调整为 10 个行政村，其中樊荣村与沈家村合并取名为繁盛村，姜朱村与张谭村合并取名为崇禄村，安塘村与冒家村合并取名为安冒村。至 2021 年，沈坨镇辖 10 个行政村和 1 个居委会。

所辖行政村（社区居委会）简介

关华复村　位于沈坨镇东首，南与戴南镇顾庄接壤，东与戴南镇张郭、唐刘相邻。

1947 年，隶属李默乡，1952 年各村建立互助组，改属三烈乡。1956 年分别组建高级合作社，1958 年村改成大队，1983 年大队又改为村，时为关口村、华谈村、复兴村。2000 年兴化市第一轮行政村合并，取 3 个自然村的首个字，名为关华复村。

20 世纪 70 年代，华谈大队、关口大队均设有供销社双代点，华谈大队作为乡村教学辅导组设初级中学，华谈有拉丝厂、服装

关华复村

厂2家大队办厂，关口有拉丝厂、服装厂、鞭炮厂等大队办厂，复兴有拉丝厂、毛笔厂等大队办厂。1989年，华谈村自筹资金近15万元建造自来水厂，在兴化市农村率先实现村民饮用安全卫生的自来水。先后获评江苏省民主法治示范村、卫生村、水美乡村，兴化市小康示范村一等奖、文明村、优美乡村等。

2021年，全村有党员57名。辖14个村民小组，农户628户，在籍人口2186人，以奚姓、吴姓、陈姓居多。全村社会总面积6567亩，其中耕地面积3150亩。全村经济总收入8068万元，其中村级集体经济收入126万元，农村居民人均可支配收入27095元。

李默村　位于沈坨镇东北角，东临荻垛镇，北接大垛镇，宁靖盐高速、省级航道唐港河穿境而过，通村公路沈李新线与沈大线公路相连。

李默村

1947年，隶属李默乡。1952年各村建立互助组，改属三烈乡。1956年组建高级合作社，1958年村改为大队，1983年大队又改成村，时为南王村、袁陆村。2000年兴化市第一轮行政村合并，2个自然村合并，以李默烈士命名。

2021年，全村有党员43名。辖15个村民小组，农户610户，在籍人口2044人，王姓、袁姓居多，占全村人口总数的45%。全村社会面积5573亩，其中耕地面积2775亩。全村经济总收入9872万元，其中村级集体经济收入116万元，农村居民人均可支配收入25241元。

薛鹏村 位于蚌蜒河北岸，地处沈坨镇腹部地带。村内有南北两个公交站台，村南有县道310对外大通道，北有镇“中部干线”沈李新线贯穿东西。

明朝初年，定名穆家堡，为里下河地区的“九寺十八堡”之一。1947年，为纪念在穆家堡战斗中牺牲的烈士薛鹏，当时的溱潼县政府将穆家堡命名为薛鹏镇，下辖薛鹏一村、薛鹏二村、薛鹏三村、薛鹏四村、薛鹏五村、薛鹏六村6个村。1952年各村建立互助组，1955年组建初级合作社，改属三烈乡。1956年组建高级合作社，1958年村改为大队。1964年薛鹏三大队与薛鹏五大队合并为薛鹏三大队，薛鹏四大队与薛鹏六大队合并为薛鹏四大队。1979年从薛鹏三大队分离一个生产小队，设立农科大队。1983年大队又改成村，时为薛鹏一村、薛鹏二村、薛鹏三村、薛鹏四村、农科村。2000年兴化市第一轮行政村合并，原5个自然村合并为薛鹏村。

20世纪50年代后，设有降压站（变

薛鹏村

电所）、供销站、棉花收购站、水食站、信用站、诊所及社办竹器厂，有锉刀厂、五金厂、水泥预制厂、锯木厂、挂面厂等大队办厂。改革开放后，青壮劳动力纷纷走出村门，兴办实业。鼎盛时期，全村大小运输船只多达224条，在吉林、沈阳一带从事拆迁、收旧、装潢80多户，在南通串港兑换五谷杂粮87户，在扬州曲江小商品市场个体经营50多户，在上海嘉兴一带收修旧家电上百户。先后获评江苏省水美乡村、泰州市文明村，入选第五批江苏省传统村落。

2021年，全村有党员116名。辖22个村民小组，农户1193户，在籍人口4382人。拥有社会总面积11054亩，其中耕地面积5400亩、水面资源1214亩。全村经济总收入14903万元，其中村级集体经济收入144万元，农村居民人均可支配收入25239元。

境内青龙庵（现名天龙寺）走出一代佛学大师慈舟，有清同治年间建成的长395米的麻石街。

金唐纪村 位于沈坨镇“中部干线”沈李新线北侧，东邻大垛镇，北接竹泓镇。

1948年前，先后同属四凡乡、凡柏乡、凡唐乡。1948年改属崇禄乡，1950年仍属凡唐乡。1952年建立互助组。1955年、1956年分别组建初、高级合作社。1958年村改为大队，1983年大队又改成村，时为唐张村、金家村、纪家村。2000年兴化市第一轮行政村合并，取3个自然村的首个字，名为金唐纪村。20世纪70年代，

金唐纪村

唐张有煤炭加工大队办厂，建有两支运输船队常年租赁给兴化县地方工业局、沈坨农修厂。先后获得江苏省民主法治示范村、泰州市全面小康建设“达标村”、泰州市文明村、兴化市文明村等称号。

2021年，全村有党员58名。有13个村民小组，农户620户，在籍人口2331人，唐姓、黄姓、张姓占全村人口总数的46%。全村社会面积5624亩，其中耕地面积2655亩、水面资源1005亩。全村经济总收入6849万元，其中村级集体经济收入138万元，农村居民人均可支配收入24188元。

境内有建于清朝咸丰年间的节孝坊和1991年洪涝灾害后，台湾佛教慈济慈善事业基金会在原唐张村捐建安置房106间。

繁盛村 繁盛村是沈坨镇的“北大门”，位于沈坨镇、大垛镇、竹泓镇3镇交界处，境内水陆交通发达，省道232、冒竹河穿境而过。

繁盛村

1948年前，曾先后同属四凡乡、凡柏乡、凡唐乡，1948年改属崇禄乡，1950年仍属凡唐乡。1952年建立互助组，1955年、1956年分别组建初、高级合作社。1958年村改为大队，1983年大队又改成村，时为凡荣村、凡南村、沈徐村。2000年兴化市第一轮行政村合并，凡荣、凡南两个自然村合并为樊荣村，沈徐村改名为沈家村。2019年行政村规模优化调整，樊荣与沈家合并取名为繁盛村。20世纪70年代，凡荣大队设有供销社双代点，作为乡村教学辅导组设初级中学，有大队办钣金厂。先后获得江苏省革委会“粮食超产奖”、江苏省民主法治示范村、泰州市文明村、兴化市平安家庭示范村、兴化市文明村等称号。

2021年，全村有党员92名。辖21个村民小组，农户864户，在籍人口3226人。有社会总面积9427亩，其中耕地面积4500亩、提水养殖面积2107亩。全村经济总收入16258万元，其中村级集体经济收入260万元，农村居民人均可支配收入24199元。

境内樊荣“伏龙律院”初建于明朝中期，清初朝廷所敕封。沈家永兴庵始建于清初，重建于2011年。抗日战争和解放战争期间，凡荣曾是共产党地下活动的秘密地点，溱

柏九村

潼县政府曾驻扎于此，是凡唐乡、崇禄乡政府所在地。

柏九村 地处蚌蜒北河两侧，省道232穿村而过，水陆交通方便。

1948年前，先后同属四凡乡、凡柏乡、凡唐乡，1948年改属崇禄乡。1952年建立互助组，1955年、1956年分别组建初、高级合作社。1958年村改为大队，1983年大队又改成村，时为柏家村、九尖村。20世纪70年代，柏家设有供销社双代点，大队开办槽坊、柳条编织工艺品厂，柏家小学曾增设两届初中班级。九尖有大队办制线厂。2000年2个自然村合并，以2个自然村首字取名为柏九村。先后获评泰州市文明村，兴化市先进基层党组织、文明村、特色田园乡村。

2021年，全村有党员45名。辖12个村民小组，农户496户，在籍人口1854人。全村社会面积5945亩，其中耕地面积3255亩、水面资源2520亩。全村经济总收入10811万元，其中村级集体经济收入156万元，农村居民人均可支配收入23880元。

崇禄村 位于沈纶镇西北角，西邻临城街道王梅村，北与竹泓镇白沙村、解家村接壤，东接省道232，镇中部干线穿境而过。

1948年前，先后同属四凡乡、凡柏乡、凡唐乡，1948年改属崇禄乡。1952年各村建立互助组，1955年、1956年分别组建初、高级合作社。1958年村改为大队，1968年渔民陆上定居，设立水产大队。1983年大队又改成村，时为姜童村、朱家村、水产村、张王村、谈洪村。20世纪70年代，张王大队作为乡村教学辅导组设初级中学，谈洪有大队办弹簧厂、编织厂，水产有大队办拉丝厂。2000年兴化市第一轮行政村合并，姜童、朱家、水产3个自然村合并为姜朱村，张王、谈洪2个自然村合并为张谭村。2019年行政村规模优化调整，姜朱村与张谭村合并，以烈士吴崇禄命名。

崇禄村

2008 年以来，姜朱村被确定为全镇村庄环境综合整治先行试点村，当年获兴化市村庄环境整治一等奖。以姜童自然村为突破口，依次推进朱家、水产 2 个自然村人居环境整治，创建成泰州市特色田园乡村。张谭村创建成兴化市特色田园乡村。2019 年合并后的崇禄村，纵深推进村庄环境综合治理，公共服务设施提档升级，田园风光秀美宜人，国学文化气息浓郁，成功创建江苏省特色田园乡村。先后获国家森林乡村、江苏省民主法治示范村、江苏省生态文明建设示范村、江苏省卫生村等称号。

2021 年，全村有党员 94 名。辖 16 个村民小组，农户 897 户，在籍人口 2920 人。全村社会总面积 9144 亩，其中耕地面积 5280 亩（含特色林果 300 多亩）、水面养殖面积 310 亩、提水养殖面积 1050 亩。全村经济总收入 11971 万元，其中村级集体经济收入 325 万元，农村居民可支配收入 25579 元。

安冒村 位于沈坨镇东首，南邻蚌蜒河，西接省道 232，北侧县道 310 横穿过境，南北走向的冒竹河穿越安塘村、冒家村 2 个自然村。

1947 年，同属安冒乡。1950 年，设有杨家村。1952 年各村建立互助组，1955 年、1956 年分别组建初、高级合作社。1958 年村改为大队，杨家大队并入安塘为安塘大队。1983 年大队又改成村，时为安塘村、冒家村。2019 年行政村规模优化调整，安塘村与冒家村合并，取 2 个自然村首字为安冒村。

安塘村

冒家村

20 世纪 70 年代初，安塘有油石厂、皮鞋厂、水泥制品厂、木包装厂、麻花钻厂、拉丝厂 6 家大队办厂，安塘小学曾增设一届初中班级。冒家有拉丝厂、草编厂 2 家大队办厂。2013 年，安塘作为泰州市政协“三解三促”驻点村，自建占地 10000 平方米、建筑面积 2000 平方米的标准厂房一幢。2019 年，冒家购置 2 台大型挖掘机，与泰州港务集团有限公司租赁合作。先后获评江苏省三星康居示范村、江苏省民政和谐社区建设示范社区、江苏省环境保护生态村、江苏省最佳生态科技和谐文明村。

2021 年，全村有党员 101 名。辖 20 个村民小组，农户 914 户，在籍人口 3026

人。社会总面积9998亩，其中耕地面积5190亩、水面养殖面积750亩、提水养殖面积38亩。全村经济总收入12404万元，其中村级集体经济收入262万元，农村居民可支配收入26203元。

境内“雁荡观音禅寺”古建筑群被江苏省民族宗教事务委员会指定为江苏省民间信仰活动场所。

沈坨南村　位于集镇南首，东临南北大道沈坨路，南与戴南镇茅山接壤，西与开发区临城街道、陈堡镇相连，各村民小组依傍省级航道蚌蜒河两岸而居，省级航道兴姜河东为沈坨二自然村、河西为沈坨三自然村，半数左右村民在镇区居住。沈坨镇政府驻地，是全镇政治、经济、文化中心。

1952年各村建立互助组，1955年、1956年分别组建初、高级合作社。1958年村改为大队，1983年大队又改成村，时为沈坨二村、沈坨三村。因沈坨南村与集镇相连，20世纪60年代，竹泓区公所、沈坨公社、沈坨法庭等行政机关，机械农具厂、纽扣厂、税务所、派出所、财政所、客运码头、食品站、供销社、粮管所、邮电局、广播站、兽医站、水利站、农业银行、信用社、中学、小学、计生办等企事业单位均分布于村域内。沈坨二大队有丝织四厂、锅炉配件厂2家大队办厂。2000年兴化市第一轮行政村合并，沈坨二村、沈坨三村2个自然村合并，取名为沈坨南村。2008年后，随着城镇化进程加快以及部分行政机关撤销或搬迁，沈坨机械加工园区A区、报告厅、文体活动中心、府前公园、农业服务中心、广电站、财政局、农贸市场、大型超市、游泳馆、居民小区、中心卫生院、中心敬老院等鳞

府前公园

次栉比。2014 年，被兴化市委、市政府命名为兴化市文明村。

2021 年，全村有党员 62 名。辖 10 个村民小组，农户 631 户，在籍人口 1822 人。全村社会总面积 4773 亩，其中耕地面积 2340 亩、水面养殖面积 250 亩。全村经济总收入 9927 万元，其中村级集体经济收入 190 万元，农村居民可支配收入 27372 元。

沈坨北村　位于沈坨镇集镇北首，省道 232、县道 310 穿境而过，省级航道兴姜河将沈坨一、沈坨四两个自然村分隔于东西。

1952 年各村建立互助组，1955 年、1956 年分别组建初、高级合作社。1958 年村改为大队，1983 年大队又改成村，时为沈坨一村、沈坨四村。20 世纪 60 年代，沈坨苏北人民医院、物资站、工商所、供销社生产资料门市部、农修厂、五金厂、服装厂、水泥预制厂、建筑站等企事业单位部门驻扎于村域内。沈坨一大队有服装厂、空调配件厂 2 家大队办厂，沈坨四大队有潜水泵配件厂。2000 年兴化市第一轮行政村合并，沈坨一村、沈坨四村 2 个自然村合并，取名为沈坨北村。2008 年以来，沈坨镇不断加速城镇化建设进程，拉开镇区框架，机械加工园区 B 区、薛鹏 110 千伏变电所、中心校、派出所、集镇污水处理厂、现代农业综合服务中心、河长制主题公园、革命烈士陵园等相继在沈坨北村落户。2018 年建成的千亩碧根果基地，在镇内外发挥示范引领作用，全镇辐射催生出白玉枇杷、苏翠一号梨、天鹅绒紫薇、冬桃等一批新的村级联办产业。先后获得泰州市全面小康建设达标村、党风廉政建设示范村，兴化市文明村、先进党（总）支部等称号。

2021 年，全村有党员 53 名。辖 11 个村民小组，625 户，在籍人口 1835 人。全村社会总面积 5461 亩，其中耕地面积 2730 亩、水面养殖面积 513 亩。全村经济总收入 10103 万元，其中村级集体经济收入 289 万元，农村居民人均可支配收入 26330 元。

沈坨社区　沈坨集镇社区位于沈坨集镇主干道溱潼路沈坨大桥西南侧。沈坨集镇社区的前身为沈坨集镇管理办公室，成立于 1995 年 7 月。2010 年，成立沈坨集镇居委会，与集镇管理办公室“两块牌子一套班子”联合办公。2021 年，定名为沈坨社区。

1983 年起，设立沈坨集镇党支部。2021 年，有党员 48 名。社区办公地点几经易地，于 2014 年整合原财政所大楼，办公室、会议室、服务大厅等功能设施齐全。

沈坨集镇社区占地面积 1.5 平方千米，2021 年，在籍人口 1824 人，常住人口近 8000 人，总户数 1308 户，分为 2 个网格。

集镇社区居民除在镇区从事餐饮、服装、鞋帽、宾馆、超市、水暖、五金、家电、糖烟酒、农产品等个体经营外，大部分居民以进厂务工和在外创业或经商为主。

自然环境

地质地貌

沈坨镇地处兴化市东南部，为里下河浅洼平原区，位于江淮平原的里下河凹陷中心地带，为中新生代断隘盆地持续沉降区，地貌为大型湖盆洼地。境内土壤母质为湖相及海相沉积物，属于里下河农业区，土壤类型主要为勤泥土，土壤偏黏，耕性较好，适合粮、油、棉等农作物生长。

镇界地势低平，河网纵横，地势比兴化市平均高度略高。镇区及镇郊高程在 2.8—3.0 米之间（采用 85 国家高程基准）。镇域形态东西狭长，东西长约 9 千米，南北宽约 6.5 千米。

气候物候

气候

沈坨镇属北亚热带湿润季风气候，兼受大陆与海洋性气候影响，常年雨水充沛、光照充足、气候温暖、四季分明、无霜期长。

村民休闲广场

春季冷暖变化大，干旱多风；夏天温高雨多，炎热时间不长；秋季温和凉爽，降温较迟；冬季寒冷干燥，降雪较少，严寒日不多。

历年平均日照时数2282小时。

历年平均温度15.0℃，7月平均温度最高为27.5℃，8月次之为27.3℃，极端最高温度39.2℃（1953年8月24日）；1月中、下旬为全球最冷期，极端最低温度达-14.9℃（1969年2月6日）。

历年平均雨日为100—125天，平均降雨量为1015毫米，最高水位3.34米（1991年7月15日），最低枯水位0.31米（1953年9月13日）。

历年平均霜日57.5天，最少为39天，最多为72天。历年平均雪日8.5天，最多为19天，最少为2天。历年平均雾日22.7天，最多为29天，最少为11天。

历年平均风速为3.9米/秒，夏季盛行东南风，冬季多为北风。

物候

植物候

境内主要农作物候期如下：

［小麦］ 10月下旬播种，次年2月下旬返青，3月下旬拔节，4月下旬齐穗，5月中旬乳熟，6月上旬成熟收割。

［水稻］（9108品种） 5月上旬播种，6月下旬移栽，7月上旬拔节孕穗，8月中旬齐穗，9月下旬—10月上旬成熟收割。

［油菜］ 9月下旬播种，10月下旬移栽，次年3月下旬抽薹，3月底开花，5月中旬成熟收割。

［棉花］ 3月底4月初播种育苗，5月25日前后移栽，6月上旬现蕾，7月上旬开花，伏前桃8月下旬吐絮。

［夏玉米］ 6月上旬、中旬播种，8月上旬、中旬抽雄，9月下旬成熟收获。

境内主要林木、果树候期如下：

［意杨］ 4月上旬萌芽，4月中下旬展叶，5月上旬开花，10月下旬秋叶变色，11月中旬落叶。

［水杉］ 3月中下旬萌芽，4月上旬展叶，10月底秋叶变色，11月下旬落叶。

［楝树］ 4月上旬萌芽，4月下旬展叶，5月上旬开花，11月中旬秋叶变色，11月下旬落叶。

［刺槐］ 3月下旬萌芽，4月上旬展叶，4月下旬开花，7月下旬果实成熟，11月上旬秋叶变色，11月下旬落叶。

［泡桐］ 3月下旬萌芽，4月中旬展叶，4月下旬至5月开花，10月下旬落叶。

［柳树］ 3月上旬萌芽，3月中旬展叶，3月下旬开花，12月下旬秋叶变色，12月中旬落叶。

［碧根果］ 3月上旬萌芽，4月下旬—5月中旬开花，7月下旬—11月上旬成熟采摘，12月中旬落叶。

［桃］ 2月中旬萌芽，3月下旬开花，6月中旬成熟采收，11月下旬落叶。

［梨］ 3月中旬萌芽，4月上旬开花，9月下旬成熟采摘，11月下旬落叶。

［无花果］ 3月下旬萌芽，4月中旬开

花，8 月上旬—11 月下旬成熟采摘，12 月初落叶。

动物候

境内常见动物候期如下：

［燕子］　4 月营巢，10 月南迁。

［布谷鸟］（杜鹃）　6 月上旬始鸣。

［青蛙］　4 月下旬始鸣，10 月上旬绝鸣。

［蛇］　3 月上旬出洞，10 月下旬冬眠。

［蝉］　7 月中旬始鸣，8 月下旬绝鸣。

［雁］　10 月下旬由北方迁来，翌年 3 月下旬北返。

［麻雀］　一年四季在此生存繁衍。

水系河流

沈坨境内河网稠密，无密封域界，属里下河资源平衡区。可供利用水资源主要包括地表水和地下水，地表水主要包括自然降水、江都和高港水利枢纽补给的长江水及沿河自灌区的少量同归水。由于不具备拦蓄条件，又不受地面高程制约，当河网水超过 2.0 米，多余水量即向江海和下游陆续排泄，土地对自然降水的利用水平较低。

2021 年，全镇有省、市、乡、村河道 317 条，其中省级河道 1 条，即西唐港河；市级河道 7 条，分别是东唐港河、朝阳河、蚌蜒河、兴姜河、通界河、沈北后河、冒竹河；镇级河道 5 条，分别是蚌蜒北河、姜谭河、张王西河、沈家圩河、金唐纪圩河。村级河道 304 条。

省级河道

西唐港河　位于沈坨镇东部，南起关华复村，北至李默村。沈坨境内 3.75 千米，流经关华复、薛鹏、李默 3 个行政村，建有防洪闸 5 座，排涝站 2 座，主要承担行洪、供水、饮用水源地等功能。

市级河道

东唐港河　位于沈坨镇东部，南起关华复村，北至李默村，全长 2.17 千米，流经关华复村、李默村 2 个行政村，河宽 55 米，该河道具有行洪、供水、饮用水源地等功能。

朝阳河　位于沈坨镇中部，南起安冒村，北至柏九村，全长 3.5 千米，流经沈坨南村、安冒村、沈坨北村 3 个行政村，河宽 30 米，该河道具有行洪、供水、饮用水源地等功能。

蚌蜒河　位于沈坨镇南部，东起关华复村，西至沈坨南村，全长 9.8 千米，流经沈坨南、沈坨北、安冒、薛鹏、关华复 5 个行政村，河宽 55 米，该河道具有行洪、供水、饮用水源地等功能。

兴姜河　位于沈坨镇西部，南起沈南村，北至沈北村，全长 2 千米，流经沈坨南村、沈坨北村 2 个行政村，河宽 60 米，该河道具有行洪、供水、饮用水源地等功能。

通界河　位于沈坨镇西部，沈坨南村域内，全长 0.32 千米，流经沈坨南村沈二自然村，河宽 60 米，该河道具有行洪、供水、饮用水源地等功能。

沈北后河　位于沈坨镇西部，南起沈坨北村，北至崇禄村，全长 4.25 千米，流经沈坨北村、崇禄村 2 个行政村，河宽 60 米，该河道具有行洪、供水、饮用水源地等功能。该河道曾名后泊河，河道南端由于水域面积开阔，河道水深适中，历史上曾是里下河圩南地区重要的会船表演之地。

冒竹河 位于沈坨镇中部，南起安冒村，北至繁盛村，全长 7.65 千米，流经安冒、金唐纪、繁盛 3 个行政村，河宽 50 米，该河道具有行洪、供水、饮用水源地等功能。

镇级河道

蚌蜒北河 位于沈坨镇中部，东起薛鹏村，西至崇禄村，全长 7.12 千米，流经崇禄、柏九、安冒和薛鹏 4 个行政村，河宽 60 米，该河道具有行洪、供水、饮用水源地等功能。

姜谭河 位于沈坨镇西部，崇禄村域内，全长 3.12 千米，流经谈洪村、张王村 2 个自然村，河宽 40 米，该河道具有行洪、供水、饮用水源地等功能。

张王西河 位于沈坨镇西部，崇禄村域内，全长 3.18 千米，流经谈洪村、张王村、姜朱村 3 个自然村，河宽 40 米，该河道具有行洪、供水、饮用水源地等功能。

沈家圩河 位于沈坨镇北部，繁盛村域内，全长 1.1 千米，流经 1 个自然村，河宽 40 米，该河道具有行洪、供水、饮用水源地等功能。

金唐纪圩河 位于沈坨镇北部，金唐纪村域内，全长 1.18 千米，流经金家、唐张、纪家 3 个自然村，河宽 40 米，该河道具有行洪、供水、饮用水源地等功能。

自然资源

境内自然资源条件优越，水资源丰富，在国家级生态示范区范围内（兴化市属国家级生态示范区），全镇水域面积 1.6 万亩（不含提水养殖面积），水质达到国家地面水田类标准。有机含量高，土质肥沃。

植物

常种农作物有玉米、大豆、籼稻、粳稻、糯稻、小麦、大麦和元麦（元麦已于 20 世纪 70 年代末淘汰）。

常见经济作物有棉花、大豆、蚕豆、豌豆、扁豆、绿豆、红豆、四季豆、花生、芝麻、

秋葵

高粱、甜芦粟、向日葵、油菜（包括甘蓝型、芥菜型和白菜型）、韭菜、葱、大蒜、菠菜、芹菜、雪里蕻、黄芽菜、包心菜、芫荽（俗称“香菜”“盐须”）、萝卜、苋菜、番茄、茄子、辣椒、洋葱、慈姑、荸荠、冬瓜、芋头、

山芋、马铃薯、荷藕、菱角、荠菜、马兰头、黄花草、梨子、桃子、枇杷、橘子、葡萄、柿子、枣子、西瓜、黄瓜、香瓜、梢瓜、丝瓜、吊瓜、南瓜、西葫芦、蕹菜（空心菜）、菊花菜、菊芋、秋葵等。

树木 20世纪70年代后，境内原有自然树木种群逐渐被人工植物种群所替代，所有林木都是人工林。农家原有树种桑、榆、楝、杨、槐、柳等也日渐稀少。现常见树木有意杨、桂花树、梨树、桃树、枇杷树、苹果树、橘子树、柿子树、银杏树、香椿树、香樟树、广玉兰、女贞树、梧桐、黄杨等。

附：境内古树选介

百年银杏树 1929年，金唐纪村唐张唐敬明祖辈在老宅栽植一对银杏树。雄性银杏树高30余米，树径2.5米。雌性树位于雄性树西南约2米处，雄性树树型高大挺拔，雌性树枝叶苍翠优美，两树相依相伴，迄今已近百年。

古广玉兰 在沈坨北村沈四周存根院墙外东南一侧生长一棵广玉兰树。树冠10米以上，树高30多米，在20世纪20年代由其父亲所植。这株广玉兰虽历经房屋翻建、巷道改造，依旧枝繁叶茂。由于树高冠大，每逢夏季引来众多鸟雀筑巢栖息。

百年皂荚树 20世纪20年代，薛鹏村薛三姜树贞祖辈在主房后栽植一棵皂荚树。树高17余米，树围约1.1米，树冠呈伞状，树干光滑挺拔，枝叶茂盛。在物资匮乏的年代，皂荚的荚果成为人们用来洗头、洗衣服的“奢侈品”。每逢夏秋季节皂角满枝，该村老龄人均前往采摘回家捣烂后洗衣物，年复一年，延绵至今。

百年银杏树

草 有盐巴草、狗尾草、车前子、野菊花、繁芽头、莎朗、野荸荠、苘麻、蓼、藜、合萌、萹蓄、菊芋、地肤、醉仙桃、牵牛花（菟子苗）、三关草、四叶菜、烂叶草、菖蒲、水烛、芦苇等。

观赏植物 正常在村（居）民院中生长。品种有君子兰、对兰、水仙花、杜鹃花、菊花、梅花、玫瑰花、金银花、桂花、美人蕉、白兰花、栀子花、迎春花、荷花、睡莲、紫薇、海棠、凤仙花、木槿花、鸡冠花、万年青、月季花、蔷薇、凌霄花、五针松、雀舌松、海桐、绣球、络石等。

动物

脊椎动物中，禽类有麻雀、燕、白头翁、喜鹊、鱼鹰、黄雀等，哺乳类有兔、鼠、刺猬、黄鼠狼、水獭等，两栖类有青蛙、蟾蜍，爬行类有赤链蛇、蝮蛇、水蛇、壁虎、龟、鳖等，鱼类有青鱼、草鱼、鳙鱼（花鲢、灰鲢）、鲤鱼、鲫鱼、鳜鱼、鳊鱼、乌鳢（黑鱼）、黄鳝、泥鳅、银鱼、鲈鱼等。节肢动物有蜻蜓、螳螂、蜜蜂、蟋蟀、蜘蛛、地鳖虫、青虾、白虾、龙虾、河蟹等。软体动物有河蚌、蜗牛、田螺、河螺等。环节动物有蚯蚓、宽体金线蛭等。

自然灾害

常见的自然灾害类型有风灾、水灾、雷电、寒潮等。

暴雨 是境内主要自然灾害，主要发生在梅雨季节的6月下旬至7月，常年平均发生3次左右，大暴雨（日雨量100—249.9毫米）平均两年一遇；特大暴雨（日雨量超过249.9毫米），仅在1991年出现过。1991年6月—7月，共降大暴雨、特大暴雨10多次，形成百年未遇的特大洪涝灾害。7月15日，水位高达3.34米，成为历史上境内最高水位。因洪涝灾害造成大部分农作物减产、减收，全镇水稻受灾面积3.7万亩，其中绝收面积2.5万亩；棉花受灾面积0.9万亩，其中绝收面积0.5万亩。包括日用商品、化肥、房屋、桥梁、船只、树木、农作物等，总损失2300多万元。

连阴雨 出现在春播期间（4月1日至5月21日）的连阴雨会伴有低温，对早稻育秧、棉花育苗和三麦后期生长造成危害。夏收夏种期间（5月21日至6月15日）出现连阴雨，若持续较长，影响麦子收割、登场、脱粒，则称“烂麦场”；1971年6月1日至16日连续阴雨，小麦在田间秆上发芽，收成大减。秋季连阴雨（9—11月）造成三麦“烂耕烂种”，影响麦子发芽后的根系生长。

台风 镇境受台风影响一般在7—10月，多发于八九月。1990年8月第15号台风过境，最大风力10级以上，伴随大暴雨，造成水稻、棉花大面积倒伏，亦有房屋倒塌、房顶被掀、树木和电杆折断等状，致部分村民移居避灾、受灾工厂停产、农作物减产。

寒潮 镇内发生寒潮灾害现象不多见，发生时段正常在当年10月下旬至次年4月，气温在24小时以内下降10℃或10℃以上。寒潮过境时不但造成气温下降，而且常形成降雨、大风和霜冻，对农业、牧业、养殖业以及交通运输等造成的破坏较大。2019年春节前后，气温骤降至零下13℃，境内林果受灾面积450亩。

龙卷风 境内自然灾害之一，主要发生在春夏过渡季节或夏秋之交（4—10月）。1985年7月26日下午，镇境受冰雹和龙卷风袭击，有3565亩棉花、1320亩早稻、1900多亩其他作物受损，刮断树木460棵，掀掉房屋285间。

区位面积

区位

沈坨地处兴化市境东南部，中心位置位于东经119° 58′ 17.20″，北纬32° 47′ 26.07″。东接戴南镇张郭，南濒戴南镇茅山，西邻开发区临城街道，北邻竹泓镇。沈坨交通位置优越，水陆交通便利。省道232与县道310呈“十”字形在境内穿腹而过，省级航道蚌蜒河、兴姜河在此交汇，距宁靖盐高速戴南收费站10千米，距泰州火车站25千米，距扬州泰州机场30千米。

面积

2021年，沈坨镇境域面积49.58平方千米，其中陆地总面积38.91平方千米，水域面积10.67平方千米。拥有耕地面积37275亩，人均耕地面积1.38亩。水面面积（不含提水养殖）1.6万亩。森林面积约1.5万亩。全镇联圩面积67861亩，其中崇禄圩耕地面积7099亩，占全镇耕地面积的19.04%；薛唐圩耕地面积6975亩，占全镇耕地面积的18.71%；李默圩耕地面积5899亩，占全镇耕地面积的15.82%；四新西圩耕地面积5103亩，占全镇耕地面积的13.7%；四新东圩耕地面积4691亩，占全镇耕地面积的12.58%；金唐圩耕地面积3333亩，占全镇耕地面积的8.94%；薛冒圩耕地面积2386亩，占全镇耕地面积的6.4%；六五圩耕地面积1657亩，占全镇耕地面积的4.44%；沈顾圩耕地面积1478亩，占全镇耕地面积的3.97%。

人口民族

人口总量

人口总量　1949年，境内4372户，13292人。

1990年第四次全国人口普查，全镇10143户，29533人；2000年第五次全国人口普查，全镇9803户，28931人；2010年全镇9495户，28482人；2020年全镇8970户，26262人。

2021年底，全镇8479户，27450人，其中男性人口14452人，女性人口12998人，男女性别比为1.11。0—17岁3481人，占总人口的12.68%；18—34岁5007人，占总人口的18.24%；35—59岁10870人，占总人口的39.6%；60岁及以上人口8092人，占总人口的29.48%。人口比2000年负增长5.12%。人口自然变动情况：1949—1957年，社会安定，经济恢复发展，人民生活和社会条件改善，人口增长迅速，为第一次生育高峰；1959—1961年三年困难时期，人口出生率下降；1962年起，国民经济形势好转，人民生活改善，人口出生率迅速回升，出现第二次生育高峰；20世纪70年代后，人口自然增长率逐年降低；2000—2021年，人口出生率缓慢增长，年增长率0.57%。

人口机械变动方面，新中国成立后多数年份迁进迁出基本平衡。正常迁移原因为工作调动、婚进婚出、入伍退伍、复员安置、大专院校学生入学、毕业分配等。20世纪60年代后期，有知识青年上山下乡，插队落户本省，1974年起，上述人员陆续返城。改革开放以后，境内部分村（居）民陆续外出打工、运输或经商，居住人口相应减少。

人口密度

1949年，境内人口密度为268人/平方千米；1990年，境内人口密度为596人/平方千米；2000年，境内人口密度为584人/平方千米；2010年，境内人口密度为574人/平方千米；2020年，境内人口密度为530人/平方千米；2021年，境内人口密度为554人/平方千米。

人口构成

2000年以前，镇境人口均为汉族。2000年第五次全国人口普查，少数民族增加了 1 个，为满族，少数民族人口 1 人。2021 年，少数民族有 13 个，较 2000 年新增苗族、蒙古族、彝族、壮族、布依族、侗族、白族、土家族、黎族、傈僳族、拉祜族、毛南族 12 个，少数民族人口增加至 82 人。

2021 年全镇姓氏总数 194 个，全部为单姓。各姓氏中，1000 人以上的 5 个：王姓 1797 人、张姓 1656 人、陈姓 1557 人、徐姓 1208 人、孙姓 1003 人。以上姓氏 7221 人，占人口总数的 26.31%。

1000 人以下 500 人以上的姓氏 13 个：邵姓 925 人、刘姓 797 人、朱姓 791 人、唐姓 781 人、周姓 740 人、杜姓 700 人、李姓 639 人、顾姓 613 人、范姓 600 人、杨姓 580 人、袁姓 564 人、黄姓 541 人、胡姓 532 人。以上姓氏 8803 人，占人口总数的 32.07%。

500 人以下 100 人以上的姓氏 28 个：丁姓 499 人、陆姓 446 人、许姓 416 人、沈姓 384 人、蒋姓 371 人、樊姓 352 人、高姓 318 人、吴姓 310 人、姜姓 307 人、奚姓 290 人、凡姓 266 人、洪姓 264 人、钱姓 216 人、冯姓 214 人、赵姓 213 人、董姓 192 人、夏姓 190 人、凌姓 179 人、崔姓 167 人、俞姓 158 人、江姓 151 人、田姓 133 人、全姓 131 人、姚姓 121 人、汪姓 117 人、潘姓 115 人、鲍姓 104 人、童姓 102 人。以上姓氏 6726 人，占人口总数的 24.5%。

20 世纪 80 年代以前，镇境农村人口以从事农业为主，集镇人口以在集体性质的供销社、商业社、信用社、邮电所、食品站、粮管所、医院等单位上班为主。改革开放以来，随着经济结构的不断调整，大批农村劳动力向二、三产业转移，其中不少人走向省内外大中城市，从事工、商、运输、建筑等行业。20 世纪 90 年代，沈坨境内市属大集体和乡村办企业兴起，吸纳了众多本地农业劳动力。与此同时，商业、服务业、文教卫生事业持续发展，从业人员也相应增加。2021 年全镇从业人员总数 6827 人，其中外来从业人员 229 人。第一产业从业人员 1255 人，占比 18.38%；第二产业从业人员 1572 人，占比 23.03%；第三产业从业人员 4000 人，占比 58.59%。

附：2021 年沈坨镇百岁老人简介

陆粉喜　女，1920 年 8 月 31 日出生，安冒村安塘杨家人，生育 4 子，均已成家。一生热爱劳动，勤俭持家，生活有规律，从不挑食。邻里和睦，平时乐观风趣，爱讲笑话。年虽过百，仍能走动。

邵时宏　男，1921 年 7 月 7 日出生，集镇社区人，生有 2 子 2 女。1951 年参加工作，先后在临近的陈堡、刘六和沈坨冒家小学、柏家小学、沈坨中心小学任教。工作兢兢业业，任劳任怨。平时为人谦和，与世无争，遇人一脸笑，说话轻声细语。一生不吸烟、不喝酒、不打牌，无不良嗜好。讲究卫生，衣食简朴。人虽过百，思维清晰，起居自理，能在家中走动。

2021 年沈纶镇 90 岁以上老人名录（138 人）

表 1

序号	姓名	性别	年龄	村别	住址
1	陆粉喜	女	101	安 冒	安塘 11 组
2	邵时宏	男	100	社 区	步行街
3	张所头	女	98	李 默	李默 11 组
4	杜玉胡	男	98	安 冒	安塘 9 组
5	陈冬年	女	97	安 冒	安塘 2 组
6	李扣头	女	97	薛 鹏	薛鹏 1 组
7	丁得宽	男	97	薛 鹏	薛鹏 9 组
8	唐银久	女	97	薛 鹏	薛鹏 21 组
9	顾粉女	女	97	薛 鹏	薛鹏 21 组
10	张牛女	女	97	沈纶南	沈南 7 组
11	史粉珍	女	96	关华复	华谈 7 组
12	丁兰香	女	96	薛 鹏	薛鹏 13 组
13	冒冬桂	女	96	安 冒	安塘 9 组
14	俞来珍	女	95	安 冒	安塘 10 组
15	奚海网	女	95	关华复	华谈 2 组
16	徐许年	女	95	繁 盛	沈家 4 组
17	季兰珍	女	95	沈纶北	沈北 2 组
18	徐才女	女	95	安 冒	冒家 3 组
19	姚所生	男	95	安 冒	冒家 7 组
20	沈扣子	女	95	薛 鹏	薛鹏 21 组
21	朱小贯	女	95	金唐纪	唐张 3 组
22	胡万银	男	95	薛 鹏	薛鹏 16 组
23	张兔头	女	94	沈纶北	沈北 8 组
24	樊大林	男	94	繁 盛	樊荣 8 组
25	王扣珍	女	94	安 冒	安塘 5 组
26	王粉根	女	94	薛 鹏	薛鹏 9 组
27	王年根	女	94	崇 禄	姜童 1 组
28	陈荣友	男	94	崇 禄	姜朱 7 组
29	徐栾英	女	94	薛 鹏	薛鹏 5 组
30	刘凤英	女	94	薛 鹏	薛鹏 7 组
31	杜宛女	女	94	崇 禄	谈洪 3 组
32	吕阿根	女	93	关华复	华谈 3 组

续表 1

序号	姓名	性别	年龄	村别	住址
33	蒋桂宝	男	93	薛 鹏	薛鹏 22 组
34	黄怀子	女	93	金唐纪	金家 2 组
35	樊茂林	男	93	繁 盛	樊荣 8 组
36	崔芹英	女	93	柏 九	柏家 7 组
37	童三却	男	93	崇 禄	姜童 3 组
38	于德荣	男	93	安 冒	安塘 8 组
39	杜传喜	女	93	安 冒	安塘 3 组
40	李洪生	男	93	安 冒	安塘 11 组
41	张陆金	男	93	安 冒	冒家 5 组
42	凡根小	女	92	繁 盛	沈家 6 组
43	顾正海	男	92	繁 盛	沈家 8 组
44	王巧玉	女	92	柏 九	柏家 5 组
45	陈存寿	女	92	柏 九	柏家 6 组
46	冯粉兰	女	92	崇 禄	张王 3 组
47	张珍年	女	92	崇 禄	张王 2 组
48	洪子头	女	92	崇 禄	姜童 3 组
49	柏和英	女	92	崇 禄	朱家 1 组
50	唐俊美	男	92	金唐纪	唐张 4 组
51	徐所居	女	92	金唐纪	唐张 2 组
52	唐牛头	女	92	金唐纪	唐张 4 组
53	刘美英	女	92	金唐纪	唐张 5 组
54	杨兰珍	女	92	沈埨南	沈南 6 组
55	邵粉小	女	92	沈埨南	沈南 2 组
56	薛老多	女	92	沈埨北	沈北 10 组
57	刘国梁	男	92	沈埨北	集镇协和东巷
58	王冠坤	女	92	安 冒	安塘 1 组
59	李巧喜	女	92	安 冒	安塘 3 组
60	李金扣	女	92	安 冒	安塘 3 组
61	冯翠英	女	92	安 冒	安塘 5 组
62	陆粉小	女	92	安 冒	安塘 10 组
63	奚宝怀	男	91	关华复	华谈 1 组
64	钱联所	女	91	李 默	李默 2 组
65	陈汝岗	男	91	李 默	李默 1 组
66	陈大粉	女	91	李 默	李默 7 组

续表 1

序号	姓名	性别	年龄	村别	住址
67	凌萝头	女	91	繁盛	樊荣 11 组
68	张兆泰	男	91	繁盛	樊荣 4 组
69	杜扣喜	女	91	繁盛	樊荣 1 组
70	杨党女	女	91	李默	李默 15 组
71	刘春奎	男	91	柏九	九尖 5 组
72	张羊头	女	91	柏九	柏家 3 组
73	孙扣年	女	91	金唐纪	唐张 7 组
74	周巧女	女	91	柏九	柏家 6 组
75	徐扣珍	女	91	繁盛	沈家 5 组
76	周粉山	女	91	崇禄	谈洪 2 组
77	童如荣	男	91	崇禄	姜童 3 组
78	王巧寿	女	91	崇禄	姜童 3 组
79	张牛所	女	91	崇禄	朱家 1 组
80	凌友桂	男	91	薛鹏	薛鹏 3 组
81	陈忙小	女	91	沈坨南	沈南 10 组
82	李东根	男	91	沈坨南	沈南 3 组
83	杨怀英	女	91	沈坨北	沈北 1 组
84	张得珍	女	91	李默	李默 8 组
85	刘喜子	女	91	沈坨北	沈北 8 组
86	邵安成	男	91	沈坨北	集镇协和路
87	李芹喜	女	91	安冒	安塘 2 组
88	凡巧头	女	91	金唐纪	金家 3 组
89	张存头	女	91	金唐纪	金家 1 组
90	蒯小赵	女	91	金唐纪	唐张 3 组
91	周网小	女	91	安冒	冒家 2 组
92	孙雨年	女	91	安冒	冒家 1 组
93	杜年英	女	91	社区	薛鹏路
94	王春山	男	91	社区	府西路
95	夏冬兆	男	90	沈坨南	沈南 4 组
96	沈兰英	女	90	沈坨南	沈南 1 组
97	顾定付	男	90	柏九	柏家 4 组
98	杜彩云	女	90	崇禄	张王 1 组
99	钱扣贯	女	90	崇禄	张王 1 组
100	王当女	女	90	崇禄	谈洪 2 组

续表 1

序号	姓名	性别	年龄	村别	住址
101	张玉娣	女	90	崇 禄	朱家 2 组
102	顾汉根	男	90	沈�北	沈北 6 组
103	刘春宝	女	90	沈埨北	沈北 1 组
104	孙万祥	男	90	薛 鹏	薛鹏 11 组
105	范巧珍	女	90	金唐纪	唐张 6 组
106	张友香	女	90	金唐纪	唐张 6 组
107	沈冬女	女	90	沈埨北	沈北 11 组
108	王粉喜	女	90	沈埨北	沈北 11 组
109	校大春	女	90	沈埨北	沈北 2 组
110	谭永朋	男	90	安 冒	安塘 1 组
111	李勤根	女	90	安 冒	安塘 5 组
112	刘秋香	女	90	安 冒	安塘 4 组
113	李祥发	男	90	安 冒	安塘 4 组
114	钱巧义	女	90	薛 鹏	薛鹏 7 组
115	王来扣	女	90	薛 鹏	薛鹏 9 组
116	奚筛宝	女	90	薛 鹏	薛鹏 14 组
117	张小粉	女	90	安 冒	冒家 4 组
118	陈存娣	女	90	安 冒	冒家 2 组
119	朱年头	女	90	崇 禄	姜童 1 组
120	凡兰珍	女	90	崇 禄	姜童 2 组
121	全桂香	女	90	崇 禄	朱家 1 组
122	黄茂宽	男	90	金唐纪	金家 3 组
123	唐进林	男	90	金唐纪	唐张 4 组
124	唐广保	男	90	金唐纪	唐张 1 组
125	邵巧珍	女	90	崇 禄	谈洪 5 组
126	许根网	女	90	崇 禄	谈洪 4 组
127	范玉宏	男	90	关华复	华谈 3 组
128	蒋中秋	女	90	关华复	复兴 2 组
129	奚学东	男	90	关华复	华谈 1 组
130	范淮粉	女	90	关华复	华谈 1 组
131	刘粉宝	女	90	柏 九	柏家 2 组
132	王阿根	男	90	社 区	镇西街北巷
133	黄广义	男	90	社 区	商场西路
134	费来往	女	90	社 区	步行街

续表 1

序号	姓名	性别	年龄	村别	住址
135	朱遐龄	男	90	社 区	步行街
136	钱联所	女	91	李 默	李默 2 组
137	沈桂山	女	90	李 默	李默 2 组
138	王春树	男	90	李 默	李默 3 组

繁盛村老年文艺宣传队

经济发展

经济总量与结构

沈抡是传统的农业乡镇，工业、商贸、家禽家畜养殖、水产养殖等也有一定规模。改革开放以来，镇域经济持续稳定、健康发展。

2008 年以来，沈抡镇经济保持高质量稳步发展，综合实力不断增强。2009 年地区生产总值 2.54 亿元，人均 11302 元，比 2008 年分别增长 31.47%、31.70%；农村居民人均可支配收入 6850 元，比 2008 年增长 15.71%，全年实现本级地方财政收入 1556 万元，比 2008 年增长 193.03%。2010 年，实现地区生产总值 2.56 亿元，完成财政收入 1822 万元。2015 年，实现地区生产总值 4.88 亿元，完成财政收入 1561 万元。

2021 年，实现地区生产总值 8.97 亿元，其中一产增加值 3.08 亿元，二产增加值 2.17 亿元，三产增加值 3.72 亿元，分别占地区生产总值的 34.34%、24.19%、41.47%；实现财政总收入 6029 万元，其中一般公共财政收入 3520 万元。工业企业开票销售 8.63 亿元，13 家规模以上工业企业完成产值 5.77 亿元、利税 0.34 亿元。完成固定资产投资 5.49 亿元，其中工业技改 0.57 亿元。村级经营性收入 879.77 万元，农村居民人均可支配收入 25455 元；年末储蓄余额 13.48 亿元。

产业经济

第一产业

从中华人民共和国成立初期到 20 世纪 80 年代前，以种植粮、棉、油、豆等农作物为主，经济结构单一。1982 年，实行家庭联产承包责任制后，家家户户均以人口和劳动力分得责任田。1998 年完成第二轮土地承包，30 年不变，农业生产力加快发展，种植业、养殖业齐头并进，畜禽养殖、提水养殖遍地开花。20 世纪 90 年代后，在稳定粮、油、棉主要农作物种植的基础上，发展绿色无公害瓜果、蔬菜种植，改造西北部部分村低洼荒田发展提水养殖 3500 亩，推广湖桑种植 1500 亩。2010 年以后，坚

宏景产业园

持农业向生产集约化发展，土地向种田大户、养殖大户集中，有序推进家庭农场建设试点工作。截至2015年底，全镇通过出租、互换、转让、转包等方式流转土地31680亩，占全镇耕地面积的85%。培育优质粮种植家庭农场、果蔬种植家庭农场85家，形成水蜜桃、无花果、木瓜、西兰花、娃娃菜、韭菜黄等果蔬种植基地。

2017年，通过内联外引，吸纳工商资本投入，引进以高效农业为核心，一、二、三产融合发展的宏景生态循环农业产业园项目，流转用地2300亩，总投资2.4亿元。流转低荒田900亩实施藕虾（小龙虾）生态立体种养。大力推进“一村一品”战略，全镇8个行政村有村集体领办产业项目，其中沈北村薄壳山核桃1008亩，柏九村、崇禄村白玉枇杷300亩，繁盛村、金唐纪村苏翠一号梨200亩，沈南村冬桃65亩。

2021年，全镇提水养殖面积7800亩，从事养殖农户135户。有农业专业合作社27个（其中从事果蔬种植5个、粮食种植12个、家禽饲养2个、农机服务4个、生猪养殖2个、水产养殖2个），家庭农场132个（其中从事粮食种植105个、家禽养殖3个、水产养殖17个、花卉种植1个、果蔬种植4个、生猪养殖2个），从业人数265人。

2021年，第一产业增加值3.08亿元，占地区生产总值比重为34.34%。

第二产业

沈坨工业发展起步较早，20世纪70

年代至80年代初，境内有国营米厂、机械农具厂、纽扣厂、弹簧厂等县属区管企业，有农修厂、五金厂、服装一厂、服装二厂、拉丝厂、板鸭厂、羽毛球厂、电修厂、铜泵厂、水泥制品厂、砖瓦厂、丝织七厂、竹器厂（厂址在薛鹏）13家社办企业。大队办企业34家，其中包括关口的拉丝厂、服装厂、鞭炮厂，华谈的拉丝厂、服装厂，薛鹏的锉刀厂、五金厂、水泥预制厂、锯木厂、挂面厂，唐张的饲料厂，谈洪的编制厂、弹簧厂，樊荣的钣金厂，冒家的拉丝厂、草编厂，安塘的油石厂、皮鞋厂、水泥制品厂、木包装厂、拉丝厂、麻花钻厂，九尖的制线厂，水产的拉丝厂，沈一的空调配件厂、服装厂，沈二的丝织四厂、锅炉配件厂，沈四的潜水泵配件厂、五金厂。此外还有供销社的酱醋厂、糕点厂、纸包装厂，粮管所的黄酒厂。其时是沈坨境内工业最为辉煌的时期，一度成为兴化乡镇企业五小龙之一。后受制于过去长期协作的大型企业改制和陆路交通条件等诸多原因，乡镇企业举步维艰，出现倒退和倒闭现象，工业经济进入发展低潮。

改革开放以后，沈坨镇重视原有企业的技术改造，引导转型升级，同时加强工业园区建设，强化招商引资，吸引新的企业落户。特别是2009年境内大周公路建成通车以来，新建沈坨机械加工产业园，建成园区面积1.5平方千米，园区道路、给排水、供电、绿化、亮化、通信等基础设施齐全。

2021年，全镇有工业企业65家，其中规模以上企业13家，分别是江苏牛劲石化机械有限公司、江苏亚立特钢有限公司、江苏欧德卫浴制品有限公司、泰州金鑫特种线缆有限公司、泰州华昊废金属综合利用有限公司、江苏欧瑞德阀门有限公司、江苏聚彩文教用品有限公司、江苏瑞奇金属制品有限公司、江苏天宝食品有限公司、江苏壹萨生物科技有限公司、江苏彼欧亿塑料科技有限公司、泰州艾瑞克精密五金有限公司、卡撒钢绳（江苏）有限公司。

2021年全镇实现工业开票销售8.63亿元，工业入库税金2560万元，工业用电量6100万度。企业在岗员工1502人，固定资产净额4.6亿元。精密铸造、服装加工、保温材料、机械加工等产业成为全镇经济的支柱产业，工业经济在经济总量中所占比例明显增加。

2021年，第二产业增加值2.17亿元，占地区生产总值比重为24.19%。

附1：沈坨骨干企业选介

原沈坨机械农具厂 成立于1953年，为沈坨铁木竹合作社。1958年，更名为沈坨铁木中心社，下辖刘陆、竹泓2个铁木社。主要生产铁木农具、木犁、榎楷、铁锹（河横锹）、四齿钉耙、镰刀等农用生产工具。计划经济时代，其生产的产品均由县物资管理部门作为计划物资统一分配。1965年，更名为沈坨机械农具厂（县属机农六厂），主要农具始用模具锻压及机械加工。1975年，增设成立兴化市钢窗厂，1999年企业改制。

原沈坨农修厂 成立于1958年，时为沈坨公社机灌站。站址设在安塘大队。1959年，从无锡华西购得大头车一台，兴办碾米厂，因机械先进、动力大，业务十分繁忙，周边四乡八舍均到该厂碾米。1962年，更名为沈坨公社农修厂，主要业务为农业机械制造和维修。1978年，曾作为国家机械工业部定点厂生产“双节内净器”（军工产品），当时在兴化社办企业中仅此一家。1982年，研制生产可食用三色冰激凌机，属于环保型产品，产品销售中国东北、西北市场，1997年企业改制。

原沈坨五金厂 创办于1970年，主打产品为麻纺配件，由于管理严格、守正创新、保证质量，产品远销湖北省石首市、河南省信阳市、福建省漳州市、无锡三纺机械厂，是兴化县重合同、守信用先进单位。该厂享有“花园式工厂”美誉，多次接待兴化县工业主管部门及周边公社参观学习。该厂长期坚持“不在民间集资、不借银行贷款、不拖欠工人工资”的经营理念，这在当时的社办企业中是极为鲜见的。该厂还一度接收公社党委安排的8名知青到厂上班，解决下乡知青的就业问题。

原沈坨服装一厂 创办于1969年，前身为沈坨缝纫小组，由五台缝纫机组成。1970年，组建沈坨服装厂，生产市场适销的服装。经过多年市场调研，成功探索出一条独特的运营模式，自主注册商标的“蜜蜂”牌中山装、“蝴蝶”牌女装，产品供不应求。该厂在鼎盛时期征用沈一大队6小队3亩土地扩建标准式厂房，扩大生产规模。该厂主打产品一度打入北京王府井、西单服装市场及上海、南京等大中城市的商场。

江苏天宝食品有限公司 江苏天宝集团的子公司，坐落于机械加工产业园内，于2016年6月开工建设，总投资1.8亿元，

天宝食品

占地面积 52.07 亩。2019 年，建成一期项目生猪、家禽屠宰分割车间面积 1.5 万平方米，办公大楼 2000 平方米，辅助用房 4000 平方米，具备年屠宰生猪 40 万头、家禽 360 万羽的生产能力。公司按照四星级屠宰厂标准建造，拥有 3 条全自动屠宰线和 2 条现代化的分割线，一套白条肉排酸、冻结、冷藏的现代化冷库，可同时储藏肉食品 1000 余吨。投入资金 500 多万元建成的污水处理厂，可日处理污水 550 吨。公司配有无菌化验室，具备常规理化、微生物、药物残留和瘦肉精的检测能力，具备独立检测非洲猪瘟的设备和技术，洗消中心采取 82 度热水对运猪车辆进行全面清理消毒。厂区内依据“花园式工厂”模式打造，绿化覆盖率 16.9%。

2021 年，公司内设生产部、销售部、采购部、工程部、财务部和行政部等，拥有员工 60 余人，其中本科学历 3 人，大专学历 7 人，从事该行业 15 年以上员工 18 人。实现工业总产值 1.5 亿元，开票销售 1.31 亿元，利税 280 万元。

泰州华昊废金属综合利用有限公司 公司位于兴化市机械加工产业园，占地 30 余亩，注册资金为 2571 万元，项目总投资为 1.5 亿元。公司建有 1.5 万平方米的标准厂房，拥有水质检测和重金属检测化验室。公司创建于 2014 年，是专业处置利用危险废物的环保企业，拥有危险废物经营许可证（JSTZ1281OOD003-4）。

公司于 2017 年配套三级喷淋废气处理设施，并按要求在 FQ-6 排气筒处安装杭州禾风环境科技有限公司的 HF-CEMS-1000 型烟气排放连续监测系统。主要利用不锈钢和电镀企业所产生的含镍污泥、废酸为原材料，采取酸浸、固化、成型、萃取、电沉积等工艺生产再生铁颗粒、镍板及硫酸钠等。2021 年，实现工业总产值 3800 万

华昊金属

元，开票销售3320万元，入库税金144万元。

江苏彼欧亿塑料科技有限公司 公司创建于2019年，坐落于沈坨机械加工产业园内，位于沈南路3号。占地面积9亩，注册资本1000万元。主要产品有废气净化洗涤塔、活性炭塔、通风管道、通风管件、塑料板材和槽体等一系列塑料注塑件和加工件。产品具有使用方便、效果好、耐酸性、耐腐蚀、抗紫外线、电绝缘性良好、刚性强、柔性高和良好的焊接加工性能等特点。产品广泛应用于电子业、化工业、医药业、纺织业、橡塑业、汽车业、水泥业和陶瓷业等行业。2021年实现工业总产值4300万元，开票销售4080万元，利税200万元。

江苏欧德卫浴制品有限公司 公司地处省道323东侧，位于沈坨镇机械加工园区A区。公司成立于2013年12月，是不锈钢水龙头、阀门等系列产品专业生产加工的企业，拥有完整科学的质量管理体系。生产的不锈钢水龙头具有健康、环保、耐寒、抗冻的特殊性能。

公司占地10亩，办公区及研发占地3000平方米，生产区占地1万平方米。拥有员工100多人，其中管理人员7人，专职安全管理人员2人。2021年实现工业总产值4300万元，开票销售3760万元，入库税金95万元。

江苏欧瑞德阀门有限公司 公司成立于2015年3月，注册资本1000万元，于2022年12月变更法人。公司位于沈坨镇沈南路8号，地处省级航道蚌蜒河北侧、省道232东侧。公司经营范围为不锈钢阀门、管阀件、机械零配件等系列产品，产品均为公司自主铸造。产品畅销北京、上海、福建、重庆等大中城市，深受广大客户青睐。2021年实现工业总产值2700万元，开票销

江苏欧德卫浴制品有限公司

售 2560 万元，利税 160 万元。

卡撒钢绳（江苏）有限公司 公司成立于 2019 年 8 月，坐落于沈坨镇工业集中区沈南路东首。公司主要经营钢丝绳、钢丝网、起重设备配件制造、销售和新型钢丝绳研发等。公司占地面积 7130 平方米，绿化面积 300 平方米，总投资 2500 万元。2021 年实现工业总产值 3100 万元，开票销售 2870 万元，利税 130 万元。

江苏聚彩文教用品有限公司 公司成立于 2015 年 7 月，位于沈坨镇工业园区，注册资金 1000 万元，一期新征用地 15 亩。公司主要生产加工美术画材，产品分为专业美术用品、创意休闲画材、儿童教育培训画材，产品 80% 出口。公司是法国 PEBEO（贝碧欧）公司的专属合作伙伴，贝碧欧（PEBEO）美术用品工业公司是法国一家著名美术用品生产商，成立于 1919 年，目前为世界四大主流美术用品供应商之一，2013 年成为法国卢浮宫指定材料供应商。2021 年实现工业总产值 2400 万元，开票销售 2160 万元，利税 110 万元。

江苏瑞奇金属制品有限公司 公司创建于 2006 年 6 月，以北京为源头，参与国内第一条高铁（京津线）声屏障的建设，贯穿郑西线、武广线、沪宁线、沪杭线。公司日产量钢立柱 2000 根，隔音板 1 万套。2021 年，拥有 50 多亩全新现代化标准厂房，行政管理人员 6 人，专业技术人员 2 人。实现工业总产值 3800 万元，开票销售 3460 万元，利税 200 万元。

江苏壹萨生物科技有限公司 公司创建于 2017 年，位于沈坨镇工业园区，注册资金 1000 万元，占地面积 13 亩，其中生产厂房面积 2600 平方米。公司主要产品为润滑油品添加剂，是金属加工液添加剂的研发及生产的专业公司，研发的多款产品成功取代国际一线品牌的产品，产品均通过 ROHS 环保标准认证。2021 年实现工业总产值 2450 万元，开票销售 2280 万元，利税 170 万元。

江苏亚立特钢有限公司 公司始建于 2005 年，原名为兴化市凯丰不锈钢铸管厂，位于沈坨镇机械加工产业园内。随着公司的不断壮大和经济实力的增强，于 2012 年更名为江苏亚立特钢有限公司，至 2021 年拥有资产约 5000 万元，占地面积约 3 万平方米，员工人数近 100 人，其中拥有中高级职称的技术人员达 10 人以上，年生产能力达 3000 余吨。公司主要生产离心铸管、辐射管和各种轧辊精密铸件，非标产品可根据用户标准定制，公司产品具有耐高温、耐腐蚀、耐磨性、使用寿命长等优点，并被广泛应用于大型钢厂、热处理、化工、石化、电力等诸多行业。

公司注重质量控制投入和管理，产品通过 ISO9001-2000 国际质量体系认证。2021 年实现工业总产值 5900 万元，开票销售 5610 万元，利税 340 万元。

江苏牛劲石化机械有限公司 公司创建于 2014 年，位于机械加工产业园 B 区，占地面积 15 亩，厂房面积 4998 平方米。

公司主要从事球墨铸造，产品多为液压设备配套。公司常年生产加工定型产品，同时按照客户的要求定做各类型号的产品，满足不同层面的需求。2021年实现工业总产值4380万元，开票销售4160万元，实现税收110万元。

泰州金鑫特种线缆有限公司 公司创建于2016年，坐落于沈坨机械加工产业园内，位于沈南路3号，占地面积8亩，厂房面积4100平方米。公司是专业从事特种电线电缆研发、制造和销售的科技型企业。主要生产高温电线电缆、高温电力电缆，硅橡胶绝缘护套电线电缆、氟塑料绝缘护套电线电缆、阻燃耐高温控制电缆，以及船用电、信号电缆、云母高温电线电缆、热电偶补偿电线电缆等共几十个品种上千个规格产品。环境温度从 -65℃—1000℃。产品广泛应用于航空、冶金、化工、石油、电力、汽车、电子、机械和家电行业，可应用于恶劣环境。2021年实现工业总产值2550万元，开票销售2270万元，利税160万元。

江苏山杉木业有限公司 位于沈坨镇工业园区，省道232西侧，宁靖盐高速公路贯穿南北，占地面积2万平方米。公司引进国内外先进的生产设备与技术，专业开发研制生产销售原木门、实木门、红木家私、豪华木楼梯等木制类产品，是“泰州市名牌产品”“泰州市知名商标”的木业厂家。

2021年，公司拥有职员100多人，产品近200款，秉承“艺术生活，生活艺术”的设计方针，吸取中西方文明精华，注入时尚设计风格，用艺术笔触演绎符合各阶层人士审美标准的优质产品。

附2：兴化市机械加工产业园

兴化市机械加工产业园位于沈坨镇镇区东首，始建于2008年10月，自主申报为“兴化市机械加工产业园”，被兴化市政府确定为“14+1”的市级园区，特色产业为医药机械、食品机械、石油化工机械、金属制品。截至2021年，通过高点定位、规划引领、持续投入，产业园形成了“三纵五横”（三纵指园区路、大周公路、朝阳河路，五横指柏九路、县道310、沈北路、沈安路、沈南路）的发展框架。园区规划用地2.6平方千米，已建设工业用地1.5平方千米，110千伏变电所坐落其中，全部实现了通给水、通排水、通电、通信、通路、通网络、场地平整等“七通一平”。

发端于20世纪70年代以来农业机械、农机配件生产制造产业，以及为泰州海光、林机、商机、春兰等军工部属企业代加工产业的发展，为镇域工业经济的发展奠定了坚实的机械加工产业基础。截至2021年，园区拥有工业企业65家，其中从事机械加工业20家、机械制造业8家、金属制品业13家、精密机械铸造业11家、其他企业13家；分布在集中区以外的个体机械加工大户15家。主营行业有制药机械、数控机床、汽车零部件、泵业阀门制造；高铁配件、洁具、钢丝绳、船舶配件、水暖器材、标准件等金属制品业；服装鞋帽、电线电缆、

江苏山杉木业有限公司办公楼

薛鹏 110 千伏变电站

橡塑制品、电子电容等轻工制品行业，具备年产值20亿元的生产能力。园区内标准厂房面积20.5万平方米，固定资产净值4.6亿元，高新技术企业14家，规模以上在库工业企业16家。

附3：小微企业孵化中心

又名小微企业创业创新孵化基地。为充分发挥本地机械加工产业特色，解决想发展创业又缺少生产厂房的个体加工户初创阶段用地难、融资难等瓶颈制约问题，2014年初，启动小微企业孵化基地一期工程（沈坨北区）建设，用地47亩，采用分割国有出让、租用集体土地自建厂房和政府筹建标准厂房出租多种投资模式，当年就招引恒力波纹管、高鹏金属、博成万向球、海航机电配件、柯玛特机械、天启轴承（金军电器）、苏科数控机械、兴义特不锈钢（骏峰汽配、金鹰汽配）、凯步楼梯等10家企业入驻并投产。镇政府投资近100万元用于道路、供电、给排水等基础设施配套建设，整个孵化基地统一规划设计，除入驻企业自筹资金建设外，镇财政建设的3843平方米标准厂房，是筹集各村集体积累资金、奖补资金入股，按股分红，壮大村级集体经济。在取得一定的经济效益和社会效益的基础上，镇政府先后投资1100万元，于2016年建成安塘标准厂房5300平方米（安冒区，入驻企业为雷通机械、双安石英砂），2018年建成沈坨南标准厂房7840平方米（沈坨南区，入驻企业为天枫服装道具）。

小微企业创业创新孵化基地用地77.5亩（其中沈坨北区47亩、安冒区17.5亩、沈坨南区13亩），建有标准厂房32583平方米（其中企业自建15600平方米，镇政府建16983平方米）。2019年获泰州市小微企业创业创新示范基地称号。截至2021年，入驻企业13家，实现工业开票1.03亿元，入库税金420万元，政府年租金收入148.5万元，村级分红53.6万元。

第三产业

明末清初，沈坨集镇店铺林立、市井繁华、商贾云集。有南北货、京广货、五洋、油业、米业、布业、盐业、土烟、糖坊、糟坊、染坊、树坊、铁木农具、竹业、窑货及浴室、旅馆、茶楼、钱庄等众多门类。老字号商铺有何广余布店、赵景升布店、孔兴泰布店、陈汝义布店、西永胜布店和东永胜布店，刘步瀛粮行、夏长钊粮行、黎文才粮行，孙宏安木行、罗远方木行、兆兴旱烟店、海春茶馆、长春楼茶馆、一枝春茶馆、安乐池浴室和白玉池浴室。有13班“老虎灶”，日夜为集镇居民供应开水热茶。

20世纪80年代初，沈坨水上运输业起步发展，各村村民陆续购置30吨左右的水泥船在长江以南从事水上运输。90年代，全镇运输业进入鼎盛时期，有大小运输船只1027条，总吨位约4.1万吨，钢质船舶占一定比例，遍布于上海、浙江、苏锡常一带，主要从事砖块、水泥、石沙等建材的水上运输。

2021 年，镇区有各类商业店铺约 320 家，其中超市 6 家、服饰专卖店 8 家、通信器材店 8 家、日用杂品店 6 家、水暖器材门市 6 家、水果店 6 家、农资门市 2 家、药店专卖 3 家、饭店餐饮 16 家、饺面店 9 家、电动车销售部 6 家、美容美发店 9 家、鞋帽专卖店 8 家、茶叶专卖店 3 家、快递中转点 5 家、粮油面店 5 家、旅社宾馆 6 家、农贸市场 1 家、驾校培训点 2 家，其他杂品店铺门类齐全。道茶轩、欧曼基、麦香村等连锁加盟店也相继驻足集镇。

2021 年，包括农村批发零售企业和个体工商户 506 家，从业人员 1128 人，销售总额 9385 万元；住宿和餐饮业 51 家，从业人员 327 人；全镇交通和个体运输业 328 户（家），有个体运输船只 160 条，货车 168 辆，客车 13 辆。

2021 年，第三产业增加值 3.72 亿元，占地区生产总值比重为 41.47%。

舜泰服饰

居民生活

居民收入

20世纪80年代以前，境内人口以从事农业为主。改革开放以来，经济结构调整，大批农业劳动力向二、三产业转移，主要从事工、商、运输、建筑等行业。20世纪90年代，沈坨境内市属大集体和乡村办企业兴起，吸纳了众多当地农业劳动力。与此同时，商业、服务业、文教卫生事业持续发展，从业人员也相应增加，村(居)民在吃、穿、住、

府前广场

用、行各方面条件均得到很大改善，生活水平明显提高。进入21世纪，随着集镇第三产业不断发展，市场持续繁荣，域内村（居）民家庭除工资收入外，经营性收入、财产性收入、兼职及其他收入不断增加，收入来源进一步多元化；域内农民从事养殖、加工、运输、商贸者日渐增多，农村人均可支配收入亦随之增加。1982年682元，1986年906元，1991年1385元，1995年2019元，2000年3360元，2005年5235元，2011年8858元；2016年16286元，比2011年增长83.86%；2021年，城乡居民人均可支配收入达25455元，是1982年的37倍。此间，集镇居民收入也同时增加。

居民支出

改革开放后，人民生活水平逐步改善，生活消费支出相应增加，消费结构发生重大变化。衣、食、住、用、行从对量的满足转向对质的追求，刚性消费成倍增长。吃，由应付温饱转向讲究营养；穿，从耐穿耐磨、经济实惠转向讲究品牌和款式；住，由砖木结构平房转向全框架结构楼房、别墅；用，从普通耐用消费品转向高档时尚消费品；行，从单一的自行车转向摩托车、电动车、小轿车。此外，子女教育、文化娱乐、外出旅游、养生保健亦成为消费热点。

2021年，全镇人均住房面积49平方米。每百户拥有汽车33辆、摩托车17辆、电动车63辆，移动电话251部。是年，全

世纪华联沈坨店

镇常住居民人均生活消费支出18446元，其中食品烟酒消费支出5883元，衣着消费支出939元，居住消费支出2578元，生活用品及服务消费支出984元，交通通信消费支出2554元，教育文化娱乐消费支出2570元，医疗保健消费支出2020元，其他商品和服务消费支出918元。

社会保障

党的十九大以后，全镇社会保障事业得到较快发展。2021年，全镇城镇职工基本养老保险在缴人数1155人，企业已退休职工领取养老金人数656人。基本医疗保险在缴人数1315人，失业保险365人，工伤保险365人。新型农村合作医疗保险16733人，新型农村基本养老保险在缴人员6144人，已领取新型农村基本养老保险人员6802人。城乡居民享受最低生活保障478人。农村五保人数308人，其中集中

沈坨中心幼儿园

2011 年沈坨镇启动镇村公交

供养 20 人。全镇基本实现社会保障全覆盖。

教育

中华人民共和国成立前，境内私塾教学广为流传。集镇、薛鹏、凡荣等地从外地聘请塾师，设馆授学。1946 年，薛鹏（旧称穆家堡）在沈坨率先成立公立完全小学，名称为穆家堡国民完全小学。

1949 年，在镇中心商业区（祖师庙内）成立沈坨中心小学，建有校舍 8 间，设 4 个教学班，教学内容主要是小学语文、小学算术（含珠算）两科。乡村教育因师资、校舍、生源等原因，仍然以私塾教学为主。1952—1957 年，中心小学在原校址上扩建校舍 10 间，班级增加到 6 个班，教学内容增开了体育、音乐、自然等科目，自此沈坨的乡村教学逐渐步入现代教育的正轨，私塾教学完全取消，部分私塾老师经教育部门考核认定合格后，正式纳入教师编制（公办教师），部分有教育潜质未被教育部门录用人员，因师资欠缺，也被中心小学安排教学任务，民办教师由此产生。一些师资严重欠缺的地方还录用了半教半农的耕读教师（代课老师）。乡村学校的校舍以祠堂、没收的地主富农的房屋居多，学桌五花八门，有庙里的供桌、地主富农的餐桌（方桌），两边用砖、土坯垒成墩子，搭上一块块木板的一张张超长的学桌，尽管条件十分简陋，但现代教育之风，已吹遍了整个沈坨的集镇与乡村，初具模型的乡村学校是中心小学的下属机构。

1958 年，沈坨成立万斤大学（沈坨中学前身），隶属沈坨中心小学。1959 年，随着教育的迅猛发展，对区域进行划分，以片为单位设立乡村教学辅导组，具体划分为东片（华谈组）、西片（张王组）、北片（凡荣组）、薛鹏组、沈坨组。一大批师范生被分配到沈坨，其中有姜堰籍、泰兴籍等外地师范生。是年，竹泓区公所在沈坨成立，亦在沈坨成立竹泓区中心校。1964 年，沈坨万斤大学更名为沈坨农业中学。沈坨的村小学科已基本设立齐全，各辅导组完全小学 1—6 年级日臻成熟。一些偏远的小村庄复式教学是主要、最基本的一种教学模式。1966 年，沈坨农业中学更名为沈坨初中，附属沈坨中心校，也称沈坨中心校初中班。1969 年，沈坨初中改名为沈坨中学。1970 年，沈坨中学从中心校分离出来，成为与中心校并列的教育机构。农村分别成立薛鹏初级中学、华谈初级中学、张王初级中学、凡荣初级中学，其时还先后创办了安塘初中、柏家初中、南王初中等，这些初中为缓解沈坨教育的压力，对各类人才的挖掘和培养做出了巨大的贡献。1975 年，沈坨中学增设高中部，高中部到 1981 年结束。1976 年，薛鹏学校在初中班的基础上创设高中班，为期三年。1986 年，沈坨中心校迁址至车站东侧，原校址成立中心幼儿园。1989 年起，沈坨教育开展大规模扫盲和“一无二有”活动，成立扫盲中心，后改称为成人教育中心校。1991 年、1992 年，张王、凡荣初中分别撤并至沈坨中心中学，华谈初中撤并至薛鹏中学。从 1988 年至 1993 年，沈坨中心中学及下属各初中学校连续 5 年中师、中专录取成绩排兴化教育前十名。1999 年，薛鹏中学撤并至中心中学，撤并后沈坨中心中学更名为沈坨初级中学。合并后的初级中学，规模较大，初一 8 个班，初二 6 个班，初三 6 个班，在校学生 1000 多人。2006 年，沈坨中学原校址兴建教学楼，沈坨中心小学搬迁至此，中心小学校址被政府收购作为中心卫生院。2011 年，沈坨中心校在初中部兴建综合楼。2011 年，新建的沈坨幼儿园通过省级验收合格，成为兴化市首批江苏省合格优质幼儿园，2012 年被评定为江苏省优质幼儿园。2012 年，沈坨中心校小学部搬迁至初中部，初中、小学同在教学楼工作。2013 年，沈坨中心校兴建初中部教学楼。2019 年，薛鹏学校撤并，至此沈坨中心校结束了村级办学的历史，完成沈坨教育规模办学的整体布局。2021 年，学校有 13 个教学班，在校学生 400 多人。教职员工 77 人，其中高级教师 24 人，中级教师 29 人，初级教师 24 人。泰州市骨干教师 4 人，兴化市骨干教师 7 人。中心幼儿园开设大中小 6 个班，幼儿近 200 人。幼师 12 人，保育员 6 人，食堂员工 4 人。

卫生

1955 年 3 月，沈坨组织 4 家个体中西医组建联合中心诊所，主要负责境内卫生防疫工作，实行规范收费标准，正规化进药渠道。同时，中心诊所下设薛鹏、凡荣分所，实行医技力量统一调配。

1958 年，沈坨始建乡卫生院，其时实行全县医技力量综合调配。1959 年 3 月，兴化县卫生局在沈坨成立竹泓区卫生所，作为全区各公社卫生院的行政监督机构。是年秋季，县卫生局在县城和沈坨成立两家初级卫校，至1977年，沈坨初级卫校举办培训110期，先后培训赤脚医生、不脱产保健人员500余人。1969年12月，为贯彻毛泽东同志“把医疗卫生工作的重点放到农村去”的指示精神，扬州苏北人民医院下放沈坨，成立苏北沈坨人民医院，医技力量全部来自苏北人民医院的高级知识分子和专家教授。苏北沈坨人民医院建筑面积3400平方米，设有中医内科、西医内科、针灸科、皮肤科、口腔科、妇产科等医疗科室，有手术室、急诊室、抢救室、治疗室、输液室、化验室和中药房、西药房等功能用房，住院部设有床位51张。1979年3月，苏北人民医院撤回扬州，原沈坨公社卫生院整体搬迁至苏北沈坨人民医院。2005年8月，实行医疗体制改革，运营方式为个人承包。2008年，沈坨中心卫生院整体搬迁至沈坨车站东侧（原沈坨小学），其时运营方式仍为个人承包，至2013年回购。2013年成为泰州市人民医院协作医院，2014年建成兴化市第一批乡镇卫生院中医馆，2018年被评为全国满意乡镇卫生院，2019年创成江苏省示范乡镇卫生院。

2021年，全镇拥有一级甲等综合卫生院1所，占地面积8亩，建有门诊、病房及预防保健大楼各一幢，建筑面积6575平方米，内设内科、外科、儿科、妇产科、骨科、中医科、口腔科、皮肤科、针灸科、康复科等临床科室，中医、针灸推拿科被评为泰州市特色科室，拥有进口德国西门子CT、国产先进DR、美国GE彩超、日本奥林巴斯电子胃肠镜、迈瑞产全自动生化分析仪、血球仪、宫颈LEEP刀、激光治疗仪、腹腔镜等医疗设备。现有职工69人，卫技人员58人，其中高级职称20人，中级职称6人，本科毕业生20人，专科毕业生15人。业务收入近1300万元，门诊近4万人次，住院1231人次，开展各类手术400多台。卫生院下设8个村卫生室。

文化

沈坨文化多元，活动丰富。1960年，成立沈坨公社文化站。1965年，在沈坨集镇成立竹泓区文化站，文化活动更为丰富和活跃，经常组织文艺爱好者排练和演出，有淮剧表演、唱道情、挑花担、打莲湘、荡花船等传统文艺节目。

20世纪70年代初，沈坨公社组建文艺宣传队，部分大队相继成立文艺宣传队。70年代末，成立毛泽东思想文艺宣传队，排演现代京剧《红灯记》《沙家浜》《智取威虎山》《龙江颂》等剧目，参加兴化县文艺调演，在乡村巡回演出。安塘大队、华谈大队、柏家大队文艺宣传队除在本村和邻村演出外，还应邀到邻近的刘六、陈堡、茅山、顾庄等乡村友情演出。安塘村农民杜风义、于德旺，选送的锣鼓说唱，分别在兴化县民间曲艺大赛上，连续两届获得一等奖。

1958年，各大队陆续架设有线广播，接收兴化广播站节目。20世纪60—80年代，公社先后建有电影一队、电影二队两支流动电影放映队，每天晚上到各大队轮流放映电影，主要放映革命战争故事片和现代京剧样板戏。80 年代，镇区利用沈坨二大队大会堂，每天下午和晚上各放映一场电影。

20 世纪 80 年代中期，群众自发成立业余文艺宣传队，自编自导，采取多样化形式，经常性开展演出活动。

2000 年以后，集镇和各村都有由群众自发组成的广场舞健身队、腰鼓队、舞龙队，群众性活动更加活跃。安塘村盲人选手俞正潜选唱的《渔樵耕读》在兴化市首届民歌大赛上获得二等奖。金唐纪村平均年龄 71 岁的老年文艺宣传队在兴化市第二届民歌大赛决赛中，获得优秀表演奖。

2010 年以后，沈坨镇文体活动中心全天候对外开放，成为全镇男女老少读书看报、下棋打牌、健身锻炼等休闲娱乐的活动场所。镇团委和文化站牵头定期组织开展月度“广场文化”活动，引领支持群众开展形式多样的文化活动。每年的春节、元旦、“三八”、“七一”、中秋、国庆等节日，镇党委、政府都要举办一系列庆祝活动。2019 年 9 月，沈坨镇率先在兴化市实行行政村百姓大舞台全覆盖，部分自然村也相继建成百姓大舞台。

沈坨镇文艺调演

参加兴化市舞蹈大赛

参加兴化市龙舟大赛

参加泰州市舞蹈大赛

体育

1976 年起，每年举办学生体育运动会。2012 年，沈坨镇举办首届全镇体育运动会，设有短跑、短跑接力、拔河、乒乓球、篮球、象棋、花式台球等传统体育项目，还设有抢收抢种、插秧、立定跳远、实心球、沙包投掷等趣味性运动项目及广场健身舞表演，该项赛事每年均在春夏之交举办。

2012 年以后，沈坨镇团委联合文化站、中心校等单位，组建篮球队、象棋队、乒乓球队、太极拳队，定期开展体育活动。篮球队、象棋队、乒乓球队多次参加兴化市农民运动会、职工运动会等各类赛事。2001 年，乒乓球代表队获得兴化市农民体育运动会团体赛第三名。2014 年，沈坨镇“舞动青春”广场健身舞蹈队作为兴化市唯一选送的代表队参加泰州市全民健身活动启动仪式暨泰州市第五届广场健身舞交流展示大会，获得二等奖。2017 年，中国象棋代表队获得兴化市职工运动会团体第二名。柏九村龙舟队自 2018 年起，代表沈坨镇连续参加兴化市龙舟大赛。

2014 年，沈坨镇通过项目上争和镇级财政配套，以及社会资本投入，总投资 550 万元，在镇区南蚌蜒河畔分别建成占地 4000 多平方米的文体活动广场和兴化市乡镇第一个室内游泳馆，文体活动广场建有标准化的篮球、羽毛球场，供居民健身锻炼。2009 年以来，全镇 13 个行政村及部分自然村结合村庄环境综合整治，新建健身休闲广场及室内活动室，安装各类体育健身器材。2021 年，沈坨镇集镇和各村广场舞蹈队 43 支，舞蹈队之间经常性开展互动交流表演。

参加兴化市职工篮球赛

镇体育运动会

蚌蜒湾游泳馆

组织机构

党委

1958年2月，始设中共沈圪乡委员会，书记徐齐贤。1958年9月建立中共沈圪人民公社委员会，历任书记刘振兴、徐齐贤、王继友、刘振兴、孙林、刘应榆、滕一峰。1968年建立中共沈圪公社委员会，书记滕一峰、宣秉武、陈德根。1983年恢复中共沈圪乡委员会，书记陈德根、金厚坤、鲍友喜、金加余、李炳维。2000年11月，撤乡设镇，组建中共沈圪镇委员会，书记李炳维、季开常、钮月桂、戴荣军、夏爱东、黄卫平、陈建中、杨蓓、朱鸿业。

政府

1958年2月建立沈圪乡人民政府，社长徐齐贤（兼）。1958年9月建立沈圪人民公社，社长刘振兴（兼）、徐志贤（兼）、王继友（兼）、李必厚、许木林、滕一峰（兼）。1968年2月建立沈圪人民公社革命委员会，主任滕一峰（兼）、宣秉武（兼）。1981年4月建立沈圪人民公社管理委员会，主任陈德根。1983年8月恢复沈圪乡人民政府，乡长沙步银、倪学书、张善德、沙步银、顾庆华。2000年11月，经江苏省人民政府批准，撤销沈圪乡新建沈圪镇，设立沈圪镇人民政府，镇长顾庆华、王美红、钮月桂、罗有高、夏爱东、夏爱东（兼）、黄卫平、黄卫平（兼）、陈建中（兼）、杨蓓、房宝才。

人大

1981年4月2日—4日，沈圪公社第九届人民代表大会召开。1984年4月，第十届人民代表大会召开。1988年5月，始设乡镇人大常务副主席，常务副主席由乡纪委书记邢以山兼任。1993年1月，始设沈圪乡人大主席团，选举产生人大主席团常务主席丁庭高、金加余（兼）、李炳维（兼）、沙步银。2000年11月，撤乡设镇，设立沈圪镇人大主席团，选举产生镇人大主席沙步银、陈锦富、季开常（兼）、钮月桂（兼）、丁宏、夏爱东（兼）、杨文高、房俊、陈建中（兼）、吴文峰。截至2021年，沈圪乡（镇）召开十九届人民代表大会。

政协

2015年12月，设立沈抡镇政协工作委员会，设镇政协工委主任1名，党委副书记房俊兼任沈抡镇政协工委主任。2016年5月，撤销沈抡镇政协工委，设立政协工作联络小组。

2021年，中共沈抡镇委员会设书记1名、副书记2名、委员5名，委员分别是纪检书记、组织委员、政法委员、人武部长、宣传统战委员；镇人民代表大会设主席1名；镇人民政府设镇长1名、副镇长5名（含3名副镇长候选人）。

附1：2021年沈抡镇领导班子主要成员

中共沈抡镇委员会

党委书记　朱鸿业

副 书 记　房宝才

　　　　　吴　健

委　　员　袁凯中　纪委书记

　　　　　刘骏华　组织委员

　　　　　杨荣德　政法委员

　　　　　王　珊　人武部长

　　　　　朱晓斌　宣传统战委员

沈抡镇人大

主　　席　吴文峰

沈抡镇人民政府

镇　　长　房宝才

副 镇 长　俞春华

　　　　　杨荣德

　　　　　朱晓斌（候选人）

　　　　　袁振沪（候选人）

　　　　　葛海燕（候选人）

附2：2021年党员总数和基层党组织

2021年，全镇党员总数1096名。有基层党组织（党总支、党支部）38个。

行政村党组织（10个）、社区党组织（1个）

关华复村党总支、李默村党支部、薛鹏村党总支、金唐纪村党支部、繁盛村党总支、柏九村党支部、崇禄村党总支、沈抡北村党支部、沈抡南村党总支、安冒村党总支；社区党支部。

机关和单位部门党组织（18个）

机关党支部、机关二党支部、机关三党支部、老干部党支部、政法和社会管理局党支部、社会事业局党支部、建设和生态环境局党支部、农业农村局党支部、经济发展局党支部、综合执法局党支部、财政局党支部、为民服务中心党支部、派出所党支部、中心卫生院党支部、中心校党支部、邮政和电信党支部、粮贸公司党支部、供销合作社党支部。

企业党组织（9个）

舜泰服饰党支部、诚力电子党支部、祥和制药党支部、欧德卫浴党支部、沈中建材党支部、杉山木业党支部、小微企业党支部、工业园区党支部、华昊废金属党支部。

附 3：2021 年在镇机构

2021 年，沈坨镇在镇机构有党政机关、群团组织、市属驻镇单位和镇属单位，共 31 个。

党政机关和群团组织（8 个）

沈坨镇党委、沈坨镇人大、沈坨镇政府、沈坨镇纪委、沈坨镇人武部、沈坨镇工会、沈坨镇团委、沈坨镇妇联。

市属驻镇单位（14 个）

兴化市农村商业银行沈坨支行、中国邮政银行沈坨支行、沈坨邮政支局、沈坨电信支局、沈坨供销社、沈坨派出所、沈坨司法所、沈坨中心卫生院、沈坨水务站、沈坨广电站、沈坨供电所、沈坨兽医站、沈坨中心校、沈坨粮贸公司。

镇属单位（9 个）

沈坨镇党政办公室、沈坨镇综合执法局、沈坨镇党群工作局、沈坨镇建设和生态环境局、沈坨镇农业农村局、沈坨镇经济发展局、沈坨镇政法和社会管理局、沈坨镇财政局、沈坨镇为民服务中心。

附 4：2021 年村民委员会、社区

沈坨镇村民委员会（10 个）

关华复村村民委员会、李默村村民委员会、薛鹏村村民委员会、金唐纪村村民委员会、繁盛村村民委员会、柏九村村民委员会、崇禄村村民委员会、安冒村村民委员会、沈坨南村村民委员会、沈坨北村村民委员会。

沈坨镇社区（1 个）

沈坨集镇社区。

第二篇 镇村建设

晚唐年间，境内有先民生产生活，宋代形成较大的人居村落。洪武元年（1368）后，浙江、苏南、扬州等地移民流落到境内落户，沈坨商贸集镇始具雏形，渐成街市。1948年前，由于战乱不断，集镇建设遭受很大破坏，街巷破损不堪。沈坨解放后，人民群众在中国共产党领导下，清理战争废墟，建设美丽家园，开始集镇建设，至20世纪80年代初，以镇北路、府前路为主要街道的集镇建设初具规模。进入21世纪后，依据编修的《沈坨镇总体规划》，集镇框架得以拓展，镇村建设不断加快。至2021年，形成以沈张线、沈北路、沈安路—溱潼路、沈南路为“四横”，以大周公路、园区中路、迎宾大道为“三纵”的集镇“四横三纵”主干路网，各类公共服务设施日臻完善。各村不断推进人居环境整治，加强基础设施建设，村庄面貌焕然一新。先后获评江苏省水美乡镇、江苏省卫生镇、江苏省文明乡镇、江苏省生态文明建设示范乡镇。

建设规划

沈坨镇是一个古老的水乡小城镇。中华人民共和国成立前，集镇规模较小，有可数的几条老街古巷、商铺门店，水上交通相对发达。二十世纪六七十年代，作为竹泓区区公所所在地，镇区有供销社、粮管所、物资站、商店、饭店等，县属、区属、乡办企业及商铺逐渐增加，开通每天一班的沈坨至兴化、沈坨至泰州、沈坨至姜堰、沈坨至东台的始发轮船客班。20世纪90年代之后，沈坨实施填河造路，在兴姜河集镇与沈坨三村段新建80米长的跨河大桥，拉开集镇框架。随着经济不断发展，20世纪80年代，沈坨不断扩建、新建部分公用基础设施。20世纪90年代，沈坨镇持续加大资金投入，加快镇区基础设施建设，镇村建设事业健康发展。

2009年，确立“精致宜居、产镇一体、镇村协同”的镇村建设理念，围绕“整治老区、提升新区、发展园区”的小城镇发展战略，坚持高起点定位、高标准建设、高水平管理，不断推进江苏省生态镇、泰州市文明镇、泰州市卫生镇、泰州市平安镇“四镇同创”，形成镇区“四横三纵”的街道格局，兴建工业集中区、文体活动广场，建成污水处理厂、垃圾中转站、客运中心、多处停车场和公共厕所，实施河道驳岸工程，架设和更新路灯，增加绿化面积；各村实施人居环境整治，推进农村生活垃圾治理、户厕改造、危房改造、通村公路硬质化进村入户、河道疏浚、绿化亮化等工程，镇村面貌焕发出新的生机和活力。

总体规划

中华人民共和国成立之初，沈坨镇区没有统一规划。二十世纪六七十年代，沈坨作为竹泓区区公所所在地，镇区有县属、区属、乡办企业，办公机构、商铺也不断增加。1995年6月，沈坨镇政府委托兴化市规划设计院编制《沈坨镇总体规划（1996—2020）》初稿，后经3次修订，于1996年10月基本定稿。1996年12月，通过专家评审，并报经兴化市人民政府批准实施。为了适应新形势的发展需要，2015年3月，

垃圾中转站

沈坨镇政府委托兴化市规划勘测设计院进行《沈坨镇总体规划（2015—2030）》修编，同时注重资金投入，加快镇区基础设施建设，形成镇区“四横三纵”的街道格局。

规划区分为东工、中商、西店等三大功能区域。规划至2030年，将沈坨镇打造成以特色种植、养殖相结合，以服装加工、机械制造为主导的工贸型生态宜居城镇。

专项规划

产业规划

沈坨镇位于兴化市东南部，发展空间充裕，交通条件优越，临近不锈钢重镇戴南，对产业发展创造了良好的发展机遇和条件，但与市域内其他重点镇产业发展相比，沈坨镇经济总量较小，优势不突出，且与周边城镇各自独立发展，难以形成合力。根据规划设计选择三产发展类型为：

第一产业：与周边城镇错位发展，塑造地方特色，充分利用优质农业资源发展高效水产养殖、生态观光农业。依托丰富的水网资源，在镇域北部发展特色水产养殖；在镇域东部发展特色种植；在镇区北部发展特色观光农业。

第二产业：与周边城乡融合发展，打造区域产业集群，做大做强优势产业，提升产业竞争力，大力发展服饰加工、机械制造产业；加强工业反哺农业，发展绿色产品深加工。沿大周公路两侧建设工业园区，加大招商引资力度，加大工业发展的力度，提升产业科技含量，鼓励村镇工业企业向工业园区集聚。

第三产业：强化区域范围内镇区的地位，为周边城镇的服务配套，大力发展专业市场、现代物流业；充分利用优质生态资源，结合生态农业发展观光农业，拓宽生态旅游线，融入区域旅游线路。依托大周公路、

310 县道等对外道路，发展专业市场、现代物流，重点发展现代服务业，提升城镇发展质量。

园区规划

遵循充分利用交通优势和相关政策条件，招商引资，做大做强工业集中区；坚持土地利用集约化原则，将工业用地集中布局，配套完善的生产性服务设施；坚持可持续发展原则，设置工业用地准入制度，减少工业用地的污染，提高用地的地均产出，镇区规划工业用地 96.7 万平方米，占城镇建设用地的 34.44%，人均用地面积 40.29 平方米。将镇域范围内零散布置的工业用地，统一迁到工业园区。工业建筑密度控制在 40% 以上，容积率不低于 0.7，鼓励建设多层厂房，可集中建设标准厂房。在镇区向北至九尖村沿大周公路两侧预留工业用地，作为工业远期发展用地。

小区公园规划

按照引入居住社区的模式，考虑合理的服务半径配置公共服务设施；统筹规划考虑保障性住房建设，为低收入人群、拆迁居民就近安置提供住房保障；土地集约化利用，居住建筑以多层为主，适当建设小高层住宅，提高居住环境品质，居住用地组织按“居住社区级—基层社区级”两级体系进行设置，中心镇区规划人口规模 2.4 万人，相当于 1 个居住社区级社区。以兴姜河等河流水系为界划分为 4 个基层社区级社区，兴姜河以西设置一个基层社区中心，兴姜河以东设置 3 个基层社区中心。规划镇区居住用地 69.55 万平方米，占城镇建设用地

府前公园西园

集镇居民小区

的 24.77%，人均用地面积 29.98 平方米。

对老镇区内居住建筑进行风貌整治，统一协调建筑的色彩和外观，迁出混杂在居住区的工业企业，增加公共配套设施，结合河流建设休闲游憩场所，改善居住环境，提高居民生活质量；严格规划控制新开发小区的建筑风貌、开发强度和配套设施，以多层和高层为主。为了集约化利用土地资源，低层居住建筑限制比例；居住区整体风貌体现沈坨当地居住特色，建筑造型和色彩等注重现代气息与传统风格的融合，同时注重水乡环境和绿化环境的营造，逐步形成沈坨水乡城镇的特征。

保留迎宾路西侧、沈安路南侧的府前公园，改造溱潼路南侧、富民路东侧的镇西公园，改造和新建沈南路南侧、迎宾路东侧的体育公园；规划新建新区、沈南、老龙河、沈安、镇北、都天庙、中心河、儒学、园区北等 9 处社区公园，强化公园体系在绿地系统中的核心作用，提高景观价值。规划公园绿地 27.56 万平方米，占镇区规划建设用地的 9.81%，人均用地面积 11.48 平方米。

集镇居民小区

发展战略

根据城乡一体化发展要求，统筹城乡发展空间，引导农村居民有序建房，促进农村居民向集镇集中，产业向镇区集中，农村剩余劳动力向集镇转移。促进镇区二、三产业集聚和提升，加快工业集中区建设。积极调整农业结构，充分利用丰富的生态资源，发展特色农业；优化传统优势产业，积极发展新兴产业，与周边乡镇形成错位发展，加快推进产业发展转型。实施积极的就业政策，增加社会公益性服务岗位，积极推行灵活多样的就业方式，扩大就业渠道，扩宽就业空间，切实提高人民群众的收入水平。致力把沈坨建设成为经济社会发达、人民生活富裕、社会文明和谐、生态环境优美的水乡小城镇。

小城镇发展战略

根据城乡一体化发展要求，促进农村居民向城镇集中，加快镇区的规划建设，完善城镇服务功能，提升经济、社会、人口的辐射与带动功能，改善镇区环境，吸引居住和产业向镇区集中，充分体现镇区在城乡统筹中的主导作用，加快农村剩余劳动力向城镇的转移趋势，促进镇区二、三产业集聚和提升，加快工业集中区建设，完善道路、水电等基础设施；积极调整农业结构，充分利用丰富的河湖水系资源，发展特色农业，树立大农业、规模化、市场化的观念，找准市场定位，参与区域产业分工；优化传统优势产业，加大研发投入，提升产品竞争力；积极发展新兴产业，与兴化市产业发展协调，与周边城镇形成错位发展，加快推进产业发展转型；继续加强第三产业发展，重点发展现代物流业，结合农村优质生态资源，延伸服务业产业链，提升城乡产业发展质量。

根据《沈坨镇总体规划（2015—2030）》，镇区西侧为六级航道兴姜河，南侧为六级航道蚌蜒河，镇区向西、向南发展受限，镇区东侧有大周公路，北侧有310县道以及正在拓宽的高兴东公路，所以主要发展方向应向东向北拓展，西部南部优化整合。规划采用单中心式布局结构，采用“梳理镇区空间、强化轴线效应、凸显功能分区、彰显城镇特色”的布局策略，镇区规划结构为“一核、两轴、三带、四组团”。

“一核”：以行政服务、文化娱乐、体育运动为主的中心核。

“两轴”：溱潼路—沈安路、迎宾路两条东西向和南北向发展轴。

“三带”：老龙河—兴姜河风光带、中心河滨河景观带、大周公路防护林带。

“四组合”：西部老镇区片、中部综合片、北部居住片、东部工业区。

经济社会发展战略

坚持“无工不强，无商不富”的发展理念，提升工业发展质量。走新型工业化的发展道路，进一步优化工业布局，促进工业企业的转型升级，依托技术创新来增加产品的附加值，提升企业的竞争力，从而实现工业发展质量的改善。大力发展特色产业，积极推进“一村一品”的发展战略，开辟地区经济发展新的经济增长点。以畜禽、水产养殖和蔬果、花卉苗木种植等特色产业为依托，加大招商引资力度，优化特色产业布局，做大做强。大力发展第三产业，加大第三产业比重，加快商业、服务业发展，实现一、二、三产业协调发展。

经济总量目标 2008 年以前，沈𫭢镇经济总量年均增速低于兴化平均水平。2008 年之后，随着城镇工业集中区的建设、大周公路建成通车，社会经济保持快速度

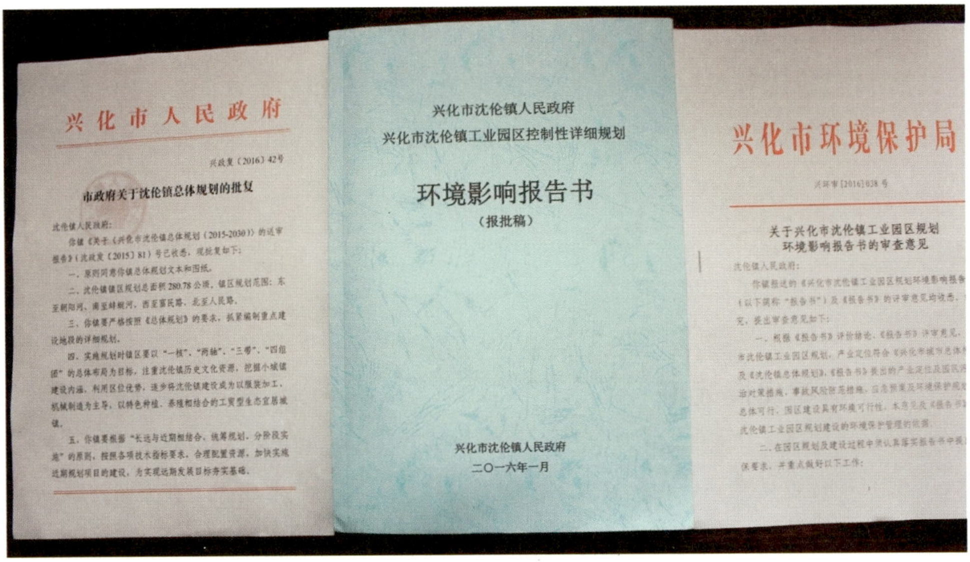

沈𫭢镇总体规划

稳增长的态势。近期（至 2020 年）GDP 年平均递增 9% 左右，人均 GDP 年均增速约为 8.8%；中期（至 2025 年）GDP 总值年平均递增 7.5% 左右，人均 GDP 年均增速为 5.5% 左右；远期（至 2030 年）GDP 总值达年平均递增 5%，人均 GDP 年均增速为 3.5% 左右。

社会发展目标 优化教育、卫生、文化、社会保障等公共设施资源在城乡之间的均衡配置。全面提高财政保障农村公共事业水平，加快建立城乡统一的公共服务制度，逐渐提高农村的公共服务水平，确保各类社会保障覆盖率达到 90% 以上。改善创业环境，全面落实税费减免、社保补贴、小额贷款等各项就业再就业扶持政策，支持本科、大中专毕业生自主创业，鼓励城镇失业人员和乡村富余劳动力自我就业。

产业发展目标 规划期内一产比例逐渐降低，二、三产比例逐渐提升，到规划期末，以第二产业为主。第一产业近期（至 2020 年）年均增速约为 6.8%，中期（至 2025 年）年均增速约为 6.3%，远期（至 2030 年）年均增速约为 1.3%；第二产业近期（至 2020 年）年均增速约为 5.6%，中期（至 2025 年）年均增速约为 5.7%，远期（至 2030 年）年均增速约为 1.54%；第三产业近期（至 2020 年）年均增速约为 26.5%，中期（至 2025 年）年均增速约为 12.4%，远期（至 2030 年）年均增速约为 11.2%。三产结构比近期（至 2020 年）调整至 16.3 ∶ 58.2 ∶ 25.5，中期（至 2025 年）调整至 15.3∶52.6∶32.1，远期（至 2030 年）调整至 12.5 ∶ 44.9 ∶ 42.6。

人口与城镇化发展战略 2009 年至 2014 年，沈坨镇域户籍人口综合增长率在 -1.35‰—1.18‰之间，波动加大，年均综合增长率约为 0.3%，经历了前期缓慢增长、中期负增长、2013 年后恢复增长的过程。随着人口发展特点的变化及外来人口落户政策的调整，开始缓慢正增长。规划预测 2013—2030 年沈坨户籍人口总量在保持增加的态势，增长率逐渐降低，人口总量趋于稳定，规划预测 2030 年镇域常住人口规模取值为 3.5 万人左右。

基础设施

道路

1990年前，以水上交通运输为主的年代，沈坨凭借蚌蜒河、兴姜河两条省级航道交汇地，水路交通便捷，20世纪50年代初在兴姜河东侧集镇段设有客运轮船码头，作为通往泰州、姜堰、东台、兴化几个城市的始发站，四邻八乡群众均在此乘船。1990年兴化市政府建设兴泰公路，同时铺设沈坨至兴泰公路连接线的砂石路面，连接线全长2.6千米，该连接线作为沈坨对外唯一通道长达19年。2001年10月，实施通村公路"通达工程"，主要依托河岸圩堤铺设沙石路通达各行政村。其时通村公路大多高、弯、陡、窄，随着雨雪侵蚀，加之路忙，常出现路面裂缝、断裂现象。2008年10月，在沈坨镇腹部区域开工建设沥青双车道南北向大周公路（省道232），穿越原沈二、沈一、安塘、九尖、柏家、凡南、樊荣、沈家等8个自然村，境内全长7.5千米，该公路于2009年12月建成通车。2017年10月在沈坨集镇北侧开工建设与大周公路（省道232）呈"十"字形的县道310（沈张公路），横跨沈北、安冒、薛鹏、关华复4个行政村，西起沈坨集镇后泊河，东至戴南镇张郭，与东台市广山镇相连，境内全长6.12千米，该公路于2019年3月建成通车。2021年，全镇各村组均通公路25条，全长约26.98千米。

20世纪70年代前，沈坨镇区主要集中在供销社生活资料门市部、邮电所四周的巷道中，街道宽3—4米，比较狭窄，路面用砖块铺设。集镇通往各村的道路都是土质路面，对外交通主要通过水路，依靠水上运输。进入20世纪70年代，沈坨镇填河造路、新建跨河大桥、拆迁扩建主干道，不断完善集镇综合性功能，扎实推进基础设施建设，集镇承载能力不断提升。进入21世纪后，沈坨镇全面启动新一轮镇园总体规划修编工作，围绕"精致宜居、产镇一体"思路，加强对重点功能区和主干道两侧空间形态和景观的规划，全面推进老区环境整治，改善老区交通现状，促进园区、新区、老区全面协调发展。2015年起，实施集镇后街背巷综合整治三年行动，对镇区后街背巷的5条主街道和20条支巷道进行改造，总长7172米，改造面积16798平方米。改造通户次巷道37条，总长770米，改造面积1610平方米，结合后街背巷改造铺设污水管道8342米。

截至2021年，新建、改建、扩建农村公路40条，养护总里程50.58千米，覆盖10个行政村，实现村村通上硬质公路。

附：部分道路选介

大周公路（省道232） 自兴化市与盐城市盐都区交界处，与规划建设232省道盐城段相接，经下圩镇、海南镇与351省道相交后，沿老路方向继续向南，途经林湖乡并跨越四级航道兴东线后及竹泓镇、沈坨镇、茅山镇、周庄镇，止于兴化市与姜堰区交界处，接232省道姜堰段，全长54.821千米。沈坨镇区段7.5千米，途经繁盛村、柏九村、沈北村、沈南村4个行政村，按照四级公路标准设计，设计时速40千米，路面总宽12米，沥青混凝土路面。于2009年建成沈坨路段。2019年，沈坨在本辖区段自主进行地下电缆铺设和杆路排放，安装LED路灯141盏。该条公路的建成，彻底改变了沈坨长期以来对外唯一通道的窘境。

沈张公路（县道310） 西自沈坨集镇北后泊大桥，东至戴南镇（原张郭镇杭堡村），全长15.92千米，总投资约3.25亿元。沈坨镇段6.12千米，途经沈北村、安冒村、薛鹏村、关华复村4个行政村，按照四级公路标准设计，设计时速40千米，路面总宽10.5米，沥青混凝土路面，全线设桥涵12座。

县道310

于2017年10月开工，2019年建成。永久性用地207.93亩，取土区93.65亩，临时用地62亩，绿化面积近207.16亩，沿线征用蟹塘6个。

沈李新线 2012年9月，经沈坨镇第十八届人大会议主席团（扩大）会议一致审议通过，在镇域腹部建设长5.6千米、宽9米的“中部干线”，即沈李新线。公路东西向，西起姜朱村，东至薛鹏村，贯通姜朱、张谭、柏九、樊荣、金唐纪、薛鹏、李默、关华复8个行政村，横穿崇禄圩、薛唐圩两个联圩，并横跨2019年建成通车的大周公路与集镇相通，其中桥梁11座，跨度百米左右中型桥梁10座，跨度18米小桥1座，工程性投资2300万元。作为兴化市第一条由乡镇自主建设按三级公路标准的通村公路，建设资金来源主要采取“上面争取一点、镇级财政挤一点、镇村干部捐一点、老板能人献一点”的多元方式，于2012年启动建设，2014年底建成通车，并同步实施安保及绿化工程。

溱潼路 集镇主干路。1996年，实施镇区拆迁，溱潼路宽度扩建至22米，总长2180米。2019年，对溱潼路进行升级改造，铺设硬质混凝土，改造后的溱潼路平均宽26米。2021年，路两边有住户260多户，有农村商业银行沈坨支行，沈坨镇建设和生态环境局、邮政局等。沿街大多为2—4层砖混结构商居用房，第一层为营业用房，2—4层以居住为主。

沈南路 集镇主干路。建于2013年，西起薛鹏路，东至省道232，长1948米，宽30米。2021年，西段商住区有住户133户、个体工商户48户、酒店1家、超市1家、宾馆1家，商住用房均为2—3层砖混结构商居用房，1层为营业用房，2—3层以居住为主。

沈安路 集镇主干路。建于1998年，东至安塘村，西至步行街，道路全长1660米，宽度30米。道路北侧有沈坨镇政府、沈坨中心校、残疾人康复中心、教师安居工程等，沿线房屋均为2—3层砖混结构商居用房，1层为营业用房，2—3层以居住为主。

沈北路 集镇主干路。建于2014年，西起老龙河路，东至省道232，道路全长1038米，宽度30米，为集镇工业集中区一条主要道路。

迎宾大道 集镇主干路。建于2009年，南至蚌蜒河大桥，北至县道310，全长950米，2018年，对迎宾大道进行扩建改造，铺设黑色沥青，改造后的迎宾大道路平均宽31米。

薛鹏路 集镇主干路。建于2000年，南至粮贸公司，北至粮库北站，全长450米，宽10米。2021年，沿线有住户120户、酒店1家、宾馆1家，商住用房均为2—4层砖混结构商居用房，1层为营业用房，2—4层以居住为主。

2021 年沈坨镇农村公路一览表

表 2

序号	级别	编码	起点	讫点	等级	里程 / 千米	宽度 / 米
1	省道	S232	樊荣村	沈坨镇区	二级公路	7.5	9
	现状省道小计					7.5	
2	县道	X310	沈北村	关华复	三级公路	6.12	8.00
	现状县道小计					6.12	
3	乡道	Y012	复兴庄	大垛分界	四级公路	1.78	6.00
4	乡道	Y038	沈安线	拆分点	四级公路	5.98	6.00
5	乡道	Y038	拆分点	沈关线	四级公路	1.64	6.00
6	乡道	Y726	关华复	沈李线	四级公路	1.78	6.00
7	乡道	Y726	沈李线	沈李线	四级公路	1.09	6.00
8	乡道	Y911	兴沈线	安塘村	四级公路	1.25	6.00
9	乡道	Y912	沈姜线	柏九村	四级公路	0.27	6.00
10	乡道	Y913	沈李线	拆分点	四级公路	0.81	6.00
11	乡道	Y914	沈家线	樊荣村	四级公路	0.68	6.00
12	乡道	Y915	沈李线	沈家村	四级公路	3.48	6.00
13	乡道	Y916	沈李线	金唐纪村	四级公路	2.51	6.00
14	乡道	Y917	沈李线	薛鹏村	四级公路	0.72	3.50
15	乡道	Y919	安塘中桥	冒家村	四级公路	1.02	6.00
16	乡道	Y920	沈姜线	张谈村	四级公路	0.59	6.00
	现状乡道小计					23.6	
17	村道	C146	沈冒线	沈大线	四级公路	2.20	4.50
18	村道	C147	沈大线	拆分点	四级公路	1.14	4.50
19	村道	C149	X208	凡荣村	四级公路	0.59	4.50
20	村道	C156	安塘村	沈安线	四级公路	0.57	4.50
21	村道	C276	沈北村	大周线	二级公路	1.04	9.00
22	村道	C277	大周线	沈一三组	四级公路	1.70	4.00
23	村道	C901	沈李线	南王村	四级公路	0.77	6.00
24	村道	C902	沈李线	薛二村	四级公路	0.23	3.50
25	村道	C903	沈金线	唐张村	四级公路	0.22	3.50
26	村道	C905	沈关线	华谈村	四级公路	0.22	6.00
27	村道	C906	沈家线	凡南村	四级公路	0.46	6.00
28	村道	C907	沈大线	安塘村	四级公路	0.56	6.00

续表 2

序号	级别	编码	起点	讫点	等级	里程 / 千米	宽度 / 米
29	村道	C908	沈李线	薛三村	四级公路	0.15	3.50
30	村道	C909	沈金线	唐张南村	四级公路	0.27	3.50
31	村道	C911	沈姜线	柏九西村	四级公路	0.13	3.50
32	村道	C912	沈二村东	大周公路	二级公路	0.24	9.00
33	村道	C912	大周公路	沈南西	二级公路	1.48	9.00
34	村道	C913	沈南村	沈北村	二级公路	0.91	9.00
35	村道	CM88	沈坨镇区	沈坨连接线	二级公路	0.61	9.00
36	村道	CX31	李默村	大周公路	四级公路	4.77	6.00
37	村道	CX31	大周公路	姜朱村	三级公路	1.34	7.00
38	村道	CX31	姜朱村	沈北村	三级公路	2.53	7.00
39	村道	CZ92	沈大线	沈关线	四级公路	1.88	6.00
40	村道	CX69	沈李新线	金唐纪村	四级公路	1.64	6.00
41	村道	接线 1	沈李新线	李默村	四级公路	0.80	6.00
42	村道	接线 2	沈坨镇区	X310	二级公路	0.53	9.00
	现状村道小计					26.98	
	现状路网道路 合计					64.2	

桥梁

镇域内河道交错，但历史上桥梁稀少，且多为木质，群众为了满足生产、交通的需要，大都采用临时堵坝代桥的方式（水位小的时候堵坝，发大水时开坝流水）。进入 20 世纪 70 年代，增加了许多单搭宽、双搭宽、三搭宽的梁板式水泥桥。为满足生产、交通需要，在生产河上逐步建起农桥，桥型主要为梁板式。

镇区内新建各式桥梁，不仅满足通行需求，还是景观和文化集中展现的结点，每座桥都独有一个美丽的名字，每座桥都有独特的造型，实行一桥一风格、一桥一景观、一桥一特色。2011—2021 年，分别打造中心河景观带、园区河观光带、后泊河示范景观，建造景观桥 13 座。

随着经济的快速发展，为了满足人们的生活需要，全镇上下通过多种渠道筹措资金，20 世纪 80 年代先后新建、改建沈大线、沈李线、沈张线、沈姜线，拆除重建、提档升级等桥梁 41 座。2020 年起，分别对蚌蜒河、西唐港河等航道河桥梁进行改扩建或拆除，新建蚌蜒河大桥、西唐港李默桥等大型桥梁，桥宽、载重等与所在道路相匹配。至2021年，镇域内大小桥梁548座（不含生产河桥）。其中，村庄内桥梁58座，农桥490座。

附：部分桥梁选介

沈坨大桥 1994年5月建成通车，是中桥大桥。位于沈坨镇区兴姜河上，桥长80米，宽10米，公路桥荷载。

迎宾大道大桥 2019年6月建成通车，是中桥大桥。位于迎宾大道上，桥长60米，宽31米，公路桥荷载。

蚌蜒河大桥 2021年6月建成通车，是中桥大桥，位于沈南村新时代文明实践所东侧，桥长228米，宽8米，公路桥荷载。

邮电通信

1958年，沈坨集镇始设邮政所，配有农村邮递员，传递信件、电报和报刊，用户可通过市话用户线或用户电报专线接入兴化分组交换网，实现国际、国内数据通信。

1986年，成立邮电支局，在乡政府机关办公原址隔巷新建邮电大楼及电信机房，占地面积2500平方米，建筑面积960平方米。1998年邮电分设，邮政属兴化邮政分公司下辖单位。2011年，沈坨邮政支局在集镇迎宾大道与溱潼路交界处购置两层营业用房，建筑面积1250平方米。进入21世纪，随着物流业和互联网的快速发展，快递业务应运而生，截至2021年，镇区有

蚌蜒河

顺丰、京东、申通、韵达、圆通、中通、极兔和邮政 EMS 等快递点。

信息网络

1986 年，沈坨电信机房大楼落成，设置长途微波载波机房，境内程控电话进村入户，固话号码设置为 6 位。1988 年 10 月，沈坨机农厂、农修厂、空调配件厂等重点企业开通程控电话。1993 年，扩容程控交换机 360 门，固话号码升至 7 位，1997 年升至 8 位，总容量 800 门。1998 年邮电分设，电信属兴化电信分公司下辖单位，营业范围也从刚开始经营固定电话业务，转型为固定电话、宽带和手机通信相结合的综合型服务。除企事业单位外，住宅固定电话用户呈下降趋势，通信方式呈多元化。2021 年，镇域内有宽带用户 2356 户，手机用户 2510 户，电话用户 1296 户，政企专线 10 多条。除中国电信外，中国移动、中国联通、中国铁通在沈坨均建有基站，实现全镇范围内手机通信网络全覆盖。

广播电视

1958 年，在集镇所在地创办沈坨公社广播站，占地面积 78 平方米，内设机房、话务室、办公室等，有线广播覆盖全公社各大队，站内设小总机，各大队均设有一部有线电话。其时以木杆、竹竿为主架设电话线，1980 年，用方形水泥杆架设电话线。2007 年，开办有线电视，广播站更名为广电站，建成沈坨有线电视网络传输系统。2012 年，实现辖区内二级光缆覆盖，实施“进组入

广电站

户”工程，有线电视实现村村通。2013年，广电站更名为沈坨广播电视服务站，全镇进行有线电视整体升级，实现数字电视整体转换，由有线电视成功转换成数字电视。2015年，在镇区沈南路新建广电综合大楼，占地面积500平方米，建筑面积380平方米。2021年，光缆覆盖10个行政村，通村率100%，通组率100%。有线数字电视用户4036户。

水利设施

20世纪60年代，沈坨公社各大队纷纷建筑机灌站。2007年后，部分机灌站开始改为电灌站。截至2021年，全镇有6寸以上水泵电灌站206座，灌溉渠道总长90千米，其中硬质灌溉渠道53米。1991年百年不遇的大水后，镇域内各联圩闸口开始新建高标准、高质量的圩口闸和排涝站。截至2021年，全镇17个联圩有圩口闸108座（其中电启闭闸89座），排涝站29座（其中双泵站18座、单泵站11座），排涝动力3525千瓦94立方米/秒。

供电设施

20世纪60年代，境域电力事业起步发展。1968年，在沈坨镇薛鹏三村南建有35千伏的薛鹏降压站，限时保障镇域及周边顾庄、边城、茅山、竹泓、周庄等乡镇群众生活用电。1998年，更名为薛鹏变电所。2010年，在沈坨工业集中区周边，异地重建110千伏薛鹏变电所。1978年，沈坨成立电管站，后改名为沈坨供电营业所。2002年，再次改名为沈坨供电所。1998年开始对镇域内实施农村电网改造。至2021年，全镇有110千伏变电所1座，综合配变139台，总容量41600千伏安；专变152台，总容量54390千伏安；10千伏线路16条，长度为68千米。10千伏专变用户152户，综合变以下户数11319户，其中，居民9730户，非居民1589户。

附：薛鹏110千伏变电站

薛鹏110千伏变电站位于沈坨镇工业集中区、大周公路沈北村段东侧，2010年8月破土动工，2012年1月正式投运。由兴化市供电公司戴南运维班负责运行维护。薛鹏110千伏变电站是一座半户内布置智能化变电站。拥有主变压器2台，总容量130MVA:110KV，采用常规敞开式设备，进线2回，开关5台，采用单母线分段接线方式。10千伏采用金属铠装中置柜设备，线路24回，开关32台，电容器4组，接地变2组，采用单母线分段接线方式；10千伏系统采用消弧线圈接地方式。

薛鹏110千伏变电站外貌

供气设施

沈垞集镇和村庄居民生活用气以瓶装石油液化气为主，由临城刘陆液化气供应点专供。2019年起，泰州中油燃气公司铺设中、低压管道向镇域供应燃气，由戴南镇至省道232经沈南路并延伸至镇区、园区。截至2021年，集镇秀垞华府、南虹水岸家园等住宅小区、沈垞中心校、中心幼儿园、天宝食品、壹萨科技、泰垞不锈钢等企业陆续使用管道燃气。

供水设施

20世纪60年代以前，域内村（居）民生活、工厂、浴室、生产经营大多使用河水和井水。1989年，华谈村自筹资金近15万元建造自来水厂，在全市农村率先实现村民饮用安全卫生的自来水。1990年起，沈垞乡人民政府先后通过多种统筹集资的方式，筹建沈垞集镇自来水厂，1991年水厂建成供水，日产5000吨，供应范围为集镇居民及近郊村部分村民和集镇所在企事业单位。1991年，凡荣、华谈、冒家、关口、金唐纪、安塘、崇禄、袁陆、南王、伏兴、薛鹏、沈家12个村独立或联办有小型自来水厂，实行本区域供水。2000年，沈垞自来水厂改制为个人经营。2010年，全镇实施第二次改水工程，域内统一由戴南自来水总公司集中供水，镇设自来水分公司负责管理，沈垞集镇自来水厂及各村自来水厂至此停止运营。2021年，全镇供水主管网108824米，镇区和各村支管网58370米；用水户9986户，24小时正常供水，年用水量54万吨，人均量19.3吨。

排水设施

1998年，沈垞集镇主干道路铺设有水泥下水管道。2013年，结合集镇后街背巷改造，镇区所有街巷道路铺设直径300—500毫米水泥管式波纹管，生活污水排入境内河道。2014年，沈垞集镇新建污水处理厂，2015年4月竣工，设计日处理污水250吨。截至2021年底，镇区生活污水管道全部接入集镇污水处理厂，镇区主、支污水管网总长43.11千米。覆盖沈垞集镇区域及近郊村部分区域，服务人口8000余人。全镇10个行政村，除沈南村、沈北村接管集镇污水处理厂，其余8个行政村均建有微动力处理设施，有污水处理泵站18座。主管网总长14.4千米，支管网总长21.6千米，服务农户5016户。

附：沈垞镇污水处理厂

沈垞镇污水处理厂由南京龙扬环保科技有限公司设计承建，项目采用A2/0处理工艺。于2014年9月开工建设，2015年4月竣工，设计日处理污水250吨，厂区占地面积1500平方米，总投资201万元。2021年进行技术提升改造，采用A2/0+混凝沉淀+沙滤处理工艺。污水经过综合处理后，

沈坨镇污水处理厂

排放水各项指标可达到《城镇污水处理厂污染物排放一级A标准》，达标后尾水排放沈坨镇老龙河。集镇污水处理厂覆盖沈坨集镇区域及近郊村部分区域，服务人口8000余人。2014—2021年，结合《集镇后街背巷综合整治三年行动计划》，整合上级环保连片整治五年计划项目，高起点规划实施集镇污水管网。分三年四期投入资金350多万元，铺设主管网总长17.296千米，支管网25.81千米。

加油站

2015年，沈坨镇建成沈坨加油站，坐落在省道232（沈坨段）东侧，占地面积133平方米，建筑面积435平方米，项目总投资400万元。配置地理式储油罐4个，120立方米。其中汽油罐2个，60立方米；柴油罐2个，60立方米。

体育设施

20世纪70年代，沈坨中学有标准篮球场，薛鹏、华谈、张王等学校初中部设有篮球架，均为土质场地。各村小学有露天乒乓球台。20世纪90年代起，各学校增设体育设施，爬高架、铅球、木马、单双杠等器具逐步完备，沈坨中学有200米跑道4条，全乡每年举办一次学生体育运动会。2006年沈坨初级中学铺设彩色水泥花砖操场，面积2400平方米，设置1个篮球场、6张乒乓球台。2009年，新建300米标准

镇文体活动中心广场

化塑料环形跑道和100米直跑道，增设11人制、7人制足球场各一个。2010年，整合中心校报告厅建设沈坨镇文体活动中心，内设乒乓球、台球、健身器材。在镇政府办公大楼南对面投资新建府前公园，公园占地面积16亩，其中分设两处健身舞蹈广场，环绕广场四周铺设鹅卵石环形跑道，设置各种小型体育健身器材和娱乐休闲长廊。2012年镇政府先后在集镇文化广场投资新建标准化篮球场、羽毛球场、儿童游乐场和健身舞蹈广场，添置各种小型体育健身器材。通过项目上争与社会资本投入，新建全市乡镇第一个室内游泳馆。2012—2015年实施“体育进万村”，各村都开辟健身场地，建成篮球场，添置小型健身器材。镇区各小区都有体育活动场地，并配有小型体育健身器材。2021年，沈坨镇有停车场兼健身广场33处，标准篮球场13个，组合体育健身器材39台套。

附：沈坨镇文体活动中心

2010年，整合位于集镇迎宾大道南端、蚌蜒河北岸的原中心校报告厅，改建沈坨镇文体活动中心，中心包含室内、室外两块。室内使用面积约900平方米，设有乒乓球室、棋牌室、台球室、体育运动健身室等体育活动室。设有图书室、书画室、电子阅览室和小剧场等。室外新建标准化篮球场、羽毛球场、儿童游乐场和健身舞蹈广场，占地面积2300平方米。

沈坨镇府前公园

沈坨镇府前公园位于集镇主干道溱潼路北、沈安路南、迎宾大道两侧。公园项目于2009年初规划设计，2010年建成，占地面积16亩，总投资200多万元。公园以绿化为主，石材为辅，广场内有石材假山、木质廊架、娱乐舞池、健身器材、石凳座椅、卵石步道、桂花树林、长茂翠竹、荷花池塘及宣传橱窗等，整个公园分为东西两园，相隔于南北向的迎宾大道两侧，既独立成园，又浑然一体。西园内有可供上百人集体跳舞的健身广场，弧形木质廊架下有供人们休息的石凳。东园有可休闲憩息和表演歌乐的活动场地，仿古造型的旅游公厕给公园增添一道独特风景。整个公园以草皮、环道、色带、灌木丛造景，风景优美，景色宜人。西园北端的社会主义核心价值观公益广告景观小品也有机融入优美环境，充分发挥公益广告弘扬主流价值、传播文明理念、引领时代新风的积极作用。

蚌蜒湾游泳馆

游泳馆位于蚌蜒河沈坨集镇段北侧、集镇迎宾路南端。始建于2014年，是兴化市第一家乡镇室内游泳馆，同期建有宾馆、浴室及更衣室等，总占地面积约1600平方米，其中游泳馆占地1100平方米。泳池面积600平方米，分为成人游泳区和儿童戏水区，成人泳区池长30米，宽20米，最深水位1.8米。正常开放时间在每年的7、8、9月，水温控制在27℃—28℃。开放期间为每天10时—22时，严格执行国家规定的水质标准，配备安全员4名，同时开设少儿游泳培训。

卫生设施

1969 年，扬州市苏北人民医院在沈坨四大队兴姜河东侧，创设沈坨中心卫生院，建筑面积 3400 平方米，设有中医内科、西医内科、针灸科、皮肤科、口腔科、妇产科等医疗科室，有手术室、急诊室、抢救室、治疗室、输液室、化验室和中药房、西药房等功能用房，住院部设有床位 51 张。2008 年整体搬迁至原沈坨中心校小学部、沈坨车站东侧，占地面积 8 亩，建有门诊楼、病房楼及预防保健楼各一幢，面积约 6575 平方米。内设内科、外科、儿科、妇产科、骨科、中医科、口腔科、皮肤科、针灸科、康复科等临床科室，2020 年针灸推拿科被泰州市卫健委评为泰州市特色科室。拥有进口螺旋 CT、DR、电子胃肠镜一体机、进口彩超、全自动生化分析仪、电解质分析仪、血凝仪、血球仪、宫颈 LEEP 刀、激光治疗仪、腹腔镜等医疗设备。

教育设施

1949 年，沈坨在集镇中心商业区（祖师庙内）建设 8 间校舍。1952—1957 年，在原址扩建校舍 10 间，乡村学校的校舍以祠堂、没收的地主富农房屋居多。1958 年，在沈坨二大队 1 队，新建一幢 10 间校舍，成立万斤大学（沈坨中学前身），1964 年，在万斤大学原址扩建校舍 12 间，万斤大学更名为农业中学。1966 年，农业中学更名为沈坨中学。1975 年，沈坨中学在沈坨二大队 1 队新建两幢教学楼，配套建有食堂、教师宿舍等，设立高中部。1989 年，在沈坨三村 3 队新建校舍 24 间，沈坨中心小学搬迁至此。1995 年，在沈坨一村 5 组，新建沈坨初级中学教学楼一幢、师生宿舍楼一幢及食堂等附属用房。2006 年，在沈坨中学原址新建一幢教学楼，沈坨中心小学搬迁至此。2011 年，新建沈坨中心幼儿园三层教学楼一幢及食堂、寝室、卫生间等功能

中心卫生院

沈坨中心校

性设施。2013年，在初中部新建一幢初中部教学楼及综合楼和电教化室，小学部与初中部合并办学。

附：沈坨镇学校简介

沈坨中心校 位于沈坨集镇沈安路东首北侧。1995年，在沈坨一村5组新建沈坨初级中学。2012年，沈坨中心校小学部搬迁至初中部，初中、小学同校。2019年，薛鹏学校撤并至此。中心校总占地面积为32164平方米，其中校舍建筑面积10170平方米，运动场地面积10838平方米，绿化用地10285平方米。拥有包括多媒体教室等现代化教育设施设备、图书15556册。

沈坨中心幼儿园 沈坨中心幼儿园位于蚌蜒河集镇段北岸、迎宾大道西侧。始建于2011年，是一所公立教办园。占地总面积1731平方米，其中软质化室外游乐场627平方米，花圃绿化504平方米，建筑面积1297平方米。拥有三层教学楼一幢，食堂、寝室、卫生间等功能性设施齐全。

养老机构

1990年，沈坨在沈坨二大队1队，建设前后两幢两层砖瓦结构的中心敬老院，为全公社五保户提供集中供养服务。2008年，进行资产置换，整体搬迁至兴姜河沈坨集镇段西侧。新建或改造老人住房、附属用房，改善敬老院老人的生活条件。

附：沈坨镇中心敬老院

位于兴姜河沈坨集镇段西侧，占地总面积6800平方米，建筑面积2464平方米。主体建筑局部三层大楼，拥有独立院落的350平方米托养中心、150平方米的会议室、300平方米的体育运动室、350平方米的餐厅、100平方米的食品操作间、42个独立房间及办公室、值班室等。院内广场栽植常绿树木，辟有交错相通的漫步小道。每个房间都设备齐全，内有电视机、空调、太阳能热水器、消防设备、视频监控、卫生间等。院内有占地300平方米的多个小型蔬菜园。

社会托养机构 沈坨南村世忠“居家乐”

敬老院

托养点坐落于蚌蜒河北岸，占地面积1800平方米，是一座集宾馆设施与庭院花园于一体的民办托养点，于2018年6月建成运营，内部设施齐全，环境宜人。

金融保险机构

1952年建立中国人民银行兴化县支行沈坨分理处，1954年建立沈坨乡信用合作社。1959年建立沈坨人民公社营业所，内设分理处、信用社，实行联合办公，办公地点设在公社社址东侧，开办存贷款业务。1995年建立兴化县农村信用联社沈坨信用社，1997年建立中国农业银行股份有限公司兴化沈坨支行，2007年农业银行支行网点撤并。1998年，中国人寿财产保险股份有限公司兴化支公司设立沈坨保险所，代办财产损失保险、短期健康保险和意外伤害保险业务，2018年沈坨保险所撤并。

附：沈坨农商支行与沈坨邮政银行简介

沈坨农商支行 1995年，设立兴化县农村信用联社沈坨信用社。1998年，沈坨信用社在集镇主干道溱潼路与薛鹏路西侧交界处新建4层综合办公大楼，总建筑面积3061平方米，办公用房面积1880平方米。2011年11月，更名为江苏省兴化农村商业银行股份有限公司沈坨支行，营业网点不变。营业大厅位于一楼，厅内配有2台超级柜员机（简称STM）、网银体验机、自动填单机等自助设施。自助银行设有2台存取款一体机。

沈坨邮政银行 1988年，设立沈坨邮政银行，与沈坨邮政支行合署办公。2011年，在集镇主干道溱潼路与迎宾大道东侧交界购置两层综合办公大楼，总建筑面积1250平方米，办公用房面积660平方米。营业大厅位于一楼，厅内配有1台超级柜员机（简称STM）、网银体验机、自动填单机等自助设施。自助银行设有1台存取款一体机，为客户提供24小时不间断存、取款服务。

沈坨农商支行

沈坨邮政支行

沈坨农贸市场

农贸市场

计划经济以前，农副产品大多是自给自足，沈坨没有专门的农贸市场。改革开放后，少量农民及集镇居民在集镇老街前庙广场、沿河边地面的露天市场，临时摆摊设点销售农产品和水产品。到 20 世纪 90 年代，沈坨在老露天市场西侧、兴姜河沈坨集镇段西岸新建彩钢瓦大棚农贸市场，实际占地面积 750 平方米，设有水泥板结构的摊位 40 个。由沈坨乡集镇办公室统一管理。

因原农贸市场年久失修，存在较大安全隐患，加之设置摊位较少，经常出现群众买菜拥堵现象。2017 年，新建集镇农贸市场正式运营，拆除原农贸市场，改建为停车场。

附：沈坨农贸市场

2014 年，通过招商引资，引进泰州市嘉铭置业有限公司投资建设集镇农贸市场。新建农贸市场北临沈南路，南傍蚌蜓河，水陆交通便利，地理位置优越。该项目于 2015 年 3 月动工建设，2017 年 1 月正式投入运营。占地面积约 11 亩，其中停车场近 2000 平方米，公厕 2 座，菜场交易区 3000 平方米，门面房 2000 平方米左右。新建农贸市场定位于全天候经营，设置独立门面 90 个，集中交易摊位 60 个，可一次性解决从业人员 300 人。新建农贸市场为钢筋混凝土全框架结构工程，建筑布局科学合理，内外通连，所有水、电、消防、煤气、下水道等基础设施建设齐全，是沈坨镇的双监工程，时为兴化市乡镇中唯一按照二星级标准建设的农贸市场。

商业设施

明末清初至中华人民共和国成立前，沈坨商贸繁荣，店铺林立。有南北货、京广货、五洋、油业、米业、布业、盐业、土烟、糖坊、糟坊、染坊、树坊、铁木农具、竹业、窑货及浴室、旅馆、茶楼、钱庄等40多家门店。中华人民共和国成立后，集镇居民仍以经商为主。1957年，实行公私合营，境内相继成立国营商店、供销合作社，各村均设有隶属于供销社的商店，规模较大的村设立双代点。1978年改革开放后，沈坨商贸业走上市场化经济道路。特别是20世纪90年代，个体商店、饭店、旅社不断涌现。

附：部分商业设施简介

华联超市 沈坨华联超市成立于2016年8月，位于沈坨镇溱潼路110号，占地面积约1200平方米，是镇域内最大的一座超市。经营预包装食品（含冷藏冷冻食品）销售，散装食品（含冷藏冷冻食品）销售，保健食品销售，婴幼儿配方乳粉销售，其他婴幼儿配方食品销售，卷烟零售，蔬菜、冷冻肉制品、生鲜水产品、日用百货、化妆品、五金电器、针织品、服装零售等。

秀伦超市 沈坨秀伦超市成立于2021年7月，位于集镇沈南路南侧，占地面积约3550平方米。经营范围包括卷烟零售，预包装食品（含冷藏冷冻食品）、散装食品（含冷藏冷冻食品）、保健食品销售，化妆品、针织品、日用百货、日杂用品（不含烟花爆竹）零售。

蚌蜒湾宾馆 蚌蜒湾宾馆建于2015年5月，位于集镇迎宾大道南端，内设双人客房14间，主要经营住宿服务。

华伦宾馆 华伦宾馆建于2011年11月，位于集镇溱潼路58号，有客房18间，主要经营住宿服务。

兴伦宾馆 兴伦宾馆建于2010年7月，位于集镇溱潼路53号，有客房32间，主要经营住宿服务。

沈坨大酒店 沈坨大酒店于2010年建成，位于集镇溱潼路北侧，占地面积1200平方米，酒楼大厅可设宴席35桌，雅座可设宴席6桌，一次可容纳400人进餐。

阳光大酒店 阳光大酒店于2022年建成，位于集镇沈南路南侧，占地面积2000平方米，酒楼大厅可设宴席30桌，雅座可设宴席4桌，一次可容纳350人进餐。

嘎鹅大酒店 嘎鹅大酒店始建于1992年，2021年改扩建。位于集镇薛鹏路南端，占地面积900平方米，酒楼大厅可设宴席30桌，雅座包厢6间，一次可容纳400人进餐。

长春饭店 长春饭店于2009年建成，位于集镇溱潼路北侧，占地面积1000平方米，酒楼大厅可设宴席20桌，雅座可设宴席3桌，一次可容纳250人进餐。

春桃饭店 春桃饭店于2013年建成，位于集镇溱潼路南侧，占地面积800平方米，酒楼大厅可设宴席20桌，雅座宴席可设3桌，一次可容纳250人进餐。

村庄建设

中华人民共和国成立初期，沈垞各村村民建房属于无序自主建设，习惯于在自己的老宅基地、交通相对便捷的河岸、路旁建设，多为低矮土墼墙、茅草屋。20世纪70年代以前，部分村村民为方便生产，按生产小队傍田而居，境内村庄多为草房、木桥、泥土巷道，猪圈、粪坑、灰堆随处可见。鸡鸭散养，村庄环境比较差。进入20世纪70年代，沈垞公社结合农田基本建设，规划并实施村庄改造，人居环境逐步改善，砖墙瓦房随处可见。中共十一届三中全会后，尤其是进入新世纪，村级经济不断增强，农民收入大幅提高，各村基础设施日趋完善，农民住房“提质升档”，两层楼房成为村庄的一道亮丽风景。2019年开始实施美丽新农村建设，境内涌现了多个小康示范村、美丽乡村。华谈自然村、柏家自然村农民别墅区及安塘自然村安置小区成为沈垞农村规划建房的示范。

建设方案

从20世纪70年代开始，各村庄开始实施农村草房改造、乡村巷道砖质化、撤渡建桥、危桥改造、迁坟平地等工程，村庄建设规划摆上议事日程，村民建房不再随意乱造。旧貌明显改观。20世纪70年代中期，结合基本农田建设，开始以村为单位，新建居民点，将分散的小庄小舍撤并到居民点，各户房型、通道、排水等均按统一规划施行。

2001年，沈垞镇编制第一轮镇村布局规划，将32个自然村29个行政村合并为13个行政村。2011年，安塘村聘请兴化市勘探设计院编制《安塘村城乡一体化建设实施方案》。2019年再次实行行政村优化调整，将13个行政村合并为10个行政村。2019年编制《兴化市沈垞镇优化镇村布局规划》，推进全镇“美丽新农村”建设。2019年，姜朱村聘请上海交通大学规划设计院编制《姜朱村特色田园乡村规划》。至2021年，崇禄村、柏九村、薛鹏村、安冒村先后制定并实施村庄建设规划。

小康村建设

2008年起，沈轮镇把小康村建设作为改变村庄面貌和推进经济社会发展的重要目标实施，发挥村级自然资源优势，发展“一村一品”的特色产业，不断壮大村级集体经济，提高农民人均收入。至2021年，先后创建姜朱、安塘、关华复、柏九4家江苏省三星级康居示范村。

姜朱村 2009年，被确定为全镇农村环境综合整治先行试点村，首选姜童自然村为突破口，建成长3千米、连接3个自然村的硬质公路。先后完成村境硬质化道路、下水道铺设以及路灯、绿化、停车场、公厕、小型生活污水处理站等配套设施工程，全村所有主次巷道进行硬质化改造，硬质化率达100%。2018年后，巩固提升姜童自然村人居环境，依次推进朱家、水产自然村环境整治，新建绿化广场9500平方米、停车场2100平方米、庄内桥梁2座、水冲

姜朱村安置房

姜朱村崇儒园

式公厕7座、垃圾中转站1座，打造软驳岸280米，文化景点4处。同时聚力打造儒佛道三教文化、农耕文化、红色文化等文化精品，新建清义道观、姜氏文化广场、道文化广场、百姓大舞台。在庄南首建设“政府购买服务”贫困户安置房项目，新建建档立卡集中居住安置房18套。至2021年，姜朱村先后获评江苏省特色田园乡村、江苏省卫生村、江苏省法制示范村、江苏省三星康居示范村等称号。

安塘村 安塘村位于沈坨集镇东侧，有11个村民小组，3285亩耕地。2011年，安塘村抓住省级村庄建设与环境整治试点村契机，按照“科学规划布局美，村庄环境整洁美，创业增收生活美，乡风文明素质美”的总体思路，邀请兴化市规划设计院，精心编制村域现状图和规划图，制作路网、水网、电网、通信网、垃圾处理、供排水、绿化等基础设施建设详规图。动员拆迁房屋34户，拓宽村庄主干道路。新建硬软驳岸960米，新建密闭垃圾房16座，新建公厕17座，新添置垃圾桶87只，新建景观桥梁4座，拓宽改造村路巷道13000米，新安装路灯79盏。新建农资服务超市、便民生活超市、村民活动广场、综合服务中心、为民服务中心、文体活动中心等一大批硬件设施。2012年后，实施村民集中居住工程，新建4幢4层村民集中安置房11840平方米。整合设置村级综合文化室1处，新建百姓大舞台1座、村民体育健身广场2处，观音禅寺修葺一新。至2021年，村先后被遴选为江苏省村庄建设与环境整治示范试点村、泰州市“125”工程建设重点示范村，获评兴化市小康示范村。

安塘村一角

关华复村 2011 年，关华复村以“村为主导、群众自愿”原则，引进外地养殖能人，新增流转土地 450 亩发展高效水产养殖。在全镇率先引进机插秧种植面积 1000 亩，全村农户年增 20 万元。依托本村大棚蔬菜种植的优势，按照“有特色、成规模、拓市场”的思路，引导农户新建蔬菜大棚 20 个，推广蔬菜优良品种 6 个，蔬菜年产量增加近 80 吨。在小康村创建过程中，先后拆除旧危房、猪舍等 3860 平方米，填埋露天垃圾、粪坑、臭水沟塘 115 处，新建冲水式公厕 7 个，设立垃圾桶池 50 个，配备垃圾车 2 部。投入 51 万元，建设村内主干道及支巷道道路硬化 830 平方米，浇筑农业项目区硬质道路 350 平方米，新建庄西桥梁 1 座；投入 38 万元，完成 7500 平方米的村级休闲公园及停车场；投入 17 万元，实施广场及村内绿化；投入 5 万元，建设庄前沿河驳岸工程 86 米；投入 11 万元，打造文化特色景点 9 处。在当年的兴化市小康村创建评比中，获评一等奖第一名。2012 年再次投入资金 100 多万元，分别对关口、复兴自然村进行综合整治，新建停车场 5 处，架设主支巷道路灯 227 盏，新建沿河硬软驳岸 430 米、木栈道 280 米，打造休闲健身广场 3 处、百姓大舞台 1 座。全村新建无害化公厕 10 座，拆除破猪圈、旱厕、危破房屋 350 处，填埋臭污沟塘 1300 平方米。新建污水处理微动力 2 座，受益农户 483 户。至 2021 年，建成泰州市三星级村庄环境整治示范村，被兴化市委、市政府命名为“优美乡村”。

柏九村 2012 年至 2021 年，柏九村契合市委、市政府把省级村庄建设与环境整

孝道牌坊

沈南国学长廊

治试点项目确定在柏家居民点，梯次推进九尖、东舍自然村（居）人居环境综合治理。投入资金600多万元，拆除破旧房屋370处，清理乱堆垃圾、露天粪坑、杂物510处，填埋臭水沟塘3600平方米，疏浚庄内河道11条。浇筑庄内外硬质道路4500米，新建小型污水处理厂1座，铺设污水管网9800米，新建停车场6处，安装路灯168盏，建设标准化公厕11座，新建村党群服务中心、卫生室、便民生活和农资超市150平方米，新建改建桥梁6座，新建百姓大舞台1座，新增村庄绿化3000平方米，打造沿河风景带900米，建设村民休闲健身公园3个。全村各项基础设施日臻完善，村容村貌焕然一新。

农房改造

20世纪70年代中期，开始以村为单位，实行旧房改造，同时学习江阴华西经验，新建居民点，由大队批给宅基地新建住房（每处100平方米左右）。将分散的小庄小舍撤并到居民点，各户房型、通道、排水等均按统一规划施行。其时新房多为砖砌空心墙、树木（或水泥）桁条、竹（或杂木棍）椽、上盖平瓦。80年代中期，村民新建或改造旧房，均为砖砌实心墙、杉木梁柱、木椽、上盖小瓦；新批宅基地一般为154平方米（二分三厘地）。90年代中期，多数村新批宅基地允许建一间拐角楼，以增住房面积。宅基相对独立、建楼后不影响四邻住房采光，经济条件相对较好的村民，率先建造“三上三下”（2层6间）的楼房，个别人家建起了别墅。随着村民收入提高、村庄建设升档，自2000年起，少数村规划了别墅区，每处宅基地180平方米左右。经济条件好的村民可自购宅基地，按统一式样自建别墅。不少村同时规划楼房区，供追求住房宽敞、暂无条件建别墅的村民选择。2009年起，为引导村民进集镇安居置业，推动城乡一体化进程，沈坨镇人民政府出台《关于进一步加强建房管理的实施意见》，从统一规划、合理布局、建房审批、加强监管等方面，明确各村农房改造与建设的具体要求，加强村民建房监督管理，严格村民翻建房屋的审批程序。2012—2021年，沈坨镇实施农村危房改造工程，对弱势群体的住房加以维修或新建，改造农村危房265户，其中40.3%的户系分散供养的五保户，部分为低保户、精准扶贫户和残疾特困户，发放省市建房补贴资金333万余元。

新型农居建设

2003年以后，随着村民经济收入的增长，镇域内申请建房的农户日益增多。沈坨镇结合新农村建设，鼓励村民实施农房改造。柏九村柏家、关华复村华谈等村顺应本村高收入人群多的特点，利用村庄原有建设用地，分别规划别墅区，以上村别墅区规划面积180—250平方米不等，供村民建房，每户别墅2—3层，建筑面积250平方米以上。安塘农民安置小区、姜朱“政府购买服务”试点项目、华谈自然村等统一规划、统一设计、统一样式、统一标准，高规格、高质量，成为农居建设的样板。大多数村引导村民拆旧房、建新房。镇郊农户利用紧邻街边、路边和河边的地理位置，将自住房与经营用房结合建设，一层用于经营，二、三层作为住宅。至2021年，先后建成关华复、柏九两处村民自建别墅群，完成安塘农民安置房、姜朱建档立卡户集中安置房建设。

附：沈坨镇安置房小区简介

安塘自然村农民安置房小区 2011年9月，安塘村被确定为江苏省村庄建设与环境整治试点村后，根据整体规划要求，结合村内老庄台协议拆迁的农户实际情况，建设农民集中安置房小区。安置小区选址在村西南首，用地面积10100平方米，建筑面积11840平方米，建有4幢4层安置房，小区内有绿化面积2650平方米，美丽菜园面积4800平方米，公厕、健身器材、亮化工程、污水管网等公共服务设施齐全。小区环境宜人，交通便利。截至2021年，安置住户80户。

姜朱建档立卡户危房改造“政府购买服务”试点项目 2019年，兴化市政府结合泰州市级特色田园乡村建设和土地增减挂钩政策，在沈坨镇姜朱村实施“政府购买服务”试点工程，项目选址在村庄东南角老庄台，拆除原地块的一些老旧房屋及户用猪

华谈别墅区

圈、露天厕所和十边隙地，通过空间整理置换用地 5.44 亩，统一规划、建设、配套、安置，建设房屋 18 套，建筑面积 733 平方米，户型面积为 35 平方米、45 平方米两类，每户实现“一院、一室、一厅、一厨、一卫”的基本生活需要，并配备了公共活动和助餐服务室。该项工程由兴化市城市建设投资有限公司投资建设，通过整合省、市级危房改造补助、村集体资金，由姜朱村以租赁形式向投资建设方购买服务。

环境卫生

20 世纪 90 年代后，沈坨集镇及大部分村建成自来水厂解决村（居）民饮用水问题。2009 年后，通过户厕改造、清理河道、垃圾回收、污水处理和环境整治等综合治理，大大改善村庄卫生环境，有效提高人居环境质量。

户厕改造 沈坨镇户厕改造工作从 2006 年开始，按每年完成 4 个自然村分期分批实施。2013 年，镇域内全面推行户厕改造。铺设巷道排污水管，砌窨井，动员指导各家各户改造厕所，安装洁具，全面清除露天粪坑。各户采用“三格式”化粪池、容积率 1.5 立方米的规格建设。改造资金由省、市（县）、镇配套提供，基本不需农户出资。同时各村陆续兴建水冲式公共厕所。至 2021 年底，全镇户改厕农户有 6354 户，改厕率 94% 以上。新建水冲式公

安塘安置小区

共厕所158座（含镇区），其中无障碍公厕14座。

河道清理 2017年以后，沈纶镇建立镇村两级河长机制，持续推进境内河道综合治理。市、乡级主要河道发包给保洁公司常年打捞河中漂浮物，各村辖内河及生产河道由各村落实专职保洁人员或集体组织人员常年打捞保洁，镇有保洁打捞船1条，薛鹏村、安冒村各有保洁打捞船1条。截至2021年，全镇先后对303条浅窄生产河道进行疏浚整治，清理淤泥约130万立方米。清理河岸畜禽违规养殖场5处，整治非法占用水面积2500平方米，拆除临河违章建筑70处3500平方米，清理渔网鱼簖35处、地笼1000多个，打捞废弃沉船4256条，拆除废弃桥梁及闸板45处，清理垃圾堆放点78处、废弃棚舍5处、养殖排污口10处，河岸绿化补植15千米。

垃圾处理 2014年，投资90万元在大周公路柏九村段东侧建成一座垃圾中转站，占地面积1414平方米，建筑面积213.14平方米、日处理生活垃圾50吨。2015年，投资近45万元，在镇区及各村建成标准垃圾转运房9座，垃圾池3个，配有垃圾桶800只。2019年，投资近30万元，在镇中转站新建有机易腐垃圾处理和垃圾分拣中心计223.15平方米。按“组保洁、村收集、镇转运、市处理”的垃圾处理模式，自2016年起，沈纶镇生活垃圾收集和运送体系实现规范化、正常化，全镇村级垃圾转运至镇区中转站实行外包形式。2019年，沈纶镇创成省级垃圾分类试点示范乡镇。截至2021年底，全镇有各类环卫车61辆，其中铲车1辆、洒水车1辆、垃圾转运车4辆、电动垃圾收集车50辆、非电动垃圾收集车5辆。全镇有专职和兼职的垃圾处理工作人员112名，包括垃圾中转站压缩工2名，镇区环卫所员工30名，农村垃圾集中转运工51名，各村垃圾管理员29名，垃圾清运全覆盖。

污水处理 集镇污水处理厂于2014年开工建设，2015年4月竣工，设计日处理污水250吨，占地面积685平方米，总投资201万元，覆盖沈纶集镇区域及近郊村部分区域，服务人口8000余人。主管网总长17296米，支管网25810米。截至2021年，全镇10个行政村，8个村建有污水处理站，设置污水处理泵站18座。主管网总长14.4千米，支管网总长21.66千米，服务农户5016多户，人口15048人，总投资约370万元。截至2021年底，镇区生活污水管道全部接入集镇污水处理厂。

环境整治 2009年2月，沈纶镇按照“两改、五化”（改造基础设施，改善居住环境；道路硬化、空地绿化、路灯亮化、污水净化、环境美化）的工作思路，实施集镇环境综合整治，推进村庄环境治理。2010年起，通过宣传、奖励、巡查，推进秸秆禁烧和秸秆综合利用，在推广秸秆还田的同时，将农作物秸秆集中打包处理。2016年后，将治理畜禽养殖污染列入“263”专项治理行动，依法划定畜禽禁养区，是年域内共取缔搬迁畜禽养殖场31个。各村借助村级集体经济投入、在外能人资助和市级“一事一议”项目的实施，各村正常通电通水，主支巷道全部浇铺混凝土路面，架设路灯。各自然村建有健身场地、公共厕所、垃圾池，摆放垃圾桶，有效实行垃圾分类。至2021年底，全镇各村铺设混凝土道路216千米，建有水泥桥梁（含生产河农桥）639座，架设路灯2700多盏，兴建垃圾房13座，摆放垃圾桶（箱）910个，建成停车场69个。

国学一条街

第三篇

新农村建设

沈坨镇是典型的传统农业乡镇，境内水网密布，沟渠纵横，环境优美。在中共十六届五中全会提出的建设社会主义新农村历史背景下，沈坨镇坚持以建设生态宜居新农村为目标，着力从最直观的脏乱差状况得到治理、人居环境明显改善、农民安居乐业入手，按照“典型引领、示范带动，突出重点、全面推进”的工作思路，不断加强基础设施建设和环境综合治理，逐步实现“天更蓝、地更绿、水更清、环境更优美”的“秀美沈坨”形象。

实施方案

2005 年，沈坨镇委托兴化市规划设计院编制《沈坨镇镇村布局规划》。2008 年，沈坨镇依据镇村布局规划，制定《沈坨镇新农村建设方案》并组织实施。2015 年委托兴化市勘测设计院修编《沈坨镇总体规划（2015—2030）》，2016 年通过专家评审并经兴化市人民政府批准实施。镇村布局规划确定沈坨镇由“镇区—薛鹏副中心—农村居民点”构成三级镇村体系。第一等级为中心镇区，承担镇域综合服务；第二等级薛鹏为副中心，承担镇域次一级服务；第三等级为农村居民点，其中在乡村产业、历史文化、自然景观、建筑风貌等方面具有特色的华谈、柏家、姜童 3 个自然村为“特色村”；现状规模较大、公共服务设施配套条件较好、具有一定产业基础的安塘、樊荣 2 个行政村为“重点村”；纳入城镇规划建设用地范围以及生态环境保护、居住安全、区域基础设施建设等因素，需要实施规划控制和未列入近期发展的关口、复兴、南王、袁陆、金家、纪家、唐张、凡南、沈家、九尖、朱家、水产、张王、谭洪、冒家 15 个自然村为“一般村”。2016 年，沈坨镇依照《沈坨镇总体规划（2015—2030）》，委托兴化市勘测设计院牵头，组织农业农村、村镇建设、交通运输、环境保护等相关部门专家修订完善《沈坨镇新农村建设实施方案》。

附：沈坨镇新农村建设实施方案

指导思想

以生态学和经济学原理为指导，大力改善农村生态环境质量，从村容村貌整洁优美、人居环境有效整治、农民现代文明素质提高等方面入手，促进农村各项事业全面进步，最终实现经济繁荣、设施完善、环境优美、文明和谐的社会主义新农村目标。

基本原则

坚持经济发展与环境改善原则。在发展农村经济的同时，将村庄环境卫生整治和村容村貌改善作为新农村建设的重要手段和载体，形成经济持续发展和环境优美的良性发展格局。

坚持示范引领与整体推进原则。根据自然条件、区位特点、发展水平，以自然村为创建主体，因地制宜，分类指导，建设风格各异的特色村，树立标杆，典型引路，带动全域工作纵深推进。

坚持“政府推动、部门联动、村民主动”原则。发动群众，提高村民创建积极性，增强主动创建意识。加强部门配合，建立联动促创机制，广泛参与，形成社会合力。

推进内容

村容村貌：无“五乱”（柴草乱垛、粪土乱堆、污水乱泼、垃圾乱倒、禽畜乱跑）现象。生态环境良好，达到“四化”（村中道路硬化、亮化、绿化、净化）效果。

饮用水源：村民饮用水卫生、安全，自来水普及率达100%，水质符合国家卫生标准，饮用水源净化。

民房建设：住房整齐化，有序美观实用，无乱搭乱占乱建现象，庭院整洁，净化美化。

垃圾处理：村内建有固定的垃圾收集储运点，日产日清，达到村收集、镇转运、市处理。

污水处理：村内建设微动力处理设施，生产、生活污水集中收集和处理，无渗坑渗井和污水溢流、乱排现象。

厕所革命：粪便无害化处理率达100%。建有无害化卫生公厕，并有专人保洁管理。

畜禽养殖：禽畜圈养，人畜分离，无禽畜放养、禽畜粪便和污水乱堆乱排现象，综合利用率90%以上。规模化养殖场选址合理，配套建设污染防治设施或综合利用措施，不造成环境污染。

绿化美化：绿化硬化街道，村前村后、屋前屋后绿化，村庄园林化，绿化覆盖率大于28%。

美丽乡村建设

沈坨镇结合镇情，充分挖掘当地资源禀赋，紧扣建设“宜居宜业”“秀美沈坨”战略目标，有序推进美丽乡村建设。2009 年，沈坨镇以姜朱村姜童自然村为先行试点，取得示范引领效果。2010—2013 年，按照“因村制宜、分类施策、精准发力”的工作思路，梯次推进沈南、关华复、安塘、柏九、沈坨北等村以“美丽乡村”为抓手的新农村建设。2018 年，结合农村人居环境整治三年行动计划，全力实施沈家、李默、樊荣 3 个村人居环境综合整治，高标准完成泰州、兴化市人居环境整治现场推进会备点任务。先后接待农业农村部领导，盐城市盐都区、淮安市、沭阳县、姜堰区、高港区等市内 30 多家乡镇（街道）党政代表团现场观摩。截至 2021 年，创建姜朱、安塘、关华复、柏九 4 个江苏省三星级康居示范村，樊荣、沈家、沈坨北、李默 4 个兴化市二星级康居示范村。

姜朱村

姜朱村由原姜童、朱家、水产村合并而成，3 个自然村由一条 3 千米长的羊肠小道相连。2008 年前，姜朱村未铺设硬质道路，村庄垃圾乱倒乱倾、臭水沟淤塞，是兴化市最为典型的经济薄弱村、工作后进村。2009 年 3 月，沈坨镇决定以姜朱村为突破口，作为沈坨镇村庄环境综合整治的先行试点村。专门成立整治工作指导组，驻村指导工作，并落实综合整治方案及资金保障方案。2009 年 3 月—9 月，浇筑完成连接 3 个自然村的 3 千米长的混凝土大道，建设 3 座路桥合一的“标准闸”，清理村庄大道两侧被垃圾淤塞的 7 亩臭水沟，迁移草堆 216 个，填埋粪坑 250 多处，清理垃圾堆 37 处，拆除违章搭建物 26 处，填埋废水沟塘近 4000 平方米，平整绿化用地 2 万平方米。浇筑村庄巷道 2000 米，建设公厕 7 座，设置垃圾箱 18 处，新建垃圾池 15 个，新建维修防洪闸站 4 座，加修圩堤 320 米，疏浚河道 8 条，整治河岸 2000 多米。在治理村庄环境脏、乱、差的同时，为村庄注入国学元素，先后建成崇礼亭、崇德桥、崇儒园、国学巷四大主题教育景点。是年，姜朱获评兴化市美丽乡村。2020 年，

姜朱庄前风貌

被国家林业和草原局命名为“国家森林乡村”。至2021年，先后获评江苏省特色田园乡村、江苏省卫生村、江苏省法制示范村、江苏省三星康居示范村等称号。

附：姜朱村部分景点简介

崇礼亭 位于姜朱村入村口，坐落于村庄荷塘正南角，2009年建成。亭外形呈六角飞檐翘边，高4.6米，底座面积12平方米。斗拱使用红绿相间的琉璃瓦，檐下部分为仿古木结构，正面立柱两侧雕刻“穷则独善其身，达则兼济天下”12字，体现人穷志不短、富则忧天下的儒家思想。荷塘边一堵长6米、高3米的《三字经》仿明清建筑屏风墙，与崇礼亭相互呼应。

崇儒园 位于姜朱村村部后侧，园内绿化成荫，环境宜人。辟有鹅卵石铺成的漫步跑道和各类健身器材，2009年6月建成，原名农民休闲公园。2009年9月，姜朱村在外能人自费购置一座高3米的汉白玉孔子石像安放于园内，亦改名为崇儒园。

国学巷 2009年，姜朱村在村主街道打造“论语一条街”，该街道两侧墙壁上兴建18块汉白玉石板，石板刻有“有朋自远方来，不亦乐乎？”“温故而知新，可以为师矣”等《论语》语录。

沈垆南村

沈垆南村是由原沈垆二、沈垆三两个自然村合并而成，地处沈垆集镇西大门，属亦镇亦村的集镇近郊村。

沈垆南村具有特殊村情，二十世纪三四十年代，村民以组傍田而居，形成9个居民点散居在蚌蜒河南岸。2010年前，各居民点禽畜散养、杂物乱堆、垃圾丛生，随处可见旱厕、露天粪坑和简易棚厕，逢雨道路泥泞不堪。2010 年 3 月，沈纶镇将沈纶南村作为全面创建“小康示范村”先行村，同时确定“叫响文化品牌，打造孝道之村”为创建主题。先后投入 120 多万元，建成公厕 5 座，放置垃圾池（箱）22 处，拆除违章建筑及障碍物 68 处，填埋废水沟 350 平方米，清理猪圈、草堆、粪坑 75 处 1300 多平方米。新浇筑村庄公路 2200 米，拓宽主干道 500 米，新铺设一条 230 米长的村庄柏油路。在原有的垃圾场地建成农民休闲公园 1 处，10 多亩的臭水塘变成风景优美的荷塘月色。新增绿地面积 2 万多平方米，栽植树木 1 万多株，新建和改造排涝闸站 4 座，新建和维修农桥 3 座，墙面刷新面积 6000 平方米。2010 年 10 月，在沈纶客运站广场东侧建成 1 座高 4.8 米、宽 11 米的“百善孝为先”孝道牌坊，在镇敬老院、卫生院隔巷兴建以《弟子规》和《论语》为内容的国学长廊，构成农村精神文明建设独特亮丽的风景。2011 年 2 月，沈纶南村获评兴化市新农村建设工作一等奖。

关华复村

关华复村由华谈、关口、复兴 3 个自然村合并而成，位于沈纶镇东首，分别与戴南、张郭、大垛 3 个乡镇接壤。2011 年前，关华复村柴草乱堆、棚圈乱搭、垃圾乱倒、污水乱排、畜禽乱跑“五乱”现象严重，关口、复兴 2 个自然村最为突出。2011 年，关华复村围绕“环境美化、区域绿化、水源净化、夜间亮化”的美丽乡村创建工作目标，制定以华谈自然村为突破口、梯次推进关口、复兴自然村人居环境整治的工作方案，先后投入 200 多万元，在华谈自然村建成

华谈村农民休闲公园

公共厕所7座，设置垃圾箱池50个，配备垃圾车2部，拆除旧危房、猪舍等3860平方米，清理废水沟塘、垃圾粪坑及草堆215处，墙面刷白18600平方米，疏浚村内河道2条。新浇、改造、拓宽村内主干道及支巷道道路2180米，浇筑农业项目区硬质道路890米，新建庄西桥梁1座、防洪闸2座。建成7500平方米的村级休闲公园及停车场，建设庄前沿河硬软驳岸430米，打造文化特色景点9处，新栽树木2万多株。是年，获兴化市小康村创建评比一等奖第一名。2012年，再次投入资金100多万元，分别对关口、复兴自然村进行全面整治，填埋废水沟塘540平方米，清理猪圈、草堆、粪坑203处，拆除违章建筑及障碍物75处，新建公厕5座，浇筑4处停车场2680平方米。2012年，关华复村获评兴化市新农村建设工作一等奖，被兴化市委、市政府命名为兴化市“优美乡村”。截至2021年，先后获评兴化市三星康居示范村、江苏省三星级康居示范村。

安塘村

安塘村又名“雁荡村”，地处沈坨镇东郊，由安塘、杨家2个自然村组成。全村有11个村民小组，耕地面积3285亩，水面资源420亩，村办企业2家。2011年前，安塘村巷道狭窄，村庄内遍地暴露垃圾、积存垃圾，乱堆乱放柴草秸秆及乱贴乱画现象严重。2011年9月，该村被确定为兴化市8个省级村庄建设与环境整治试点村之一。同年12月起，对照三星级“康居乡村”的标准，围绕“兴化一流、泰州先进、全省有名”的创建目标，以镇级层面建立“纵向到底、横向到边”的组织网络，镇党政

安塘观音禅寺一带

主要负责人担任该村村庄建设与环境整治推进工作领导小组组长，明确1名副镇长带领指导组成员坐镇指挥。并组织派出所、村建、水务、国土、财政等18个职能单位主要负责人成立整治工作办公室，加强对整治工作的业务指导。先后投入资金1700多万元，人力2000人次、大型机械300台次，动员拆迁房屋34户，依法拆除违章搭建170多处。清除垃圾、杂物、草堆等86处，拆除废弃猪圈、鸡舍、简易旱厕168个。疏浚河道2千米，新建硬软驳岸960米，新栽、刷白树木2万余株，美化建筑立面3万平方米，广场绿化、滨河绿化、围庄林绿化、庭院绿化覆盖率占村庄面积的35%以上。新建密闭垃圾房16座，新建公厕17座，新添置垃圾桶87只，新建景观桥梁4座，拓宽改造村路巷道1.3万米，新安装路灯79盏。农资服务超市、便民生活超市、村民活动广场等一大批硬件设施全部达到“四有一责”建设新要求。村综合服务中心、为民服务中心、文体活动中心相继建成并投入使用，观音禅寺装饰一新。2012年底，村庄建设与环境整治试点村项目高分通过江苏省住建厅评估验收，被命名为江苏省三星康居示范村。

柏九村

柏九村由柏家、九尖2个自然村合并而成，共有12个村民小组。2个自然村分隔于境内蚌蜒北河的南北岸，省道232从柏九村穿腹而过。2012年前，柏九村公共服务设施建设滞后，乱搭乱建现象严重。村庄道路破旧不堪，废水沟塘导致村内污水横流，露天粪坑300多个。2012年，兴化市委、市政府把省级村庄建设与环境整治

柏九沿河漫步跑道

试点项目确定在柏九村柏家居民点，柏九村紧紧围绕“水清岸绿、环境优美、村容整洁、功能齐全”创建工作目标，先后投入资金650万元，资金来源包括省补300万元、市级150万元、镇财政150万元、村和能人捐资50万元。建设和整治项目主要是公共服务设施、基础设施、绿化、标志性景点四大项。前后拆迁破旧房屋63户，总面积1482平方米，平毁露天厕所102个，迁移草堆176处；设置垃圾填埋场1个、垃圾车6辆、垃圾箱桶68个；新建水冲式公厕5座、绿化广场1万多平方米及村部办公房240平方米；改造村社区卫生服务站190平方米，新建便民生活和农资超市150平方米、村民文化活动场所（露天戏台）60平方米及绿化休闲健身广场；新建桥梁2座，其中庄中心河桥为景观桥，由柏九村能人陈扣兰全额一次性投资38.5万元；庄前路两侧路肩各拓宽2米，长600米，庄中心路两侧路牙各铺1米水泥砖，长230米，村庄内部主支道路和后街背巷进行全面改造升级；新建日处理能力60吨的小型污水处理厂1处，村庄内主街道和公共服务设施内增埋排水管道1430米；主要道路新装或改造路灯50盏，墙面刷新2.1万平方米；在大周公路至村口两侧打造约3000平方米的经济林带，形成“村在林中”的景观。2016年，柏九村实施九尖自然村村庄环境综合整治，投入87万元，清理村内杂草杂物以及沟渠池塘淤泥、障碍物6400平方米，建筑垃圾51吨，房前屋后废弃杂物825件；拆除村内危旧房223间，违章建筑及废弃猪舍、露天粪棚274间；新建或提升主支巷道8540平方米，新建停车场2处2700平方米，新建水冲式公厕5座。至2021年，先后获评兴化市三星康居示范村、江苏省三星级康居示范村。

沈坨北村

沈坨北村地理位置独特，省道232、县道310穿境而过，省级航道兴姜河将沈坨一、沈坨四2个自然村分隔于东西。20世纪40年代，沈坨北村三分之一的村民在镇区居住，三分之一的村民居住在集镇周边，三分之一的村民为了方便生产需要以组而居，且位置相对偏僻。针对村民居住分散、基础设施欠账较多的特殊村情，沈坨北村为打造干净、整洁、美丽、舒心的人居环境，促进美丽乡村建设，按照“总体规划、分步实施、量力而行、民生优先”的工作思路，研究制定村庄环境综合整治三年行动计划。2013年，重点对沈四的原中心卫生院一带和沈一六组进行景点式打造，投入128万元，拆除各类违章建筑92处，清理乱堆杂物、露天垃圾、旱厕309处。兴建生态休闲健身广场2处3800平方米，新建停车场2处4120平方米，新建标准式公厕3座，墙面出新4200平方米。2014年，投入168万元，分类推进各村民居住点环境治理及公共服务设施提升，浇筑硬质道路9700米，其中通组支巷5800米。拆除

沈家庄北广场（局部）

乱搭乱建及破旧房屋130间，清理露天垃圾、杂物堆227处，填埋废水沟塘2463平方米。新建停车场6处、水冲式公厕5座，安装通村高杆路灯138盏，改换加密居民点路灯140余盏。投放使用垃圾桶100个，新建垃圾池19个，新增绿化面积3500平方米。2015年，投入87万元，疏浚村庄河道8条4980米，新建改建小型桥梁13座，新建百姓大舞台1座。至2021年，获评泰州市小康示范村、兴化市二星康居示范村。

沈家村

沈家村地处沈坨镇北端，与竹泓镇接壤。沈家村是典型的规模小村，集体经济比较薄弱，村庄建设停滞不前，乱搭乱建屡禁不止，生活垃圾随处可见，巷道弯曲不齐，破院残墙比比皆是，特别是村庄内的臭水塘沟每逢夏天臭气熏天，蚊虫、苍蝇到处都是，村民生活质量低下。2018年9月，沈家村上下同心合力，利用45天时间集中整治，坚持“四不三少”（墙面不全面刷白，拆附属用房不给任何补贴，修整不买高档材料，绿化不栽灌木树种；少砍树、少填河、少拆房）的工作思路，注重发挥农村能工巧匠特有想象力，充分利用拆除的旧砖旧瓦，打造具有乡土特色、造型别致的功能性基础设施。投入87万元，拆除沿街塞巷的违章建筑、危房、猪圈和露天粪坑79处，新增集体用地1.5亩。改建和修理破院残墙38处，清理乱堆乱放的杂物127处，清运垃圾11.6吨，填埋垃圾塘14处，立面清洁76处，统一新建菜地围栏500多米，填平村内9个臭水塘沟，移除村庄内的土散坟32个，新增集体用地面积24亩。新建健身广场3处，停车场2处，村民大舞台1座，拓宽进村道路口3处430米，新增植树绿地面积5处13400平方米。是年10月，为泰州市、兴化市人居环境整治现场推进会提供观摩现场。2019年7月，农业农村部农村社会事业促进司主要领导现场调研时，对沈家村推进农村人居环境整治工作的模式给予肯定。截至2021年底，沈家村先后接受盐城市盐都区、淮安市、沭阳县、姜堰区、高港区等市内外镇村现场观摩200余批次。

李默村

李默村地处沈坨镇东北部，紧邻宁靖盐高速公路，由袁陆和南王2个自然村合并而成。2018年前，李默村2个自然村分别针对卫生死角、暴露垃圾、乱堆乱放、露天粪坑等村庄环境突出问题进行治理，长期存在的脏乱差现象依然存在。2018年10月，李默村被兴化市住建局确定为泰州市、兴化市人居环境整治现场推进会观摩备点村，泰州、兴化两级村镇建设主管部门与沈坨镇结合李默村村情，多次召开村民代表座谈会，组织村民代表到外地观摩学习，研究制定李默村“拆、清、整、栽、管”的人居环境整治方案。即“拆”：重点拆除违章搭建、破败空心房、猪圈及露天粪坑；“清”：突出清理乱堆乱放、杂草、垃圾；“整”：集中整理庄前屋后空间、河道岸坡、修整通村道路；“栽”：针对整理出的空间进行绿化或栽植果树、蔬菜；“管”：强化村庄环境长效管理，包括新增绿化地块、公厕保洁等，全面实施农村人居环境综合整治。备点工作启动后，清除暴露垃圾32处，清运垃圾9.2吨，拆除猪圈、旱厕118处，拆除破旧房屋75处，处理黑臭沟塘5处，打造新增绿化景观9处7000平方米，新建、整修通村入组道路2100米，整治村庄河道坡面800米，整修院墙、围挡560米，

凡南沿河一带

新建水冲式公厕5座，摆放垃圾箱34个。

樊荣村

樊荣村地处沈坨镇北部，由凡荣、凡南2个自然村合并而成，省道232穿境而过。共有13个村民小组，耕地面积2563亩，提水养殖面积510亩。2018年前，樊荣村公共设施滞后，村庄内违章建设、杂物乱堆、畜禽散养、露天旱厕现象严重。2018年10月，被确定为泰州市、兴化市人居环境整治现场推进会观摩备点村后，樊荣村选择凡南居民点作为突破口，紧紧围绕生活垃圾清运、通组入户道路、五面清洁等目标要求，组织推进农村人居环境整治，打造美丽乡村建设。前后两个月时间，清理垃圾27处，清理打捞垃圾水面漂浮物13吨，拆除猪圈厕所35处、辅房危房8处，迁移树木23棵，清理废弃塘沟2处，整理村庄内外河道水面、坡面长度2300米，动员各家各户进行庭院清理。拓宽通村公路长度约140米，整修院墙围挡420米，新建停车场1处800平方米，修建观景桥1座、广场1处，新建仿古公厕1座，新增绿化面积6000平方米。2019年，樊荣村投入220万元，重点实施樊荣居民点人居环境综合治理，清理杂草杂物、暴露垃圾93处，拆除违章搭建、破旧房屋217间，填埋臭水沟塘2300平方米，疏浚庄内河道3条。新建生态休闲广场3处3580平方米，新建停车场4处4600平方米，新建水冲式公厕5座。2019年获评兴化市二星康居示范村。

特色田园乡村建设

2017年，沈坨镇研究制定并正式印发《关于统筹推进沈坨镇特色田园乡村建设的实施方案》，将特色田园乡村建设作为美丽宜居乡村建设工作的重要抓手，着力建设美丽乡村、宜居乡村。2018年后，沈坨镇按照“重点突破、示范带动”工作思路，有序推进以姜朱村为代表的特色田园乡村建设，构建由特色田园乡村、康居示范乡村、美丽宜居乡村的三级建设体系，走出一条具有沈坨特点、体现标杆水平的乡村振兴道路。

张谭自然村

张谭自然村位于沈坨镇北部，由原谈洪、张王2个自然村合并而成。西邻开发区（临城街道）三赵村，北与竹泓镇解徐王村接壤。有9个村民小组，耕地面积2400多亩，提水养殖面积270亩。2020年，围绕兴化市级特色田园乡村建设，张谭村紧扣改善人居环境、培育田园产业、增强乡风文明、注重改革创新等目标要求，认真组织推进农村人居环境整治。先后拆除违章建筑、危房、猪圈、旱厕、土地庙78处，维修整改村民破败院墙38处，清除村庄乱堆乱放杂物128处，清运垃圾11.6吨，立面清洁76处，清理打捞垃圾水面漂浮物13吨，迁移树木23棵，清理废弃塘沟2处，回收废旧船只500吨用于填补庄东夹沟；新浇筑村内圩堤道路300米，新建三棵树文化休闲广场600平方米，新建初心桥1座、木栈道1处，新建仿古公厕5座，新增绿化面积4500平方米，新增三化品种树木25亩，新建绿化游园2处，新增太阳能路灯35盏，打造景观墙15处，样板河打造350米，新建东面健身沿河小道600米，新建仿古码头9处，浇筑压花式主巷道道路1000米，新建200平方米的仿古式村民活动中心，新浇筑仿古压花式广场350平方米，新建市级示范的百姓大舞台1座。2020年获批兴化市特色田园乡村，先后被评为江苏省卫生村、兴化市文明村、兴化市林业绿化示范村。

柏九村

地处大周公路两侧，由柏家、九尖2个自然村合并而成。有12个村民小组，社

姜朱沿河景观带

柏家庄南一条街

会总面积3809亩，其中耕地面积2355亩。四旁植树10287株，绿化覆盖率23.4%。村级基础设施建设基本完善，全村街巷道全部水泥硬质化。先后投资建有村民健身广场，百姓大舞台，2处绿化小公园，3处停车场。

2021年，柏九村统筹投入资金近150万元，在进庄两处路口新建2座文化牌坊100平方米，村庄主干道新浇筑200多米、宽4米的硬质化路面，对全村巷道破旧墙面8000多平方米进行出新。在主要通道口绘制反映中华民族传统美德，体现社会主义核心价值观的墙绘200平方米。新建标准式公厕1座，打造面积约8000平方米的放牛荡水产养殖基地池塘尾水排放处理池。对东花园绿化补栽约800平方米，建成沿河步道800米。改造升级下水道300米，新建进庄道路两边和庄台主干道两侧花墙600米，庄前路新安装太阳能路灯30盏，东花园景观灯20盏。新建便民服务大厅100多平方米，改造党群服务中心150平方米，在村口路边设立党群服务中心和新时代文明实践站标志牌2座。2021年，柏九村获评兴化市特色田园乡村。

崇禄村

崇禄村位于沈坨镇西北部。2019年行政村规模调整，由原张谭、姜朱2个行政村合并组成。共有16个村民小组，耕地面积4500.8亩，特种养殖1050亩。2018年，崇禄村聘请上海交通大学规划设计院规划设计。规划确定打造“庄中两条线路、庄台沿河岸线、培育产业项目”，建成自然水系环绕、道教文化体验、农渔产品于一体的最美田园养生文化体验乡村。是年投入210

姜朱村《三字经》牌坊

姜朱村农耕文化一角

万元，对村内河道进行生态化改造，打造姜谭河样板河道一条，新建生态驳岸 860 米、沿河健身小道 600 米。铺设污水管网 4900 米，新建 4 个日处理能力 20 吨村级污水集中处理设施。安置垃圾分类亭 11 处、垃圾分类箱 1800 个。新建或提升标准化公厕 22 座，无害化户厕普及率 100%。2019 年，投入 60 万元对村庄主要路段的三线进行无杆化改造，配备路灯 110 盏。投入 140 万元，改造村庄主支巷道 2760 米，提升庄前生态停车场，新增停车位 28 个。投资 50 万元建成 1100 平方米的村党群服务中心，投资 20 万元新建兴化市级示范百姓大舞台 1 座。结合“政府购买服务”贫困户安置房项目，新建建档立卡集中居住安置房 18 套。在特色田园乡村创建中，崇禄村注重打造儒佛道三教文化、农耕文化、红色文化等文化精品，新建姜氏文化广场 610 平方米、道文化广场 730 平方米、文化景墙 1100 米、“仁义礼智信”文化小品 1 处、集聚 40 位该村老百姓笑颜的“笑脸墙”1 处、串联 156 幅儿童画的垂拱廊 1 处。2020 年，崇禄村通过泰州市级特色田园乡村考核验收。同年，被江苏省住建厅授予“江苏省特色田园乡村”。

幸福河湖创建

2016年，河长制工作开展以来，沈坨镇制定出台《关于全面推行河长制的实施意见》，建立完善河道长效管护机制。2017年起，沈坨镇在组织开展水环境保洁、沉船打捞、网簖清理、沿岸排污口整治、违章建筑拆除等“六项行动”的基础上，创造性地打造“沈坨版”的生态河道、样板河道，充分展示沈坨省级“水美乡镇”的亮丽形象。西唐港生态河道被兴化市河长制办公室指定为兴化市镇村示范河道的标准。在蚌蜒北河生态样板河段打造中，所在村集体收归新增土地发展“一村一品”林果产业的探索实践，被兴化市乡村振兴局在全市进行推广。2017年，沈坨镇被江苏省水利厅命名为“水美乡镇”。2018年，沈坨镇河长制办公室获评兴化市首期“骏马奖”。2020年，沈北后河生态河道被江苏省河长制办公室命名为五星“幸福河湖”。至2021年，关华复、薛鹏、安塘、姜朱先后获评江苏省“水美乡村”。

西唐港河

兴化市级骨干河道西塘港河位于沈坨镇东部，沈坨境内全长3.75千米，流经关华复、薛鹏、李默3个行政村。河道平均口宽45米，跨河桥梁4座，沿河排涝站2座，圩口闸5座，圩堤长度约7300米。2014年，该河段通过县乡河道疏浚工程进行疏浚，使河道底宽达到20米、河底高程 –2.5米。2019年，在充分调研论证的基础上，围绕西唐港河沈坨段打造成西唐港河样板河段的工作目标，先后投资400多万元，自8月上旬动员会后，一周内完成全线21处2000多平方米的圩外建筑拆除任务。每天组织10台套左右的挖掘机械对圩堤青坎上的农作物进行清理、对不达标圩堤进行4.5/4式加修、对所有外青坎进行调土平整；全面取缔下水口，对上水口进行规范设置；同时邀请具有资质的绿化设计单位，按照林业彩色化、珍贵化、效益化的“三化”要求，西侧圩堤栽植水杉，两侧岸边栽植水生植物，沿线青坎按照200米左右一个色块全部栽植榉树、乌桕等乡土树种与海棠、紫薇、红叶石楠等景观树种，做到常绿与落叶、高大乔木与小叶灌木相结合。至2021年，泰州市、兴化市河长制办公室组织现场观摩7次，兴化市乡镇（街道）参观交流35批次。

蚌蜒北河

全长7.12千米，呈东西走向，流经崇禄、柏九、安冒和薛鹏4个行政村。其中中段长2.4千米，西起柏九村，东至冒竹河，涉及柏九、安冒、薛鹏3个行政村，沿线有圩口闸5座，排涝站3座，圩堤长度约4.7千米。2019年，前后历时5个月打造蚌蜒北河（中段）“幸福河湖”，总投资160万元，对圩上树木的砍伐和河道网簖清理，土散坟迁移，对沿河8处违章建筑进行拆除；对河道南侧圩堤按照4.5/4式标准进行达标加修，在圩堤外侧构筑真高2.5米、宽3米的外青坎；对河道北侧现状外青坎进行河道取土、土方调运、平整，完成土方7.5万立方米；对河道南侧的圩堤、外青坎进行绿化，按照株距3米×3米的标准栽植直径4—5厘米、杆高3.5米的池杉约3200棵，在3处跨河桥梁两侧栽植7棵直径20厘米及以上的香樟树。在对河道外青坎的利用方面，对新整理出来的约60亩河道外青坎，统一回收村集体，权属村通过充分论证，与镇林业部门合作，进行花卉苗木的种苗培育，拓展村级集体增收渠道。

沈北后河

沈北后河位于县道310沈抡段西首、

沈北后河

集镇迎宾大道西侧。全长4.25千米，河道平均口宽60米，平均深－2.5米，底宽20米，水域面积约450亩。河道流经崇禄村和沈北村，沿线涉及沈顾圩、四新西圩、六五圩和崇禄圩4个联圩，圩堤长度约7.6千米，沿线有圩口闸8座，排涝站2座，跨河桥梁5座。2020年4月起，历时7个月时间，投资约250万元。共疏浚河道土方8.5万立方米，通过河道整治，复垦沿河附近废弃沟塘4处，新增土地面积20亩；拆除“两违”建筑6处，面积300平方米；拆除河道网簖8处；破碎填埋废弃沉船残断桥桩等12处；通过河道取土，将河道两侧圩堤全部进行达标建设，圩堤外侧统一构筑高程2.5—2.8米、宽度不少于3米的青坎；按照林业彩色化、珍贵化、效益化的“三化”要求，结合“林果小镇”发展规划，在河道外坡设置多处景观小品，东侧圩堤栽植观赏林果，两侧岸边栽植水生植物，沿线青坎按照200米左右一个色块全部栽植乡土树种与海棠、紫薇、红叶石楠等景观树种，做到常绿与落叶、高大乔木与小叶灌木相结合。沈北后河河道西侧形成圩路结合的通村公路，西南圩内是千亩碧根果基地，北端是省级特色田园乡村崇禄村，在该河道打造过程中结合乡村旅游线路规划预留游船码头，在新增复垦地块上新建一座河长制主题公园。2020年，沈北后河获评江苏省五星级幸福河湖。

东唐港河

东唐港河沈坨段2.17千米，途经关华复、李默等行政村。2021年9月，沈坨镇整合县乡河道疏浚项目与李默村土地占补平衡项目，统筹推进实施东唐港样板河打造。历时近两个月，共疏浚土方6.3万立方米，复垦约32亩鱼塘，补填土方约4.8万立方米。按照“三面四线”标准和样板河道打造要求，对河道东侧外青坎重新做足3米，西侧外青坎根据现状不低于4—5米，平均增高2.5米，增加土方约3.6万立方米，河道疏浚土方全部置于两侧圩堤外清坎，同时按照“4.5/4式”标准加修完成两侧圩堤。

朝阳河

沈坨境内全长3.5千米，流经沈南、沈北、安冒、柏九等行政村。2021年4月，按照镇级样板河打造标准，投资近40万元，对朝阳河柏九村九尖段沿线河道实施河道疏浚，疏浚土方7923立方米，疏浚土方全部置于两侧圩堤外青坎。两侧圩堤全部按照“4.5/4式”标准整治清障刷坡，拆除圩堤上及外侧棚舍6处90多平方米。圩堤顶栽植落羽杉、樱花、紫薇、垂丝海棠等绿化树种，同时全面清理河道两侧芦竹等水上杂物。

附：沈坨镇河长制主题公园

沈坨镇河长制主题公园建成于2020年11月，位于县道310沈坨段西首、后泊大桥南北侧。主题公园分为南北两园，北公园占地面积6600平方米，设有标志性建筑2座，分述沈坨镇水面风貌和河道分布情况，以及历史与现状对比演变过程。南公园占地面积3300平方米，园内绿树成荫，设有蜿蜒曲折的漫步小道，主要作为村（居）民运动健身之用。南北公园的临水边，各建有仿木栈道1座，北栈道长约100米，南栈道长约50米，供游人垂钓和观赏河道两岸风光。

沈坨镇河长制主题公园

朝阳河

清洁河道

第四篇 文物古迹

沈坨是一个拥有千年历史的水乡古镇，镇区老街有“九井十三巷”之说，穆家堡素有苏北里下河“九寺十八堡”之首的美誉。现今境内历史文化遗产虽遭到大量损毁和不同程度破坏，但仍留有不少独具风格的古建筑、古遗迹以及见证一个时代的古巷、古桥、古树木、古物件。2019 年，在蚌蜒河南岸沈坨南村段掘得晚唐时期古井，实证境内有先民居住。建于清朝年间的吊脚楼、麻石街、冒家巷、杜家巷、积善桥，延续着历史文脉，留住了乡愁，也留下了千年古镇的历史文化符号。

文物

薛鹏石板街

位于薛鹏村老庄台内。清同治年间，穆家堡青龙庵住持恒静和尚，拿出庵上田产租佃和化缘所得，在当地绅士富户支持下，从江南采购麻条石运至穆家堡。麻条石每块长 1 米左右，宽 0.3 米左右，厚 0.15 米，长宽不太整齐，呈“工”字形。石街东西全长 395 米，用麻条石 3564 块。该街成为兴化地区“四处古石街”之一（另有兴化“八字桥”、沙沟古镇石街、陈堡唐家村麻石街）。

2009 年，因境内二次改水，铺设自来水管等公共设施建设时用水泥嵌缝，该石板街失去古老风貌。2010 年，沈坨镇人民政府发起修复石板街倡议，得到社会各界人士大力支持，石板街修复如初。2019 年，被兴化市人民政府公布为文物保护单位。

薛鹏石板街

雁荡观音禅寺

雁荡观音禅寺始建于明末清初，位于安冒村安塘庄东南角，是兴化十三丛林之一，省内少有保持原址原貌的古建筑群。建设

雁荡观音禅寺

布局由穿堂三进、东西两厢、沿河长廊三部分组成。复道回廊贯通寺院建筑单体，形成绵延回环的建筑景观。

寺内弥勒尊殿，弥勒佛面南对着山门而坐，弥勒佛背后站着韦陀菩萨，面对观音殿。观音殿内，千手观音、滴水观音位于中央，32化身栩栩如生，形态各异。大雄宝殿里，三尊大佛慈祥端庄。关帝殿中央，关圣帝君威严英武，左右两侧分列关平、周仓二像。寺外安放11米高的九层宝鼎，宝鼎上悬挂着若干风铃。

观音禅寺分两阶段建筑而成。大雄宝殿始建于明朝末年，前期庙况不详。直至清光绪二十七年（1901），大林和尚为方丈；1920年，贯知和尚为方丈；1930年，聘恒正大和尚为观音禅寺方丈。同年由施主俞廷学、杜年庆、俞金敖献巨款援建了观音殿、弥勒殿和东西两厢12间及东西花园。此阶段是观音禅寺最鼎盛时期，有僧人13众。1948年由云高接任方丈，2000年仁旭为方丈，坚持为住持，正果大居士为护庙使者。

1948年，“还乡团”带枪强行拆庙打庄圩，由俞金风、孙尚荣等人带领民众冒死相护，使这一古迹保存至今。2012年，被兴化市文广新局命名为兴化市不可移动文物。2013年，被江苏省民族宗教事务委员会指定为江苏省民间信仰活动场所。

穆家堡天龙寺

原名穆家堡青龙庵，始建于清光绪十二年（1886）。位于穆家堡东南，坐北朝南，傍水而建。1927 年，佛学大师慈舟在此出家，依师祖恒静上人披剃，1931 年成为青龙庵第五代方丈。中华人民共和国成立后，青龙庵一度成为村集体粮库，毁于 20 世纪 60 年代。1994 年，镇江江天禅寺（金山寺）方丈慈舟重建穆家堡青龙庵，同年更名为天龙寺。1995 年，天龙寺被国家宗教局认定为宗教活动场所。

重建的天龙寺，占地面积 600 多平方米，建筑面积 506 平方米。整个寺院由前后两进、西厢东院墙组成。前进中央正对山门供奉着弥勒佛，东房是寮房，西房是客房。西厢正中间是祖房，供桌上供奉着朗润、果沉、恒静、竹安、慈舟、兴来等六代方

穆家堡天龙寺

天龙寺藏石碑

穆家堡天龙寺原牌匾

复善堂石碑

丈的灵位，智祥为现任方丈。至 2021 年，天龙寺保留着初建时的青龙庵石刻横碑，嵌在灵位上方的墙上，厢房北是斋房。大雄宝殿三大镂空佛龛，分别供奉五尊佛像，正中是释迦牟尼佛，左右分别是观音菩萨、地藏王菩萨；东首文殊菩萨、西首普贤菩萨。彩身的文殊菩萨、普贤菩萨由中国台湾佛教会赠予赐福。镇江江天禅寺赠赐的十八罗汉挂轴，分别悬挂在东西两墙。佛龛前方悬挂绣花吊帘、经幡。大雄宝殿东侧走廊内，镶嵌一块光绪十二年（1886）十二月初九，由钦加同知衔在任即补清军府江南扬州府东台县正堂加三级记录十次黄为匾额一块。

穆家堡吊脚楼

清宣统元年（1909），穆家堡社会达人顾万安，在石板街中心段北侧新建一栋坐北朝南的二层吊脚楼，建筑面积 90 平方米。吊脚楼砖瓦结构，木质楼梯、楼板、楼栏杆。站在二层栏杆边，可俯瞰整个石板街全貌，是一栋造型别致的吊脚楼。截至 2021 年，吊脚楼基本保持原貌。

穆家堡吊脚楼

穆家堡塔院

塔院地处薛鹏村庄东南的向家垛，紧傍河边而建。蚌蜒河水从西南沿虾家湾而来，蚌蜒北河水由西而来，又朝东北流去。

塔院主塔院门朝东，副院门朝南，门前石狮威武，塔院为圆形石砌河拱，塔院直径 22 米，中间南北 10 米，东西 9 米，栏杆高 1.2 米，中间碑座宽 3.6 米，座高 2 米，主塔葫芦高 4 米，上写“青龙堂上，上恒下静悟公老和尚之塔”。碑座四面刻有碑文，栏杆塔身均为大理石结构，栏杆祥云、石狮葫芦、塔身无不精雕细刻，纹理凹凸有致，显示出炉火纯青的石刻工艺，塔身是从缅甸进口。

塔院东侧建有一塔院，东西长 14 米，南北宽 9 米。东面是慈舟师傅的灵塔，上书“先师上竹下安上人之塔，雉染徒慈舟敬立”；一侧是“金山天龙堂上中兴一代上慈下舟之寿塔”。

1934 年，穆家堡青龙庵第三代方丈恒静和尚圆寂。恒静病重期间，其徒孙慈舟因感念师公恒静教诲培植，由镇江金山寺回青龙庵伺候，直至师祖圆寂安葬，慈舟出资在穆家堡庄东南的向家垛兴建寿塔。2003 年慈舟大师圆寂，寿八十九，现葬于句容宝华山隆昌寺。每当清明节，他的徒子徒孙都来塔院扫墓，纪念穆家堡青龙庵走出去的佛学大师三代。

穆家堡塔院

晚唐古井

2019年7月5日，沈坨镇沈坨南村组织人员在蚌蜒河沈坨集镇段南侧修路，村民挖到一口占井，当即报告给当地文物管理部门，在几位文史专家的指导下，在该古井旁边还挖到一只完好无损的青瓷大碗，以及几块带有榫卯式样的井砖。7月6日下午，江苏省考古协会会员孙建中专程到该遗址，通过对地表散落的瓷、陶、砖及古井比对，认为这是一处早于宋代的蚌蜒河流域汉唐先民文化堆积层遗址。

据一些老人后来回忆说，该地段古时叫西里堡庄，向东几里路还有一个地方叫东里堡庄。不知何时何故，这两个村庄不见了踪影。老人们还讲，这里有一个地方叫“营孔”，汛期来临的时候，不要抽水，这里淹不掉。中华人民共和国成立前，兴化干旱，这里照样有水，蚌蜒河畔周边的居民都到这里打水，水永远用不完。他们小时候常在这里游泳，曾有小伙伴在河底摸到几口圆井。直径约60厘米，井口被淤泥塞满。随着岁月更迭，昔日河流成为良田。

沈坨圆通庵

沈坨圆通庵位于沈坨集镇龙河路，是泰州地区为数不多的尼姑庵之一，始建于清同治十年（1871），占地500多平方米。庵内供奉着释迦牟尼、观音、韦陀、地藏王、药师、弥勒、十八罗汉等佛。

圆通庵前期由圆明师太、书红师太、云

沈坨圆通庵

祥师太为住持，由于尼姑脱节，后期由存小、俊山、金根居士管理。

唐家舍节孝坊

始建于清咸丰六年（1856），位于唐家舍。牌坊为砖木结构，四柱三门，高两丈有余。上部斗拱飞檐，雕梁画栋，极富气势。上沿的砖石上，镌刻有“圣旨”二字，右侧竖写一行小字“大清咸丰六年”，牌坊正中，用工整的楷体写出两个大字——“旌表”，字迹颜筋柳骨，浑厚挺拔，阔达而端正。

相传在清乾隆年间，兴化东门外何家垛有一群唐姓人家聚族而居，称“凤山堂唐氏”。唐氏家族里有一位罗姓媳妇，年轻貌美却不幸守寡，独自带着幼小的儿子艰难度日。这罗姓妇人有两个小叔子，其中年纪稍长的那个吃喝嫖赌，无恶不作。在欠下一身债务之后，这小叔子心生不良，他想将自己的寡嫂卖进娼门。罗姓寡嫂听闻消息，连夜撑一条木船，带上幼子以及另一个还未成年的小叔子，逃出何家垛。破旧的小木船在湖荡里随波浮沉，如同她祸福难测的命运。木船后来停泊在唐家舍的村口，妇人抬头看见树丛间有炊烟升起，于是决定在此落户。罗姓妇人恪守妇道，为亡夫守节，数十年如一日，独自含辛茹苦抚养自己的幼子以及年幼的小叔子。此后又过去了很多年，那个逃难的年轻寡妇早已是两鬓花白，满面风霜。不过那唐姓人家的幼子和小叔长大成人之后，分别中了文举和武举，成为受人敬仰的国家栋梁，朝廷听闻罗姓妇人的贞节之名，于是颁旨新建“节孝坊”加以褒奖。

穆家堡积善桥

位于薛鹏村中心街西首，始建于清朝同治年间，由穆家堡青龙庵住持朗润和尚经几载募化，加之当地绅士的支持，与穆家堡麻石街同时建设。桥面长12米，桥面铺有4块长条石，桥宽3.5米，桥拱高11米。桥体的基础全部由条石与青砖相间垒就。因古桥年代久远，2010年，桥栏、桥面部分改用新型建筑材料。

穆家堡冒家巷

坐落在薛鹏村中心街南侧，是冒氏族人集中居住的地方。此巷建筑于清朝中期，是当地的土瓦匠建筑而成，巷长93米，宽3米，青砖铺底，边上留有趟水沟，这条巷子住着近10户冒氏人家。相传是如皋冒致中（成吉思汗十二世孙）家族中的一支迁入穆家堡，至今一直聚居在冒家巷中。进入21世纪后，因村庄道路改造、给排水设施建设，冒家巷路面全部改用混凝土浇筑。

雁荡庄杜家巷

“洪武赶散”（从明朝初年开始的大规模人口迁徙）期间，江南移民杜氏二、

雁荡庄杜家巷

五两家相继在境内雁荡落户，杜氏人口占全庄半数，史称“杜半庄”，杜氏家族绝大部分居住于此，形成“杜家巷”。1392年，杜氏族人共同出资，购置古青砖，侧铺成长200米、宽2.5米的“龟壳”路面。20世纪50年代末，杜家巷一度开设过商店、茶馆、糕点店、熏烧饺面店、油条烧饼店、老虎灶、鱼行、肉铺、理发店、缝纫店等，时称商铺一条巷。2011年，安塘村被确定为江苏省村庄建设与环境整治试点村，杜家巷改造成混凝土硬质路面，但杜家巷依然保持原有的古朴、整洁、安静。

附：旧物件介绍

古水墨画轴 分挂在薛鹏天龙寺大雄宝殿东西两侧的十八罗汉水墨画轴，画风凹凸有致，立体感强。1995年正月，时任镇江市江天禅寺方丈慈舟携江天禅寺法务团，赴新加坡光明山普觉寺参加水陆法会。法会结束后，普觉寺鼻祖转道大和尚第四代传人隆根住持，将寺内收藏的十八罗汉古画轴赠予慈舟方丈。是年薛鹏天龙寺开光典礼，慈舟方丈怀着对出家地的深情厚谊，将十八罗汉画轴转赐天龙寺。现存的十六幅画轴已重裱数十次，材质特殊的画像至今不蛀、不破、不变色，堪称珍品。

梳妆台 制作于清代中期，高0.36米，宽0.31米，厚0.28米，镜台面下设两层3个小抽屉，台面之上安有一箱盖。打开盖子，支起镜架，即可使用。现藏于繁盛村樊才林“关情书苑”。

梳妆台

复式算盘

幼儿站桶

复式算盘 收藏于繁盛村樊才林“关情书苑”的木质小算盘，是清朝中期制造，长 48 厘米，宽 22 厘米，高 2 厘米。这件小算盘与通常所见的上下两挡结构的算盘不同，主打算盘设 13 挡位，它的左侧位置呈直角同时设有上下两挡 6 挡位、长宽 20 厘米的正方形算盘，可供两个人同时使用，相传为大户人家主仆共用。

幼儿站桶 现藏于繁盛村樊才林“关情书苑”的木质圆锥形无底站桶，底座直径 0.60 米，上口直径 0.36 米，高 0.76 米。内设上下两层，中间隔板镂空，可根据幼儿身高随时调节隔板位置，确保幼儿在站桶中的适宜高度。这款幼儿站桶源自清朝中期，为大户人家所用。

钉鞋 现藏于繁盛村樊才林“关情书苑”的两双钉鞋，出自清朝初期。钉鞋为明清时期兴起的一种雨鞋。由多层麻布、棉布缝制，鞋面用桐油反复油刷，鞋底钉

钉鞋

遗迹

沈坨"前庙""后庙"

沈坨旧称沈家坨，形成于盛唐，兴盛于清朝。九口井分布在十三巷之中，沈坨故有"九井十三巷"之说。集镇老街有座祖师庵，俗称"前庙"，占地面积约2000平方米，庙虽不大，但建筑古朴，飞檐翘角，形似"凤凰展翅"。观音寺位于镇北，又称"后庙"，占地面积近万平方米。观音庵由天王殿、观音殿、大雄宝殿、藏经楼、钟楼、鼓楼、斋堂、寮房等组成。后花园中栽种各样珍贵花木。登高俯瞰，整个寺庙布局合理，建筑物错落有致，楼阁峥嵘，气势恢宏，酷似"卧龙"。时人认为前庙似"凤"，后庙入"龙"，寓意"龙凤呈祥"，实乃风水宝地。复兴庵、观音寺始建于明朝，曾经晨鼓暮钟，香火

沈坨都天庙

旺盛，庙产有田地四五百亩，僧人数十众。观音寺最后一名方丈，法号巡和。

抗日战争、解放战争时期，沈坨成为日伪据点，前后庙成为日伪兵营、监狱、伪政府办公地，庙中财物被抢劫一空。中华人民共和国成立初，中庙改建为小学，前庙改建为供销社生活资料门市部，后庙改建为国家粮库和国营米厂，寺庙已荡然无存。每年庙会，迎会队伍必到，表达沈坨人至今对前后庙的怀旧之情。

金家舍善庆寺

坐落于沈坨金家舍的善庆寺，原名“善庆庵”，初建于明代。相传有一位僧人云游至此，见此地水草丰茂，民风淳朴，于是在水边结草庐一间，仅避风雨，从此这位僧人就在草庐里入定禅修。此后周围村民大发慈心，共结善缘，四处募化，经数十年苦心经营之后，最终修成一座寺院，取名为“善庆寺”。1946 年，善庆寺被毁。

2004 年，重建善庆寺。重建后善庆寺占地面积 310 平方米，建筑面积 122 平方米。前后三进，最前为天王寺，塑有天王像 4 尊。中间为大雄宝殿，供奉释迦牟尼等身像，最后是藏经阁。寺院规模虽小，却形制俱全。

姜童清义观

始建于 1871 年，是兴化市四大名观之一，位于原姜朱村姜童东首，道观坐北朝南，临水而建。

1931 年，日本侵华战争爆发。当地顽

金家舍善庆寺

姜童清义观

匪猖獗，兴风作浪。此时，竹泓镇一位徐姓道教传承人，决心救度人民，并招聘爱国人士在里下河地区传教。其间，竹泓镇解家村与沈坨镇姜童村结为道友，并接受兴化城区东岳道观莫道长的教导，解家、姜童先后成立道观，解家取名为三清观，姜童取名为清义观。

2011 年，在原址重建“清义观”，占地近千平方米，由大殿、两厢组成。道观大院，五层宝鼎、天香炉立于院中，“清义观”匾额悬挂在大殿正门上方，“道阐明宝座光浮而白云环绕，功参育金炉香霭紫炁时昇”鎏金对联分挂两边檐柱，朱红木雕隔扇做工精致，大殿风廊回旋。三大盘龙镂空佛龛分别供奉着 9 尊佛像，正中央是元始天尊、灵宝天尊、道德天尊，左边是徐老仙师、道济仙师、纪阳大帝，右边是慈航道姥、门姆无君、东岳大帝。9 尊佛像栩栩如生，神态各异。

樊家舍伏龙律院

樊家舍伏龙律院始建于明朝中期，位于庄东南方四周环水的“架鼓垛”。

传说唐王跨海征东在“架鼓垛”四周屯过兵，当时有一位樊姓京官，自称是西汉名将樊哙后裔，因看破红尘弃官隐居，欲寻樊氏族群聚居地。他单枪匹马，千里迢迢找到被沼泽芦苇包围的樊家垿（樊家舍），看中一块四面环水的风水宝地——架鼓垛，并拜会族祖樊谷宝，说明来此之目的，欲在此落脚生根，建造一座讲经传道活动场所。得到樊氏家族同意和支持后，在“架鼓垛”建起两进两厢四合院。

数年后，京官皈依佛门，把该四合院改成庙宇，成为首任方丈。后被清初朝廷敕封为“伏龙律院”。“伏龙律院”曾管辖过东台、兴化两县交界处十几个村舍的庙宇。“伏龙律院”毁于1945年，仅存有“伏龙律院”石碑。2004年，经热心人倡导，“伏龙律院”在原址重建。

樊家舍伏龙律院

第五篇 现代农业

沈坨是典型的传统农业乡镇。20世纪80年代前，以种植粮、棉、油等农作物为主。20世纪90年代，以稳定粮食生产为前提，渐次推广无公害瓜果、蔬菜种植和畜禽、水产养殖。进入21世纪后，逐步形成蔬菜、粮食、水产、林果、畜禽等多业态现代农业格局。2016年，沈坨镇委托扬州市农业科学研究院编制《沈坨镇现代农业产业园区发展规划》，园区规划总面积1.5万亩，立足优越的生态环境和丰富的农业资源，依托现有基础条件，加快土地、资金、科技、人才等要素的集聚，大力推进农业生产的标准化、规模化、集约化、产业化，实现“12345”建设目标：即“一核”在大周公路与镇中心公路交会处，重点打造5000亩现代农业核心展示区；“两带”，沿大周公路、镇中心公路两侧，建设两条现代化农业产业带；“三大中心”，建成园区技术服务中心、产品加工中心、商务物流中心；通过项目上争、招商引资，重点推进农田基础配套、产品精深加工、质量品牌培育、现代商务物流等“四大工程”建设；培优做强特色蔬菜、优质粮食、生态水产、绿色林果、健康畜禽等“五大产业”，增强示范、引领能力，加快农业转型升级，促进农业增产增效、农民持续增收。围绕该规划建设目标，沈坨镇以提高农业综合效益和增加农民收入为核心，立足资源禀赋，依托生态优势，加大政策支持，不断加快结构调整进程，培育新型经营主体，提升农产品供给质量，现代农业发展驶上“快车道”。2018年，沈坨镇现代农业产业园区被评定为泰州市现代农业产业示范园。2019年，沈坨镇聘请南京农业大学修编《沈坨镇现代农业产业发展规划（2021—2025）》，规划面积涵盖境内可耕地面积4.1万亩。

粮食产业

中华人民共和国成立至20世纪80年代，境内52%的耕地用于种植粮食作物，以稻麦两季生产为主，稻麦作为主导农作物。经济作物占“半壁江山”，棉花种植面积2.2万亩，兼种高粱、玉米、大豆等豆谷类作物。水稻主推品种“扬籼1号”“矮秆南3号”，小麦品种为“白玉花”，种子以自选、自留、自用为主，辅之以必要的调剂。肥料正常使用人畜粪便、锅灶草木灰及河泥与杂草沤肥，少量使用计划分配的氨水、碳铵和尿素。提高粮食产量，成为当时必然选择。20世纪90年代后，棉花种植面积逐年减少，粮食种植面积占主导地位的同时，推广优良品种，提升粮食品质。水稻以杂交稻为主，品种先后选用“南优3号”“汕优3号”“武运粳5号”“徐稻3

沈坨镇水稻高产创建基地

大型农机具基地

号”“徐稻5号”，小麦品种改用扬麦系列“2号—14号”。20世纪末，境内不再种植棉花，80%以上耕地面积种植粮食作物，水稻选用优质高产的“9108”，小麦品种为“宁麦23号”“宁麦24号”，境内试用手扶插秧机。进入21世纪后，不断加强农田水利和基础设施建设，推进农业机械化，新设备、新技术给粮食生产带来巨大变化，注入新的动力。2016年，聘请扬州市农业科学研究院编制《沈坨镇现代农业产业园发展规划》，对境内现代农业进行整体布局。大力推行土地流转，发展农业适度规模经营。成立124家家庭农场，其中粮食种植业家庭农场85家。2019年，聘请南京农业大学修编《沈坨镇现代农业产业发展规划》，根据规划指导，现代农业产业园规划优质粮食生态农业发展区，区域面积4.2万亩，涉及安冒、薛鹏、关华复、李默、金唐纪5个行政村，该区合理应用稻麦种植基础，大力发展优质粮食产业，采取集中规模经营的方式，全面落实统一供种、统一植保、统一收购、统一加工、统一品牌、统一销售“六统一”的要求，在确保粮食质量品质的前提下实现产、加、销三者利益的最大化。2021年，在规范的“兴化大米”品牌使用管理下，沈坨稻米种植3万亩，主要以农户与家庭农场种植为主。总产量19650吨，销售总额5100万元。

附：主要产品介绍

水稻9108 株型紧凑，长势较旺，分蘖性较强，叶色淡绿，叶姿较挺，抗倒性较强，后期熟相好，每亩有效穗21.2万，实粒数125.5米，结实率94.2%，千粒重26.4克，株高96.4厘米，生育期153天，属半糯型优质食味品种，当季产量655公斤。2021年，境内种植面积2.7万亩，占可耕地面积90%。

武运粳 21 原名武运 2330，由常州武进农科院研究所选育而成，株型紧凑，长势较旺，穗型中等，分蘖性中等，叶色中绿，群体整齐度好，后期熟相好，抗病率强，当季亩产 607.5 公斤。2021 年，境内种植面积 0.3 亩，占可耕地面积 10%。

小麦宁麦 13 原名为宁 0078，是江苏农科院粮作所选育的弱筋小麦品种。该品种春性、中熟、株型紧凑，株高 85 厘米，红粒粉质，长芒白壳，纺锤形穗，分蘖成穗较高，抗病率中等，耐肥抗倒，注意防寒防冻。当季亩产 480—510 公斤。2021 年，境内种植面积 2.4 万亩，占可耕地面积 80%。

扬麦 13 里下河地区农科所选育的弱筋小麦品种。据测定，是做优质饼干、糕点专用小麦。该品种春性、中熟、全生育期 213 天，长势旺盛，植株整齐，株高 85—90 厘米，茎秆粗壮，分蘖性中等，成穗率高，长芒白壳红粒粉优，大穗大粒，灌浆快，熟相好，抗病率高，耐肥耐寒耐湿性较好，当季产量 455 公斤。2021 年，境内种植面积 0.6 万亩，占可耕地面积 20%。

附：薛鹏为民服务综合体

公司位于沈坨镇薛鹏村东首，西唐港河西岸、沈李新线南侧，地理位置优越、水陆交通便捷。公司始建于 2018 年 4 月，注册资金 2000 万元，年产值 1.1 亿元，占地面积 1 万平方米，是一家集粮食种植、加工、销售于一体的粮食综合企业。2020 年，获评泰州市“农业产业化重点龙头企业”。为带动当地农民增收致富，公司探索实施水稻订单项目，选取优质的水稻籽种发放给当地农户，采取统一种植、统一管理、统一收购方式，极大提高农户收益，保证水稻品种的优良。公司每年 10 月初开始收购水稻进行烘干，农户从地里收割后的水稻直接送入公司，既节省农户仓储费用，又提高农户收益，实现农民增收、企业增效的“双赢”新格局。

薛鹏茂业米业生产车间

水产业

中华人民共和国成立后，境内水网密布，淡水类鱼虾在自然环境中生长，少量渔民以打鱼为生，捕捞能力较低。20 世纪 70 年代，沈纶渔民陆上定居，境内养鱼业蓬勃发展，各大队在辖区内大小河放养青、白、鲤、鲫、鲢鱼及少量的青虾、蟹。饲料主要是水草、水生物，在野处适当放一些猪粪培育寄生虫。20 世纪 80 年代，各村实行水面发包，由个人承包从事养殖生产，承包人在权属水面投放适量青、鲤、鲢及蟹苗，以扳罾、张丝网捕捞为主。20 世纪 90 年代，沈纶对西北部村的低洼荒地进行开挖改造，发展提水养殖，境内兴起河蟹精养和池塘养鱼。蟹苗从初始阶段购买于盐城沿海县市蟹苗基地的“大眼幼体”，发展为养殖户设置精养池自主培育。20 世纪末，受江苏省淡水研究所、无锡淡水研究中心和上海水产大学指导，将大眼幼体培育成五期幼蟹直接放养，当年放养、当年上市。每公斤蟹苗可产 2000 公斤成品蟹，成品蟹具有背青、肚白、爪硬、毛黄、膏红等特点。该项技术为兴化市首家，1997 年获江苏省科技进步二等奖。2017 年，沈纶镇招引上海宏屹投资管理有限公司，兴建宏景生态循环农业产业园，从事工厂化生态循环鲈鱼养殖，由中国水产科学研究院珠江水产研究所集成了“优鲈 3 号”品种选育、科学配套养殖技术和优良养殖环境构建的养殖模式，亩产高达 2000 公斤以上，同时改变了池塘水质差、养殖周期长、病害多和产量低等状况。2021 年，沈纶镇水产品总量 4436 吨，销售总额 4100 万元。

附 1：主要产品介绍

大闸蟹 沈纶镇河道纵横，水生态优美，为优质淡水螃蟹的生长提供了得天独厚的良好条件。境内所产大闸蟹具有“青壳、白肚、金爪、黄毛、博螯、捷足”的特点，脂膏丰满纯正、肉质玉白爽嫩、蟹黄晶红油润、入口鲜香溢甜。2020 年境内养殖合作社加入兴化大闸蟹行业协会，同时获得“兴化大闸蟹”区域共同品牌授权。2021 年，沈纶镇从事河蟹专业养殖 82 户，养殖面积 14600 亩，其中提水精养面积 8700 亩。

优鲈 3 号 2017 年，境内以工商资本投入的宏景生态循环农业产业园，引进由中国水产科学研究院珠江水产研究所集成的“优鲈 3 号”，从事工厂化生态循环养殖。品种选育、科学配套养殖技术和优良养殖环境构建的养殖模式，亩产 2000 公斤以上，同时改变池塘水质差、养殖周期长、病害多和产量低等状况。2021 年，“优鲈 3 号”产量 3000 吨，销售额近 9000 万元。

外国友人参观宏景生态循环产业园

附 2：宏景生态循环农业产业园

位于省道 232 沈坨镇境内东侧，地处樊荣、金唐纪 2 个行政村联圩内。由上海宏屹投资管理有限公司投资建设，计划总投资 3 亿元，采取科研院校 + 公司 + 合作社 + 农户模式，组建由上海农科院、上海海洋大学牵头的技术指导团队，走“鱼⇌菜⇌沼⇌鱼”的生态庄园发展道路。2017 年，一期工程流转土地 2300 亩，重点建设 5 个功能区：以商品鱼养殖为主的工厂化立体循环式养殖区 100 亩，以生态养殖辅助水上浮床推广为主的现代农业种植区 2000 亩，以多层式养鹅产绒产肉的棚舍养鹅区 150 亩，以新物质能源采集加工的沼气生产采集区 20 亩和日常管理研发的生活实验区 30 亩。

工厂化立体式养殖系统全部采用高强度材料搭建，容纳养殖水体约 1.6 万立方米，用于培育、繁殖、养殖宝石鲈和墨瑞鳕等名贵鱼种，每立方米循环水养殖 40—50 公斤鱼，年产出 9 批，产量约 5000 吨。宝石鲈和墨瑞鳕在国内外市场均享有较高市场地位，年产值达 2.5 亿元。循环水养殖系统设置水净化、处理配套环节和养殖用水循环再利用配套环节。养殖尾水经固液分离、鱼菜共生系统及净化后达到国家渔业水质标准，进入生态养殖池，实施环保生态网箱养殖，养殖滤食性和标识性鱼类，网箱外进行现代化种植水芹菜净化水质，既有效防止池塘养殖外源性污染，又可提高渔产品质量，产生巨大经济效益。2021 年，实现总产值 1.7 亿元。

附 3：放牛荡水产养殖专业合作社

合作社成立于 2012 年，2014 年完成“放牛荡”品牌注册。合作社坐落于沈坨镇柏九村，拥有 1000 亩标准化河蟹精养池塘。20 世纪 80 年代，由低洼荒地改造而成。该水域内水草丰美，优良的水文环境为大闸蟹的生长提供了得天独厚的条件，所产大闸蟹具有“青壳、白肚、金爪、黄毛、博螯、捷足”的特点。合作社确立“抱团”发展思路，坚持规模化、生态化养殖，打造了集生产、加工、运输、销售为一体的产业链条，产品畅销全国市场。2016 年被评为江苏省示范水产养殖家庭农场，2017 年合作社所产出的商品蟹经农业部农产品质量安全中心审定，符合无公害农产品相关标准要求，准许在产品或产品包装标识上使用无公害农产品标识，被农业部授予水产健康养殖示范场。合作社成立后，不仅带动了 50 户社员增收致富，也促进了全镇水产养殖、服务、销售行业的发展。2020 年加入兴化大闸蟹行业协会，并获得“兴化大闸蟹”区域共同品牌授权。2021 年，获兴化大闸蟹行业协会“优秀会员”称号。

放牛荡提水养殖

放牛荡合作社门头

20世纪60年代前后，境内各生产队养几头牛用于农田耕作，村民零星散养少量鸡、鹅、鸭。20世纪70年代初，沈坨在安塘大队兴办公社“万头猪场”，少数大队先后办起“千头猪场”，有条件的生产队进行集中养猪、养鸭。20世纪80年代后，几乎每家每户散养数量不等的鸡、鸭、鹅等家禽和圈养生猪。进入21世纪后，境内逐年新增家禽规模养殖专业户，姜童、樊荣、薛四、华谈、沈二等村成为远近闻名的专业养殖村。2017年，沈坨开展“两减六治三提升”环境整治专项行动，关停及搬迁禁养区畜禽养殖场户143家。同时，按照《沈坨镇现代农业产业园发展规划》的指导意见，在境内沈李新线北侧划定为适养区，对适养区内的畜禽养殖场户，开展环境影响评价，污染物处理达到排放标准。

附：薛鹏陈氏种鹅场

位于沈坨现代农业产业园健康畜禽养殖区内，地处沈李新线薛鹏段北侧，占地面积约10亩。二十世纪六七十年代，场主陈久山帮助生产队养鸭，积累了一定养殖经验。中共十三届三中全会后，陈久山凭借娴熟的养殖技术，起初外出到大丰农场养鸭。自1991年起，扩大养殖规模，新增养殖肉鹅及种鹅。1995年起，陈久山将养殖技术亲授其子陈小虎，并从单纯养殖发展为苗鸡、苗鸭、苗鹅炕孵，年均存栏种鹅8000多只、种鸭2000多只，年产蛋品近60吨，出产各类苗禽60多万只，常年出售肉鹅2万多只，年均纯收入近百万元。陈久山父子还为本村其他5家养鹅场免费提供养殖技术培训、饲养防疫指导、帮助拓宽销售渠道等服务，构建以鹅产业为龙头的规模养殖，促进其他养殖户共同增收致富。2021年，实现总产值230万元。

碧根果基地林下生态养殖种鹅

林果产业

2014 年前，沈坨镇没有成片种植的林果，村（居）民在庭院屋后栽植少量桃、梨、枇杷等果树。2014 年，引导沈坨镇薛鹏村在外能人，在金唐纪村流转土地 200 亩，种植无花果 55 亩、樱桃 58 亩。2015 年，招引戴南客商流转柏九村土地 880 亩，栽植无锡水蜜桃 600 多亩。姜朱村本地能人流转姜朱村土地 200 亩，种植无锡水蜜桃、上海奉贤黄桃、无花果，秋后蜜桃、冬桃、猕猴桃等 10 多种林果。2016 年，聘请扬州市农业科学研究院编制《沈坨镇现代农业产业园发展规划》，编制特色林果产业园区发展详规，规划面积 5000 亩，规划范围为姜朱、沈北、柏九、张谭及周边行政村。2017 年，全面推进“一村一品”战略，鼓励村级集体领办项目，沈北、柏九、张谭、姜朱、繁盛、金唐纪、沈南 7 个行政村相继兴办林果产业。其中沈北村薄壳山核桃 508 亩，柏九村、张谭村、姜朱村白玉枇杷 270 亩，繁盛村、金唐纪村苏翠一号梨 168 亩，沈南村冬桃 65 亩。2018 年，沈北村扩大碧根果种植面积 500 亩，建成千亩碧根果基地。招引戴南客商流转林果产业园区柏九村段土地 300 亩，新建高效观光设施连栋大棚 20 幢，玻璃温室大棚 1 幢，葡萄大棚 14 幢，特色林果智能温室大棚 1 幢，智能滴灌温室大棚 8 幢，果蔬防护网 40 亩。种植嘉宝果、黄金果、红芒果、红香蕉、进口橙、人参果、鸡蛋果等 30 多种特色林果。2020 年，引进邻近乡能人流转土地 296 亩，建设钢架大棚 200 个，种植特优品种“阳光玫瑰”葡萄 190 亩，“妮娜皇后”“蓝宝石”“巨峰”“秋天”“黑阳光”等 5 个品种 40 亩。至 2021 年，沈坨形成“赏全年果花、尝四季林果”的规模林果产业发展局面，林果种植面积近 3500 亩，果树品种 30 多个。林果总产量 4400 吨，销售总额 1100 万元。

附：沈坨镇特色林果产业园区及部分家庭农村和专业合作社简介

沈坨镇特色林果产业园区 初建于 2016 年，园区选址于崇禄、沈坨北、柏九及其周边行政村，总规划面积 5000 亩，占全镇耕地面积的 8.54%。园区规划前，已有兴唐果

张谭枇杷采摘园

蔬种植家庭农场、桃花缘果蔬合作社、天广果蔬家庭农场 3 家建成落户，建成面积 1280 亩。2017 年，沈北、柏九、张谭、姜朱、繁盛、金唐纪、沈南 7 个行政村，先后在园区内兴办沈顾果蔬农地股份合作社、美玉果蔬专业合作社、凡唐果经济合作社等集体领办林果项目，建成面积 1145 亩。2018 年后，沈顾果蔬农地股份合作社扩建面积 500 亩，美地果蔬种植家庭农场栽植特色林果 300 亩，德芳果蔬种植家庭农场栽植葡萄 296 亩。投资 250 万元，新建花果小镇风情大门 1 座、碧根果高程多层观景台 3 座、水蜜桃基地沿河木栈道和碧根果基地红色健身步道 360 米。至 2021 年，园区内有 10 家果蔬家庭农场，林果种植面积 3521 亩，林果品种 30 多个。

沈坨镇沈顾果蔬农地股份合作社 位于沈坨镇沈坨北村沈顾联圩内。沈坨北、沈坨南、张谭、姜朱、关华复、冒家等 6 个村共同作为合作社股东，由沈坨北村领衔实施。

2017 年 3 月，合作社在沈顾联圩内流转连片土地 508 亩，首批栽植碧根果苗 1.26 万株，苗木转入抚育管理阶段前，成活率达 95% 以上。次年再次流转连片土地 500 亩，建成千亩碧根果基地，栽植苗木 3.8 万株。合作社与江苏省农科院园艺所达成产学研合作协议，聘请省农科院薄壳山核桃专家刘广勤担任长

沈坨特色林果小镇门头

沈顾果蔬合作社碧根果基地

期技术指导顾问。针对本地土壤和气候特点，采用起垄抬地、合理定杆、套袋保温、树盘覆膜和有机肥作底肥等规范性栽培技术，选用经过评定的波泥、马罕、威斯顿、莫愁配授粉组合的优良品种。

2018年后，针对碧根果挂果周期长的特点，合作社积极探索林下套种模式，投资建设智能钢架大棚，培育雏鹅发展林下健康畜禽养殖，发挥基地最大效益。2019年，合作社成立坨佳香农产品销售公司，注册"蓓儿香"区域公共品牌商标，面向社会公开征集碧根果产品名称和标识，建设电商销售平台和电商服务站，发展电商经济。2020年，投资200多万元，加强基地基础设施建设，购置施肥打药、摘果等适用机械。2021年，产值530万元。

美玉果蔬专业合作社 由张谭、姜朱、柏九3个村抱团打造建设连片白枇杷项目，项目总面积270亩，整合村集体积累资金40万元、泰州市级部门帮扶资金30万元。2018年注册成立美玉果蔬专业合作社，专门负责项目的建设和运行。是年引进栽植苏州市果树科学研究所两年生白枇杷4150棵。合作社每年可创产值40万元。

沈坨镇凡唐果蔬经济合作社 合作社位于樊荣村1组、12组，崇禄圩内，紧邻上海宏景科技生物循环园，由金唐纪村、樊荣村集体联办。2018年，注册成立沈坨镇凡唐果经济合作社，流转土地168亩。合作社产出的主要品种是江苏省农科院研种的"苏翠一号"梨和西梅（李子），项目后期发展林下"蒲公英"观光产业，项目3年挂果上市后，经济效益每亩达4500元。

美地果蔬种植家庭农场 位于232省道以西柏九村以南，是2018年沈坨镇招引的高效设施农业项目。项目流转土地300亩，计划总投资3500万元，2019年初开工建设。

项目新建高效观光设施连栋大棚20幢，占地5000平方米的玻璃温室大棚1幢，果蔬防护网40亩，葡萄大棚14幢，特色林果智能温室大棚1幢，智能滴灌温室大棚8幢。项目内主要分为采摘区、特色林果种植区、

美地果蔬家庭农场

德芳果蔬家庭农场

水产养殖区、观光区四大区域，种植品种有嘉宝果、黄金果、红芒果、红香蕉、进口橙、人参果、鸡蛋果等30多种特色品种。农场还整合利用区域内鱼塘水域资源，打造高标准的垂钓休闲区，建成集观光采摘、乡村旅游为一体的高效农业综合体。2021年，产值480万元。

德芳果蔬种植家庭农场 位于沈坨镇柏九村大周公路东侧约200米处，占地296亩。始建于2020年，由林湖乡丁德芳注册成立。种植特优品种“阳光玫瑰”葡萄190亩，“妮娜皇后”“蓝宝石”“巨峰”“秋天”“黑阳光”等5个品种40亩。建设钢架大棚200个，全部采用滴灌等科学管理方式，总投资2000多万元。农场年均产值1200万元，纯收入约600万元，常年雇佣当地农民30余人。

2021年，丁德芳当选为兴化市葡萄产业发展协会理事长后，联合其他会员为协会的葡萄申请注册“垛上爽”商标，商标获得国家知识产权局商标局批准注册。农场选送的“妮娜皇后”葡萄分别在江苏省优质鲜食葡萄品鉴推介活动、江苏省现代农业（葡萄）产业技术体系“第六届鲜食葡萄新品种展示及优质果评比活动”中获得金奖。“阳光玫瑰”葡萄获兴化市“垛上爽”第二届优质葡萄品鉴活动金奖。

兴化市桃花缘果蔬合作社 位于沈坨镇沈李新线北侧、柏九村大周公路东侧，总面积约880亩。由戴南镇陈松岭于2016年注册成立。

合作社与无锡水蜜桃公司合作栽植，产品全部销往大中型超市。基地内“三纵三横”道路交通便利，河流纵横密布，框块分隔明显，栽植无锡水蜜桃600多亩。总投资500多万元，年产早中晚季水蜜桃约180万公斤，年均产值达1800万元。基地内开发种植“娃娃菜”280多亩及林下生态健康养殖，提高合作社综合经济效益。2021年产值620万元。

沈坨镇天广果蔬家庭农场 位于省道232西侧400米、沈坨镇沈李新线北侧。成立于2016年4月，流转姜朱村土地200亩，引进种植无锡水蜜桃、上海奉贤黄桃、无花果、秋后蜜桃、冬桃、猕猴桃等10多种优良林果品种，产品基本覆盖全年四季，先期投入400多万元。

农场坚持科学管理、绿色种植，发展林下养殖鸡、鹅等家禽，全部施用有机肥，并采取生态除虫、除草。合作社还以益农信息社为依托，整合供销体系整体资源，开辟电子商务网上销售平台，加盟泰州市供销优品电子商务有限公司，实现“线上线下”两维销售，年均产值150多万元，带动就业50人。

沈坨镇兴唐果蔬种植家庭农场 位于沈坨镇金唐纪村，始建于2014年，流转土地面积200亩，种植无花果面积55亩，种植樱桃58亩。

项目实施以来，先后投入资金180多万元，新建基地基础设施及购置各类机械设备。2016年，产品参加兴化市农副产品展销会，深受客户青睐。合作社还开发林下生态健康养殖，多头增加收入。2021年，总产值250万元。

第六篇 红色热土

沈圪是一方红色的故土，从抗日战争到解放战争结束的10多年间，多少仁人志士、英雄儿女为这方土地献出了宝贵生命，用热血浇灌出金色的收成，为后人留下了一幅血染风采的悲壮画卷。

随着时代的发展，区域规划的调整，沈圪由原来的29个自然村合并为10个行政村，其中李默、崇禄、薛鹏3个村沿用烈士英名冠名。

攻克穆家堡

1947年初，溱潼蚌蜒河两岸地区一片白色恐怖。地主“还乡团”乘新四军主力部队北撤之机，疯狂对解放区“清剿”“扫荡”，盘踞在穆家堡据点的土顽，白天从据点倾巢出动，下乡骚扰百姓，捕杀地方干部，晚上龟缩在据点里花天酒地，对地方干部群众严刑逼供。当地老百姓无不恨之入骨，盼望子弟兵严惩土顽恶棍，为民除害。

穆家堡地处大垛、沈坨、顾庄三角区腹地，贯穿南北的唐港河、沟通东西的蚌蜒河在此交汇，是溱潼南部地区的战略重镇。苏中军区二分区权衡各种利弊，决定拔掉穆家堡据点，打开蚌蜒河两岸对敌斗争局面。

1947年2月27日，分区四团第一、第二营奉命由宝应白鼠出发，冒着零下10摄氏度严寒，连夜水上行军，奔袭穆家堡据点。穆家堡外围有庄河环绕，据点工事修得完整坚固，除绕庄子一圈筑有土圩外，四周碉堡炮楼林立，庄西有一座木桥是唯一的对外通道。敌人不仅派重兵把守，还在桥头筑有隐蔽碉堡，配置强大火网。

当晚8时，一营开进穆家堡外围，迅速完成作战部署。一连担任主攻，二连做前卫，偷袭村东土顽董明甫据点，三连负责狙击向东突围之敌。战斗打响后，二连顺利登陆向村东据点迂回时，因天黑路滑，还未进入偷袭阵地，就被敌人发觉。遂临时变更作战方案，改由一连强攻董明甫据点，二连攻打西南角的炮楼。

约9时许，一连向对岸突击。战士们几次涉入冰冷刺骨的河水都被敌人火力压回来，无法接近土圩前沿河坎。加之出击阵地与土圩子隔河相对的前排民房都是芦苇泥巴墙，子弹极易穿透，一连无坚固隐蔽体可以利用，不能组织强大的前沿火力钳制对方肆虐的火力。强攻村东据点，势必付出较大伤亡代价。

为争取主动，攻击部队决定从桥上正面强攻。午夜12时，三连首先发动佯攻，从东北角钳制吸引敌火力。接着用炮兵抵近前沿，连发数炮，几座炮楼被摧毁。与此同时，一连也在桥头发起攻击。团长亲自站在桥头指挥，所有轻重武器一齐开火。突击队员在副营长薛鹏率领下，突破桥上栅栏，越过重重障碍，冲过木桥。紧贴在土围子脚下的敌人进行疯狂还击。激战中，战士任荣凯奋不顾身，捡起冒烟的手榴弹塞进敌碉堡的机枪眼里。三排长吴锡生率领全排战士在土围子下跟敌人对扔手榴弹，手榴弹打光了，在土围子上与敌人展开白刃格斗。

正当一连在土围子上跟敌人拼杀之时，二连也冲进庄子，逼近庄子东南角的青龙庵据点。战士们巧妙避开房顶上敌机枪手的扫射，猛扑青龙庵大门，连毙三名守敌。敌机枪手见状吓得弃枪而逃，庵中之敌闭门不敢出战。战士蔡连杰爬上房顶，只见三个敌人蜷缩在一起，扔下一颗手榴弹后，敌人吓得跪地求饶。战士们趁机撬开大门，活捉一个班的敌人。

经过近 40 分钟的激战，一连也消灭了全部顽抗之敌。英雄们的手上、身上流着鲜血，但个个兴高采烈欢呼胜利。战斗中，副营长薛鹏、一连连长张英不幸中弹牺牲。烈士们用自己的血肉之躯冲破敌人的“金城汤池”，打破穆家堡据点不可攻克的神话。

这次战斗歼灭保安队一个中队以及 5 个乡“还乡团”，顺利营救镇长季岑楼等干部群众。俘敌 96 名，缴获轻重机枪 4 挺、短枪 7 支、步枪 81 支、手榴弹 4000 余枚。

冒家庄伏击战

1948 年春，随着穆家堡的解放，盘踞在沈坨据点的国民党、“还乡团”反动气焰有所收敛。但时隔半个月，沈坨匪镇长夏启龙开始蠢蠢欲动，密谋 3 月 2 日对冒家庄进行“扫荡”。大垛区委很快获知这个消息，迅疾做了周密的反“扫荡”部署。

冒家庄与安塘交界处，横着一条南北走向的冒家大河，30 多米宽的河面上有一条渡船供行人来往。大垛区委分析认为，沈坨距冒家约 5 千米之遥，唯一的陆路是穿过安塘庄径直到渡口。水路有两条，一条是从安塘庄南圩河绕弯到冒家庄，另一条是从北边小河直向东经过杨家舍后面夹河，出口就是冒家大河。敌人是偷偷摸摸来的，走陆路的可能性不大。北边水路河面小，两岸芦苇丛生，树木稠密，便于隐蔽行船，且路程相对较近，估计敌人十有八九会走这条水路。无论陆路还是水路，冒家大河是一条天然屏障。

3 月 3 日凌晨，区委集中 30 多个游击队员，在区长何仁华的率领下，分散埋伏在河东的圩岸上和农舍里，并在大树上布置瞭望哨。时隔半顿饭功夫，瞭望哨发出发现目标的信号。与此同时，对岸小河里一群野鸭“嘎嘎”地叫着，扑棱着翅膀向远处飞去。雾霭中两条小划船破浪而来，每条船上有七八个敌人。敌船到了河心时却倏地停住，迟疑地在原地打着圈，许是敌人可能发觉情况异常，偌大的一条河里没有一条行船，往日喧闹的渡口也空无一人。此刻，何仁华当机立断“打！”一排排子弹像雨点般射向敌人，一颗颗手榴弹在敌船周围掀起股股巨浪。敌船像两片鸡蛋壳在浪中颠簸，船中的敌人被打得晕头转向。匪首夏启龙一边狂叫“顶住，顶住！”一边命令船夫往回驶，哪知船夫早已自顾逃命扎进水中。匪徒们只好撑的撑，划的划，冒着弹雨拼命把船向西岸靠。没等船靠拢，剩下的匪徒挟着匪首夏启龙跌跌滚滚上了岸，抱头鼠窜而去。

这次伏击战，击毙敌人9名，缴获一批枪支弹药和两条船，可惜匪镇长夏启龙漏网。

童家舍突围战

1947年初夏的一个夜晚，月色朦胧，水波不兴。两条小划船从北边疾驶而来，不易觉察的桨声，打破了沉寂的夜空。这是区长何仁华、副连长吴崇禄带领游击队的两个班战士，刚刚执行完任务往回赶。行至童家舍时，已是夜半时分，战士们都感到非常劳累，何区长决定在童家舍就地宿营。游击队上岸后，找到一位老乡家，安排几名战士在庄四周站岗放哨，其余进屋休息。

划船的响声和一队人的脚步声惊动了童家舍西河边的一匪保长，那家伙借着淡淡的月光从窗户中窥见游击连的行迹，慌忙穿上衣服，偷偷出屋向驻扎在刘陆的国民党反动派通风报信。

童家舍是一个只有几十户的小村落，四面环水，村南有座小木桥，直通一箭之遥的姜家舍。西南与王家舍隔水相望，而北面则是茫茫一片水荡。在村南放哨的一位小哨兵，正伏在一棵树上机警地注视着四周的动静。天刚蒙蒙亮，小哨兵突然发现南面有小黄点朝这边移动，凝神一看，是穿黄衣服的国民党正规军，正朝村子呈扇形冲过来，看样子想把村子包围起来。这时要是鸣枪报警，又怕敌人发现目标。小哨兵“嗤”的一声从树上滑下来，一口气跑到何仁华那里，报告敌情。话未说完，敌人布置在王家舍北端与姜家舍东端的两挺机枪，喷吐着火舌，形成交叉火力网，子弹雨点般地撒向童家舍。何仁华见状，赶紧叫醒刚躺下不久的战士，分析认为敌人围而不攻，分明是想等到天亮发起攻击。于是，何仁华提出乘敌人立足未稳，利用浓雾天气，由自己和吴崇禄各带一个班，轮番掩护，从庄东北角突围，到河对岸的乱坟场会合。

不料突围行动被敌人察觉，敌方当即组织火力进行攻击，极力阻止游击队继续向东北方向撤离。游击队战士冒着枪林弹雨，强行涉水过河。由于敌方火力过猛，吴崇禄和排长曹学义当即带几名战士与敌人进行正面周旋，在吴崇禄等战士的奋力掩护下，何仁华与其他战士边打边撤，成功突围。但负责断后掩护的吴崇禄等人被敌人重重包围。激战中，吴崇禄中弹牺牲，曹学义操起机枪，拼命扫射，不幸也被一颗子弹击中头部。最终仅剩副班长崔明海和战士郜金山两人伤重被俘。他们被敌人抓去后，宁死不屈，被凶残的敌人杀害。为了纪念吴崇禄，大垛区委决定把此次作战地区的凡唐乡改名为崇禄乡。

余家舍歼灭战

1947年，盘踞在竹泓纪家舍等地的“还乡团”经常在苏余舍、旗杆荡一带出没活动，奸淫掳掠，无恶不作，老百姓深受其害。大垛区游击连内线掌握到，这帮匪徒每日9时左右都会到苏余舍“转转”，或吃或喝或赌。针对敌人这一活动规律，游击连计划对其实施突袭。

3月17日，由何仁华、唐金发率领的游击连早早就来到苏余舍。他们疏散了当地群众，以免造成误伤。然后选择一个隐蔽而有利的地形埋伏下来等候敌人进网。

这天9时刚出头，从远处水面上开来一条船，一挺机枪架于船头。几个匪徒一边说笑，一边张望。在接近余家舍的河中心，敌人见整条河上一条船只也没有，不由心中犯疑，遂减速行驶，瞪眼细看，在没有发现异常情况后，才将船缓缓驶入岸边准备登陆。敌人刚进入埋伏圈，何仁华一声令下，排枪齐发，骤如急雨，密集的火力使敌人完全丧失抵抗的机会和能力，全船匪徒当场悉数被毙。

经清查，此战击毙敌人6人（其中1人是顽乡队副），缴获机枪1挺，步枪6支。

智惩顽匪“还乡团”

1946年冬，新四军主力北撤后，沈坨的“还乡团”在反动镇长邵天毕的带领下，对沈坨及左右邻庄的干部群众进行阶级报复。他们扒公粮，搞“倒田复租”，组织“自卫队”，抓捕革命干部，关押干部家属，反动气焰十分嚣张。

为了狠狠打击敌人的丑恶行径，尽快营救出革命干部和群众，大垛区委在娄庄召开会议，讨论研究了一套缜密的行动计划。

1947年1月4日清晨，区长何仁华和副连长邹炳章率领几个游击队员，乔装成“还乡团”的模样，从九尖出发，向西南直奔沈坨而来。刚进入沈坨镇北首，两个站岗的自卫队员端着枪，大声喝道：“站住，哪一部分的，再走就开枪啦。”何仁华立即回答说：“我是四凡乡的乡队副，到沈坨找镇长报告事情。”敌人没有怀疑，说：“过来，过来，让我们检查一下。”何仁华领着战士们走上前，递给自卫队员每人一支烟。趁俩家伙低头点烟时，何仁华给两边的战士使了个眼色，三四个战士冲上来，摁倒两个家伙，卸了他们的枪，命令道：“老实点，不许动，喊叫就毙了你们。”这两个家伙偷眼一瞧，认出了何仁华，吓得面如土色，连连求饶道：“何长官饶命，小的不敢，长官有用得着兄弟的地方尽管吩咐。”何仁华厉声对他们说：“你们要想立功赎罪，就装着什么事情也没发生过，去报告你们镇长，就说穆家堡今天早上有一支国民党军队要来。叫你们镇长亲自到镇东河边去迎接。如果你们不按照我说的去做，后果你们自己想好了。”两个家伙唯唯诺诺说：“不敢，不敢，我们这就去。”

不一会，从东大河果真驶来一条船，船上的一队人马都穿着国民党军制服，其实他们是以副连长邹进喜和指导员朱子新为首的游击队，化装成国民党军队的样子来袭击“还乡团”的。他们的船还未靠岸，反动镇长邵天毕已带着十几个“还乡团”队员，恭候在码头边，还向船上的国民党军队热情招手。岂料船一靠岸，船上的游击队员一跃而上，一下子包围了岸边的“还乡团”，齐声喝道：“举起手来，缴枪不杀。”反动镇长被游击队员反剪着双臂动弹不得，尾随在后的几个匪徒也都乖乖地缴械投降。邹副连长又领着几个战士进镇，跟何仁华里应外合，突袭了镇上“还乡团”残余。

此役游击队未动一枪一弹，抓获了包括反动镇长在内的二十几个俘虏，缴获若干枪支弹药，营救出关押的全部干部群众。

击毙癞周锦　活捉夏启龙

自苏中二分区一举攻克穆家堡后，驻扎在沈坨的国民党反动派、“还乡团”望风溃逃。时隔不久，时任东台县第八区匪区区长周锦、沈坨镇匪镇长夏启龙却又纠集百多个地痞无赖，在沈坨一带兴风作浪。

周锦，当地人称“癞周锦”，不仅因为他头上生满癞疮，一年四季帽子不离顶，更主要是因为他心狠手辣，对付手无寸铁的百姓，极尽敲诈、盘剥之能事。夏启龙，绰号“扁担镇长”，源于他对待老百姓有理无理三扁担。周锦和夏启龙两个人，“一个拿刀，一个拿盆”，狼狈为奸，沆瀣一气。

为了狠狠打击敌人的嚣张气焰，解民于困苦之中，溱潼县委、县独立团决定伺机攻克沈坨镇。沈坨镇四面环水，四座碉堡林立，碉堡之间土圩相连，难于强攻，易可智取。

据情报人员报告，农历十月十五是周锦生日，要在陈堡老家做寿，大摆筵席。夏启龙及一帮贴身爪牙自然不会放过这个献媚取宠的机会，届时必定前去拜寿。溱潼县委、县独立团研究决定，当日趁匪巢内“群龙无首”时攻克沈坨。

1948 年 10 月 16 日，攻克沈坨的战斗一触即发。独立团负责佯攻的一个连，早已进入预定的阵地——圩口南面的东河岸上。六〇炮、机枪全都选好方位，瞄准目标，等待攻击的信号。约莫下午四点钟，西南方向隐隐传来“突突突”的响声。连长登高用望远镜一看，一艘小铁驳船从新河里向东疾驶而来，判断十有八九是周锦等散席归来，严阵以待的战士们，目不转睛地注视着由远而近的小铁驳船。

来船正是周、夏所乘。此时敌船舱中，周锦酒意未消，正做着黄粱美梦，夏启龙含糊不清地哼着淫秽小调，20 多个爪牙东倒西歪，挤满一舱。突然一颗子弹飞来，不偏不倚正好在驾驶员的脑袋上开了花。失去控制的轮船在河心打着旋，进不能进，退不能退。连长见神枪手已命中目标，一声“打”字刚出口，几颗手榴弹就把船篷炸飞了半边。顷刻间六〇炮、机枪、步枪一齐打响，子弹像雨点般射向敌船。敌人成了瓮中之鳖，抱头挨揍。先前还听到被打得晕头转向的敌人“哇哇”乱叫、哭爹喊娘，敌船舱中时不时射出零星子弹作困兽斗。不一会儿寂然无声，一杆白旗从硝烟弥漫的舱中伸出，敌人无力地低垂着头缴械投降。这次战斗，前后只用了半个小时，打得干净、利落，我方无一伤亡。

在清理战场时，发现罪大恶极的周锦已被击毙。全部敌人除六七个被击毙外，其余 10 多人包括夏启龙在内乖乖地成了俘虏。

在“圩口子”鏖战时，沈坨“还乡团”残匪一度妄想增援，忽然从阵地上飞来一颗六〇炮炮弹，一下子削去了南碉堡一角。在获知周死夏俘的确实消息后，100 余名匪徒分乘几条大船，趁着茫茫暮色，向兴化方向溃逃而去。

反“扫荡”击毙匪保长

1948 年春，盘踞在沈坨的反动保长许年伯，隔三岔五带人到左邻右舍进行疯狂的“扫荡”，抓人、杀人、抢粮，闹得人心惶惶。

3 月 15 日上午，许年伯带了二十几个“还乡团”耀武扬威地来到袁陆、南王两舍。他们滥施淫威，在南王砸毁 72 只铁锅，在袁陆砸毁 42 只铁锅，家具什物的残骸碎片满地皆是。他们抓鸡逮猪，扒粮抢衣，把两舍洗劫一空。

中午时分，袁陆一反动保长大摆筵席，招待许年伯及匪徒们，一群乌合之众划拳行令，吆五喝六，吃得酒醉肴饱，油光满面。临行时把抢来的东西装了两船，由匪徒押着，强拉两个船夫，离岸向沈坨驶去。

就在匪徒们洗劫两舍时，秘密情报人员已将消息悄悄报告大垛区委。区长何仁华当机立断，亲自带着四五十个游击队员飞奔而来。赶到陆家舍时，匪徒们刚刚离去，游击队马不停蹄沿河追来。船慢人快，在四汊港（冒张大河与薛柏大河交汇处），何区长带领的游击队终于追上了敌船。

区游击队一边打枪，一边喊话：“许年伯，投降吧，你们已被包围，逃不了啦！”匪徒们置若罔闻，用枪逼着船夫们快撑。何仁华命令神枪手对准匪首开枪，一颗子弹飞去，不偏不倚，正好在许年伯的脑袋上开花。匪徒们吓得心胆俱裂，弃船登岸仓皇逃去。何区长及游击队员们把船撑回袁陆、南王两舍，把抢去的衣、粮、物悉数归还群众，并对受害较重的人家进行安抚和救济。

游击连为民除害

沈坨沈家舍的徐步坦，拥有良田几顷，长工几十人，是个罪大恶极的恶霸地主。老百姓对他恨之入骨，背地里称他“徐剥皮”。新四军进驻沈家舍后，发动群众分了他的田地、粮食等财物。徐步坦在人前忍气吞声，暗地里却不思悔改，磨刀霍霍向群众。

1946 年 10 月，新四军主力北撤。反动派组织“还乡团”卷土重来，奸淫掳掠，无恶不作。徐步坦见时机已到，急不可耐地跳出来，与“还乡团”沆瀣一气，狼狈为奸，变本加厉地迫害地方干部家属和无辜群众，死心塌地地投靠“还乡团”。

为拔掉这颗钉子，大垛游击连曾几次抓捕他，均被阴险狡猾的徐步坦侥幸逃脱。1947 年 7 月的一天夜晚，区长何仁华接到沈家舍方面的信息，徐步坦为躲避搜捕，在家钉制大木船，计划乘船外出逃跑。获悉重要情报后，何仁华当即决定采取行动，抓住这个恶贯满盈的家伙，为民除害。

第二天，何仁华亲自带领几名战士来到沈家舍查看，未见这个家伙的踪影。经多方打探，终于在一条不易察觉的小沟里发现隐藏在那儿即将完工的大木船。何仁华示意大家不要声张，免得打草惊蛇。随即找来一条小船，轻轻划近大木船，探头向里一看，只见一个家伙正蒙头盖脸，呼呼大睡。

何仁华一挥手，三名战士一按船沿，上了大船，将这个家伙捆个严严实实，扔到小船上。何仁华一看，原来是匪保长徐德厚。何仁华当即命令战士们继续搜查，很快便发现龟缩在船尾舱的徐步坦。这家伙被脚步声惊醒后，斜着眼看见游击队战士，顿时吓得魂飞魄散，慌不择路，一个翻身跳入水中，企图潜水逃跑。两名战士见状也紧跟着扎到水里。不到 10 分钟，便将隐伏在木桩后面的徐步坦擒拿上岸。事后，这两个家伙被带到沈家东圩上就地处决，为当地老百姓除了大害。

红色英烈

许永国祖孙

许永国，沈坨乡南王村人，1896 年出生于贫农家庭，1946 年参加革命，任农会代表。

许民山，许永国的孙子，1928 年生，1946 年参加革命，与祖父同时被害。

1946 年 6 月，南王村成立农会，开展声势浩大的土地改革运动。老百姓人心振奋、扬眉吐气。但对敌斗争形势依然严峻，农会决定委派许永国负责全村保卫工作。

是年 9 月，一股逃窜在外的残余武装势力在国民党反动军队的撑持下卷土重来。他们网罗一批社会渣滓组成“还乡团”，以沈坨等地为据点，变本加厉地进行反革命活动。

1947 年春天的一个晚上，许永国和他的孙子许民山在南王站岗放哨。四周一片漆黑，只能借着微弱的星光依稀辨认出景物的轮廓，两人边走边警惕地四处巡视着。忽然，前面墙角处有抹黑影蠕动了一下。“谁？”许永国喝道。“砰！”回答他的是一声沉闷的枪响。子弹击中身旁许民山的臂膀。他们还未反应过来，黑暗中慌慌张张窜出几条黑影，迅速夺下两人的枪支，把两人拖上一条小船疾驰而去。当许永国、许民山被五花大绑塞进船舱时，他们明白已落入“还乡团”的魔掌。

沈坨“还乡团”保长许连默是许永国的堂孙，这家伙在家时曾为拒绝赡养父母而被许永国以爷爷的身份斥责过，并用扫帚教训了一番。因此怀恨在心，便跑出来投奔了“还乡团”，很快混了个保长。如今见这位叔伯爷爷及堂弟被抓来，顿时新仇勾起旧恨，将两人吊在一棵大树上，残忍地操起一根扁担狠狠地抽打二人。两人疼得全身痉挛，冷汗直冒。许连默仍不解恨，遂将两人押至沈坨西边一圩下，丧心病狂地将两人活埋。

张忙英

张忙英，女，1900 年出生于沈坨乡张王村贫苦农民家庭，1945 年参加抗日战争，1946 年加入中国共产党，曾任张王村妇女主任、凡柏乡指导员。

1943 年秋，中国共产党到兴化、东泰、泰州范公堤以西地区创建抗日民主政权以后，张忙英在党的培养教育下走上革命的道路。无论是抗日战争时期的减租减息、拥军支前，还是1946年惩奸反霸、土地改革，她都勇敢地站在斗争前列，成为积极分子。因此，当地的反动势力极端仇视她。1946年10月13日，反动保长王学会探听到张忙英藏在张王村的圩田里，便派人将张忙英抓住，押解到沈垞"还乡团"据点里，匪镇长夏启龙亲自拷问张忙英，张忙英虽被敌人折磨得死去活来，却坚贞不屈，始终没有向敌人吐露任何党的机密，最后被敌人残酷地杀害。

陈春年

陈春年，沈垞乡复兴村人，1902年出生于一贫苦农民家庭，1946年参加革命，任农抗会长。

陈春年家境贫寒，成年累月地给地主家种地，到头来打的粮食交地租都不够，一家老小吃不饱、穿不暖，过着牛马不如的生活。1942年共产党进驻复兴村，鼓励贫苦农民翻身闹革命。陈春年积极跟着共产党打土豪、减租减息。当地的群众都称他为"翻身头子"，视他为知心朋友、好带头人。1943年春，陈春年被选为复兴村农抗会会长。而地主恶霸却把他看作是眼中钉、肉中刺。

1948年11月的一天夜里，陈春年刚刚上床，听到外面有脚步声，他朝窗外一看，察觉有人影晃动，原来是敌伪军在保长范玉武的带领下，将自己家中团团包围。陈春年知道情况不妙，起身准备越过院墙摆脱敌人，怎奈四面都是伪军，自己势单力薄无法突围。穷凶极恶的敌人破门而入，一下子用绳子把他绑得严严实实，又在他的腿上戳了两刀。敌人当夜把他押送到沈垞，一顿严刑拷打，要陈春年交出乡干部的名单。任凭敌人用尽各种刑具，陈春年始终一声不吭。到了天亮，凶残的敌人把他带到当地的乱坟场枪杀。

张德才

张德才，沈垞唐张人，1904年出生于一个贫苦农民家庭，1944年参加革命，同年加入中国共产党，曾先后担任唐张农抗会会长、安冒乡乡长、区大队长等职。

1946年7月20日，张德才在竹泓赵家舍参加由何仁华区长召集的会议。忽然，在村头放哨的一名民兵匆忙赶来报告从竹泓来了大批"还乡团"。情势非常危急，区领导当即决定会议暂停，撤回娄庄根据地。

刚向东撤出不远，张德才发觉一只装有机密材料的文件包遗忘在会议桌上，便又折身返回，取回文件包，夹在腋下撒腿便跑。这时"还乡团"已逼至村中并发现他，大声嚎叫："快追！"便端枪猫腰赶奔而来。

张德才跑到河边，一跃身扎进水中，顺手将文件包藏于淤泥之中，一个猛子窜到河对岸钻进即将成熟的早稻田里。稍后而来的敌人不见所追之人，忙调来两艘船开到对岸搜索，闹腾了许久也不见人影。敌人渐渐懈怠了，遂上船准备离去。张德才躲在田中良久，见外面似乎已无动静，便伸头朝外探望。不料一敌人发现了张德才，又涌上岸来，将稻田团团围住，慢慢缩小包围圈，一齐扑向他，并将他五花大绑，从岸上抬起抛进船舱。一股鲜血从张德才口中喷涌而出，牙齿被磕去两颗，钻心的疼痛使他昏厥过去。

敌人将张德才押至竹泓，对他进行严刑逼供，但张德才始终不吐一字。无计可施的敌人暴跳如雷，用绳索从腰间把张德才系住，押至大街上游行示众。敌人还残忍地用刺刀在他背后绞了个茶杯口大的血洞，并挑断他的一根脚筋。张德才浑身是血，步履蹒跚，艰难地向前挪动，鲜血浸透了脚下的土壤。这惨无人道的行径，更加激起他对敌人的无比仇恨。他怒目圆睁，竭力高呼："中国共产党万岁！"周围的群众一个个低头暗泣，敌人亦被他这逼人的气势震呆了，决定尽快将他处死。当晚敌人将他带到竹泓西南的杨树头，把他的上衣剥去，丧心病狂地举刀砍断其右臂，在他身上连刺数刀，并挖出心脏，最后又向他补了两枪。张德才牺牲时，年仅38岁。第二天，竹泓一群众送来口信，唐张村的乡亲们冒死偷偷运回张德才烈士的遗体，把他葬在了家乡的黑土地里。

沈尔寿

沈尔寿，1913年出生于沈坨乡沈家村贫苦农民家庭，1944年参加抗日战争，同年加入中国共产党，曾任村农抗会会长。

1945年秋天的一个下午，凡柏乡农会在柏家大庙举行秘密会议，不料被奸细告密，伪军中队长徐文美纠集几十个伪军赶到柏家村将会场包围起来。沈尔寿带领基干民兵队掩护与会者突围时，因寡不敌众被敌人抓住。在伪军据点里沈尔寿坚贞不屈，受尽种种酷刑折磨后，被敌人押到老阁东边的砍头沟活埋，牺牲时年仅32岁。

杜能山

杜能山，1913年出生于沈坨乡安塘村贫苦农民家庭，1943年参加抗日战争，1946年加入中国共产党，曾任民兵中队长。

1943年秋天，泰州范公堤以西地区创建抗日民主根据地，杜能山在党的教育下成为抗日积极分子。那年村里成立民兵中队，当时已年届40岁的杜能山带头参加民兵并任中队长。1944年9月，兴东县掀起参军热潮，杜能山又积极响应党的号召，带头把年仅17岁的大儿子送到新四军主力部队。由于他的积极影响，当时安塘村踊跃参军人数在沈坨名列前茅。1946年秋，国民党反动军队占领兴化城后，"还乡团"武装还乡，杜能山听从党的指示留在原地坚持斗争。1946年11月，杜能山不幸被捕，被关押在村大庙内，"还乡团"对他白天进行利诱威吓，夜间五花大绑悬挂在屋檐下用皮鞭抽打，还用秤砣将他的脚踝敲碎，用尽各种酷刑，杜能山坚贞不屈。在未得到任何党的秘密后，“还乡团”残忍地将杜能山杀害。

唐花圆

唐花圆，1913 年 8 月出生于沈垞乡唐张村贫苦农民家庭，一生种田为业。

唐花圆虽身材矮小，但机智灵活，庄上人称他“黄杨木”。他年过 30，仍孤身一人。在当地中共地下组织的教育影响下，他利用打更的有利条件，探听敌人的消息。1947 年 3 月 15 日夜里，大垛区委在沈垞金家舍召开乡干部会议讨论对敌斗争工作。不料被奸细告密，沈垞反动派据点连夜出动数十个“还乡团”分子偷袭金家舍。这时，唐花圆正在紧挨金家舍的唐家舍打更，发现一股“还乡团”分子偷偷摸摸向东扑来时，他不顾一切地奔向金家舍会场报告，参加会议的干部接到报告，当即转移，从而使敌人进村扑了个空。1947 年 7 月的一天夜里，唐花圆遭叛徒告密，被“还乡团”杀害于一农户家中。

黄正才

黄正才，1915 年出生于渔民家庭，以屠宰为生，曾任穆家堡镇镇长。

1944 年，家境贫寒、苦大仇深的黄正才，在中国共产党秘密工作者的感召下，毅然参加革命工作。他深入发动当地群众与敌人进行不屈不挠的斗争，同年被大垛区委任命为穆家堡镇镇长。他的存在使敌人如芒在背，坐立不安。为除去这根“肉中刺”，反共顽固派陈秦运的“税警团”计划对他进行搜捕。

这天，黄正才卖肉回来。刚行至村口，一名老乡便告诉他“税警团”来了，叫他赶紧躲起来。黄正才见情况不明，想进村看个究竟再做对策。不料走不多远就被敌人发觉，从而落入敌人的魔掌。

敌人剥去黄正才的衣裤，将他牢牢捆住，轮番进行严刑逼供。黄正才威武不屈，恼羞成怒的敌人把杀猪用的垫底棒放在炭火中烧得通红，然后竟灭绝人性地用它从黄正才的肛门穿腹而过（此即敌人所谓的酷刑“穿蜡烛”），黄正才当场惨烈牺牲。最后敌人又用石头绑住黄正才的尸体沉入河底。烈士的遗体后被乡亲们捞起安葬。

胡成义

胡成义，1916 年 12 月出生于沈垞华谈村贫苦农民家庭，1944 年参加革命，1946 年加入中国共产党，曾任李默乡农抗会会长、大垛区游击连指导员。

1948 年 5 月 4 日夜晚，大垛区副区长张华在袁陆村主持召开党员干部会议，研究部署对敌斗争工作。会议结束，胡成义因不放心正在产期中的妻子，向张副区长请假后，连夜赶回华谈村家中看望妻子。可是他刚进家门与久别的妻子还没说上几句话，发觉家中便被一股“还乡团”分子团团包围。在这危急关头，胡成义立即吹熄油灯，拧开手榴弹盖子扔向敌群，随之冲出门外，未料手榴弹没有爆炸，胡成义尚未跑出几步，就被敌人乱枪击中，不幸当场牺牲，时年 31 岁。

沈长根

沈长根，沈坨沈家村人，1919 年 9 月出生于一贫苦农民家庭，1945 年加入中国共产党，曾任凡柏乡乡长等职。

1947 年秋后的一个清晨，沈长根受大垛区区长何仁华派遣，带领三四个游击队员，装扮成送粮的农民，到沈坨打探国民党反动派军队及“还乡团”的兵力和火力部署。“粮船”已安全过了几个小庄子，转眼行到靠近沈坨五六里路的安塘。几个“还乡团”自卫队员端着枪，正在圩岸上来回巡逻，发现从东边驶来一条船，连忙大叫道：“什么人？船上装的什么？”沈长根从船篷里站出来，拍了拍身上的土，答道：“我们是老百姓，到沈坨交粮的。你们看，这箩筐、袋子里装的全是我们刚收的粮食。”敌人伸头看了看，见舱中装的都是粮食，没有再问什么，不耐烦地说：“好，走吧。”沈长根给摇橹的队员使了个眼色，船又匆匆地向沈坨方向摇去。

船刚行一会儿，突然从后面又传来“停下，快停下”的叫喊声。沈长根等人合计，一定是狡猾的敌人发现了破绽，如果将船停下，势必暴露目标。于是，沈长根连忙命令将船往回撤，始终不靠岸。敌人在岸上一边追一边向船上开枪射击，在与敌人还击时，沈长根不幸饮弹身亡。其他队员划的划，摇的摇，将船安全撤退。

李　默

李默，上海市南汇县（原江苏省南汇县）人，1921 年 3 月 21 日出生于上海西药房职工家庭。他曾在上海民主中学中法工学院读书。1938 年，李默在中法工学院读书时，就积极参加中共地下组织领导的抗日革命斗争活动。他带头发动反对中法工学院院长、大汉奸诸民谊的斗争，秘密刻写、油印、散发传单，呼吁各界人士积极参加抗日斗争，拯救民族危亡活动。1939 年冬，由地下党组织介绍参加共产党领导的浦东抗日游击队，他既是战斗员又担任民运工作，活动于南汇泥城、四团仓、祝家桥一带。1940 年春加入中国共产党。

1940 年初夏，李默调至江抗指挥部二期教导队学习结业后分配到江抗西路一支队新兵连任副政治指导员。在一次战斗中负了轻伤，治愈后组织上派他前往上海，发动爱国青年参加抗日革命队伍。不久，他又回到部队任新四军六师五十一团宣教干事。1941 年夏，调至六师十八旅教导大队任教育干事。一次，李默所在部队奉命坚守着一道石桥，在一场异常激烈的战斗中，部队的指挥员负了伤，他毫不犹豫地接替指挥员，沉着指挥部队作战，未让敌人越桥一步。部队在完成任务后撤退时，遭到5倍的日伪军袭击，一夜疲劳饥饿，又坚持抗敌6小时之久，形势十分危急。李默迅疾作出向北转移的决定，他果敢殿后掩护部队渡过了两条大河，部队安全地到达指定集合点。

1941 年，李默随新四军六师十八旅开往江北加强苏中根据地的武装力量。部队所到之处，他积极宣传组织群众参加抗日斗争。1942 年 10 月，李默到抗大学习。1943 年 3 月侵华日军小林师团对苏中进行大规模“清乡”，新四军军部、抗大均转移淮南，抗大学员提前结业，李默分配到宝应县黄浦区做民运工作，进行反“清乡”、反“扫荡”斗争。在斗争最紧张时，他曾化名李德山，具体负责印心、同心两个乡的工作。1944 年 2 月，他在宝应县安宜师范任政治指导员，经常深入到学员中去，在生活上嘘寒问暖，关心备至。在学习上帮助学员澄清模糊观念，克服思想上的偏见，引导他们沿着正确轨道前进。因此他被誉为学员生活中的益友，学习上的良师。5 月，他通过战友，将自己正在上海读书的弟弟李靖带来苏中根据地，参加激烈的抗日斗争。他经常严格要求和热情帮助教导弟弟，希望弟弟与所有革命队伍里有志青年一样，在革命的“大熔炉”里锤炼成钢。

1946 年 6 月，蒋介石撕毁了双十停战协定，国民党军疯狂地向解放区全面发动进攻，苏中新四军主力部队北撤。这时，李默在宝应县望直区任区委书记，带领群众坚持原地斗争。不久望直区的望直港被国民党军占领，好似“车卧中心将”之势，敌人盘踞全区的中心，对坚持斗争带来很大困难。李默坚决执行上级党组织“区不离区、乡不离乡”的指示，坚韧不拔地带领地方武装，经常出没于敌人据点周围地区开展活动。敌人白天出来，他们就晚上活动。敌人夜晚出来，他们就白天活动。打敌侧面，打敌尾后，以弱胜强，保护群众利益。在这整天处于紧张的战斗中，他毫不气馁，斗志昂扬。他曾给胞弟李靖的信中说：“我是革命的战士，我是不会疲倦畏惧的，我要勇敢地战斗下去，当我一踏进这个战场，我随时准备必要时为党牺牲，假如我牺牲了，我要求你不但跟上来，还要跑到我头

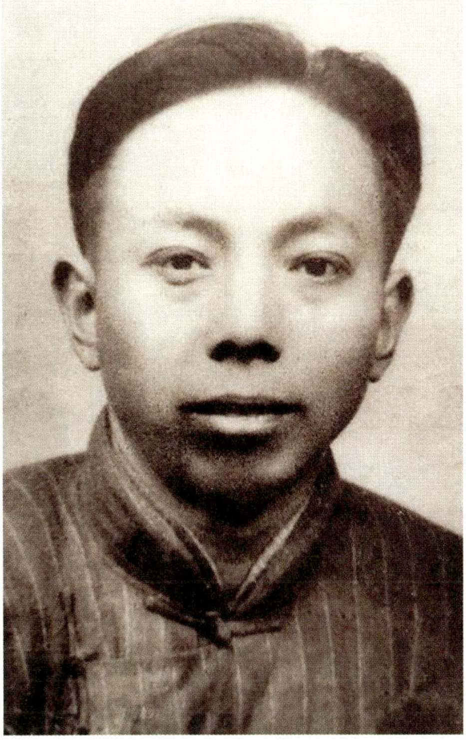

李 默

里……”他不愧是一个无限忠于革命，勇于献身的共产主义的战士。一天晚上，部队宿营时突遇敌人袭击，使区里武装遭受一定损失。这时有的干部情绪低落，思想动摇，李默火急心头，但面若镇静，耐心地说服教育每个同志，并用自己的实际行动来影响和鼓舞同志。一次他对一个经不起残酷斗争环境考验思想上动摇的乡干部讲：“我是上海人，为什么在望直区？是为了望直区人民的解放，我愿意在望直区流尽我最后一滴血。而你是生长在望直区的，为什么不愿为望直区人民的解放起来斗争？”这位乡干部被他说服了，继续跟随他进行斗争。他还经常深夜划小木船到敌人据点附近，召集群众开会，用具体生动事例教育群众，使大家更清楚地感到他是上海的青年学生，能为宝应人民的解放事业而艰苦地进行对敌斗争，从而稳定了干部群众继续坚持对敌斗争的意志。当时，有两个民兵被敌人俘虏后，在敌人威胁利诱下，接受了敌人的任务，准备回到李默那里做内应。在李默的教育感化下，这两个民兵说出了敌人的阴谋，检讨了自己的错误思想，并表示痛改前非，继续为革命而斗争，以示悔悟。

1946年冬，在一个风雪交加的深夜，李默与战友们一起宿营在敌人据点附近的一个小舍上，以稻草当被，人挤人地睡在一起，等待次日清晨即将到来的战斗。为打破沉默气氛，他用非常乐观的语气，诙谐地说：“解放战争胜利时，我们要把蒋老头捉来，好好地玩一下，再来公审。”并说，“至于我个人呢？回家看看爸妈，换掉我这支蹩脚的钢笔，这算是我的愿望。”他以这种革命乐观主义精神与革命必胜的信念，给同志们一种无穷的力量。

1947年春夏之交，党赋予李默更艰巨的任务，调他到南线边区溱潼县大垛区（后划归兴化县）任区委副书记。这里是兴化、泰州、东台、溱潼四县的毗邻地带，斗争形势比他在宝应县望直区时更加险恶、艰难。但他坚定地信任群众，依靠群众的力量和智慧与敌人作斗争。他每到一庄一舍，总要走访群众，关心人民的疾苦，宣传对敌斗争的政策，征求群众的意见，与群众同吃、同住、同劳动。他看到南王庄农民高洪庆冬天缺衣，毫不犹豫地将自己的一套棉袄裤送去。五六月间正是青黄不接之际，农民均以大麦粯子作主粮，他在高如海家搭伙，高的母亲见他太辛苦，要给他做汤圆吃，可他坚决不肯。他平时对同志却十分关心爱护，见到同志没鞋穿，将自己的鞋送给同志穿，他见与他一起打游击的翟靖东缺少被子，将自己仅有的一条毯子截成两半，送给战友。

李默重视文艺宣传工作，在宝应工作期间经常给《宝应大众》写稿，在紧张的战斗环境中，他仍以娴静的心情与战友谈文艺诗词。他常出示自己用秀丽的钢笔字抄录的一本苏联爱因涅克拉治夫的《严寒》和《通红的鼻子》等长诗手册，大谈其心得体会，战友写信征求他对《人民画报》的意见，他写了长达数千字的回信，畅谈对作品的意见，抒发同志间的战斗友谊。

1947 年 7 月 12 日，国民党军二七〇团一营勾结土顽，占领大垛区西南的沈坨。该区北面的大垛，西北的竹泓也相继被敌军占领，并作为据点对我根据地进行“扫荡”。李默带领小部武工队，就在这个桠叉子里的华谈庄、复兴庄、袁家舍、王家舍一带坚持“保卫夏收、反顽化、反‘扫荡’”的斗争，给敌人沉重打击。7 月 30 日午夜，沈坨东面安塘的七八名土顽，奔袭至复兴庄北舍，偷袭我方人员。由于叛徒的告密，敌人向查完岗哨刚睡下的李默连开数枪，弹中其左右胸及腰部而光荣牺牲。

群众惊闻李默牺牲的噩耗，悲痛万分。次日，乘敌人又沿蚌蜒河窜扰之时，群众配合武工队冒着生命危险，从敌我边缘地区将李默遗体抢运至华谈庄，又转至李默工作时间较长的王家舍。大家见到李默的遗骸，老年人落泪，青年人咬牙誓为李默报仇。

李默安葬当日，王家舍干部、群众哀痛地为李默入殓并将其心爱的诗词手册及其遗物全部入棺殉葬。为遂当地群众心愿，溱潼县政府将复兴庄、王家舍附近的几个庄子，命名为李默乡。

叶根本

叶根本，1921 年 4 月出生于沈坨乡冒家村贫苦农民家庭。1943 年参加抗日活动，1944 年加入中国共产党，曾任安冒乡首任乡长。

1943 年秋天，安冒乡废除伪保甲制，实行新乡制选举。叶根本被选为安冒乡首届乡长。1944 年 9 月 14 日傍晚，叶根本正在家中吃晚饭，突然来一陌生人。来人自称是大垛区委的联络员，通知他晚上到穆家堡召开紧急会议。那时期区里开会常定在晚上，叶根本未曾怀疑，便匆匆吃完晚饭跟着来人一起上路。不料，刚走到村北桥口时，三个伪军突然从桥下窜出来，把叶根本抓住并连夜押到周庄阪坨村一座大庙里严刑拷打。叶根本坚贞不屈，只字不吐，被敌人残忍杀害。

孙彩勤

孙彩勤，沈坨乡薛鹏人，1922 年出生，1943 年 5 月参加革命，同年加入中国共产党，曾任穆家堡镇镇长。

20 世纪 40 年代初，穆家堡经常遭受日军和顽匪的双重蹂躏，人民群众处于水深火热之中。1943 年 3 月，24 岁的孙彩勤为保家卫国，毅然加入游击连，和何仁华、翟靖东一起坚持地方武装斗争，很快成为一名出色的游击战士。不久被吸收为中共党员，并被任命为穆家堡镇镇长。

1946 年 10 月，新四军主力“北撤”，他服从组织的安排，在当地继续开展“锄奸”斗争。叛徒丁襄中的母亲是地方上的反动分子。她勾结“还乡团”，多次伙同敌人残害革命同志和村内穷苦百姓。孙彩勤和游击队员们对这个反动婆子进行了严厉惩处。

“还乡团”卷土重来，丁襄中摇身一变，成了“还乡团”队长。这年冬天的一个深夜，丁襄中带着“还乡团”摸进穆家堡，这时已经睡着的孙彩勤迷迷糊糊听得外面有人敲门。门刚打开，还没等他看清楚来人，几条黑影一齐窜进来抓住他，将他绑了就走。当孙彩勤被押至一间阴冷的屋中时发现，民兵大队长王加美、农会会长丁宏根也被抓来关押在这里。

丁襄中对孙彩勤等三人施以酷刑，打得他们浑身血迹斑斑，三勇士痛斥凶残的敌人。丁襄中指使爪牙用抹布将三人嘴巴堵住，随后手一挥，几名狗腿子如狼似虎，推推搡搡把三人带到穆家堡东大圩里活埋。

薛　鹏

薛鹏，原名薛根兴，常熟浒浦人，1922年出生，1947年2月27日在穆家堡战斗中英勇牺牲。

参加革命前，他曾在浒浦镇一家南货店里做学徒，抗日战争爆发后，他怀着抗日的热情，毅然投身于革命队伍，于1940年1月参加江南抗日义勇军（即江抗），同年9月参加中国共产党。入伍后，先后任战士、班长、副排长等职。因他作战勇敢顽强，于1944年调任江都独立团八连任连长。在此期间，他曾去抗大九分校参加整风学习，随后提升为苏中二分区四团一营副营长。

薛鹏平时生活朴素，为人和蔼可亲。部队驻在大王庄时，他出去侦察回来，通讯员要帮他洗衣服，总是被婉言谢绝。他身为领导，总是和战士在一起吃饭，一起聊天。他为人直爽，如发现别人有什么缺点，总是坦诚地进行引导，干群关系相当融洽。他严格要求自己，不因自己是领导就比别人特殊，支部书记上党课、政治指导员上政治课，他都带头参加，并严格遵守课堂纪律，同志们对他的模范行为深为钦佩。

薛鹏在战斗中，总是身先士卒，英勇抗敌。十八旅向高邮、宝应、兴化挺进后，某天临北地区王营村敌人下乡抢粮，他带着一个连的战士，英勇迎击敌军，敌人火力很猛，薛鹏的部队便利用坟滩作掩护。对峙片刻，他果断率领战士勇敢地冲向敌营，终于压倒了敌人的正面火力，将敌人击溃。同日，刘堡的敌人带着还乡团、自卫队企图下乡抢粮，当晚他带领三连和一连战士一道配

薛　鹏

合分区部队打击敌人，他机智地从东面冲进庄去，很快将二三十个地头蛇歼灭，敌军闻讯惊慌失措，夹着尾巴溜回据点。这次作战过程中，天气很冷，又下着涩涩的苦雨，薛鹏跟所有连队战士一样，赤足卷裤，脚底板上戳了一个洞，也不讲一声。

1943年，薛鹏在高邮马棚港战斗中左脚中弹受伤，但仍自己背着背包，坚持长途行军，疼痛稍有好转，很快投入战斗。1944年在江都坚持斗争期间，由于他忠实于革命事业，顽强战斗，队伍逐渐扩大，江都独立团八连从原来只有几十个人，逐步成长为一个主力军。他们经常与敌作战，他所在的连让伪军闻风丧胆，在当地群众中享有很高的威信。是年12月，他参加郭北战斗，右臂中了敌人的子弹，打了四个洞，组织上安排他休息，可他拒绝了，仍坚持工作。1946年10月，他在江都丁沟东沈家舍一次战斗中，右臂又一次中弹受伤，也未到医院治疗，仍在江都地区坚持斗争。1947年2月27日，分区四团一、二两营和县独立团攻打穆家堡，他将部分衣物交给了战友曹祖荫，并表示此仗不打胜，决不下战场，以表示自己顽强战斗的决心。薛鹏当时为一营副营长，组织上指派他带领三连将兵力布置在敌人驻扎的土围子东北角，以火力牵制敌人，支援一连主攻。同时防止敌人从水上向东突围，并负责歼灭突围之敌。战斗打响后，部队在叶克守团长的亲自指挥下，决定从桥上正面强攻，在突击队组织就绪之后，薛鹏率领战士与一连同时发起总攻。正当部队攻克敌人据点，全歼敌人之际，薛鹏和突击部队踏上桥头时，不幸一颗冷弹从正面飞来，夺去了他的生命，薛鹏英勇牺牲。为纪念烈士，溱潼县政府于当年决定将穆家堡镇改名为薛鹏镇。

张加冀

张加冀，1924年2月出生于沈坨凡荣村贫苦农民家庭，1944年参加民兵。

1946年秋季的一天晚上，大垛区游击队五六个队员进驻凡家舍宿营。可是，刚住下没多久，竹泓据点的“还乡团”得到奸细送去的情报，夜间出动30多人前来偷袭。由于敌人来得突然，等到在村北放哨的张加冀发觉时，敌人已快接近村口。在这危急关头，张加冀急忙安排与他一起站岗的民兵火速向游击队员报告，自己则隐蔽在芦苇丛中与敌周旋，以牵制敌人，掩护游击队员转移，终因寡不敌众被敌人抓住。敌人把张加冀押回竹泓据点严刑拷打，逼他说出游击队下落，张加冀坚贞不屈，被敌人残忍地割下头颅，悬挂在竹泓大桥上示众。

陈正黄

陈正黄，沈坨乡复兴村人。1924年出生于一个贫农家庭，1947年参加游击队。

1948年6月的一天，大垛区游击队决定攻打娄庄。为加强防守，敌人早已在娄庄周围筑起了土围子，游击队决定兵分三路，一路从正面攻打，另两路从东、西两面包抄，然后三方合围，吃掉敌人。陈正黄是游击队机枪手，他参加了正面进攻。一阵手榴弹爆炸后，接着重机枪开火。敌人以为游击队只从正面攻击，就集中庄上大部分兵力进行正面抵抗。陈正黄端起机枪想再给敌人一梭子，这时一颗流弹不幸打中陈正黄头部。陈正黄壮烈地倒了下去。这次战斗持续一个多小时，游击队东、西两路从两侧狠狠打击敌人，形成三面夹攻，打得敌人落花流水，狼奔豕突，娄庄很快被游击队占领。这次战斗中，歼敌数十人，游击队牺牲6名战士，其中就有陈正黄烈士。

吴崇禄

吴崇禄，兴化大垛集镇三村人，1925年出生于一个贫苦农民家庭。他父亲很早生病离世，全靠母亲和哥哥劳动收入维持一家人的生计。面对艰辛窘迫的生活，母亲咬紧牙关想方设法把8岁的崇禄送到镇上私塾馆读书。他不负母亲所望，勤奋好学，聪明伶俐，很受私塾先生的赏识和学友们的称赞。

1940年，侵华日军占领兴化，烧杀抢掠，无恶不作。国家处在危亡关头，人民生活在水深火热之中。16岁的崇禄听说黄桥有一支抗日救国的军队，有志投奔，参军抗战。那年深秋，农历十月初十，新四军某部四团三营（兴化人称“老二团”，实为“江抗二团”），与国民党江苏省韩德勤部保安第6旅所属某营发生摩擦，从东台向唐子、大垛而来。吴崇禄喜出望外，迅疾赶到新四军驻地，表示参军抗日的愿望。部队领导见他身体单薄、个子矮小，婉言回绝。崇禄紧紧拉住营长的手，死磨硬缠不肯走，哭着诉说家乡人民如何过着食不果腹、衣不蔽体的日子，不把小鬼子赶走誓死不回头！部队领导拗不过他一股不达目的决不罢休的倔劲，最终收下了他和另一个与他同龄的王勋，把他们带到东台。

吴崇禄参军后，老二团的光荣革命传统给了他很大教育和影响。他好学，肯吃苦，又聪明，苦事难事都能积极去完成。部队领导喜欢他、信任他，战友同志赞许他、爱护他。一个稚气未脱的少年很快成长为一名新四军的基层军事指挥员。1941年初，吴崇禄加入了中国共产党，由班长、排长、连长、连指导员，提拔为副营长。据战友陈福荣介绍，崇禄曾一度担任过司令员粟裕的警卫员。

吴崇禄参军后第六年，由于南征北战，烽火连天，部队不断转换营地，一直没有与家里通过一次信。母亲和哥哥在家天天想念着他，他也无时无刻不在思念着他们。终于有一天，部队回到离家乡不远的东台驻扎。他向领导请假，得到批准后，回家探望老娘。久别重逢，娘俩哥俩有多少话要说啊！快快活活地团聚了两天，不得不按期归队。谁知战事瞬息多变，部队已经离开东台。这一下把他急的！虽经多方打听部队去向，但终究没有找到自己的部队，只好回到大垛老家。

1946年底，国共两党第二次合作终于随着抗日战争的结束而宣告破裂，一场全面内战眼看不可避免。苏北地区对敌斗争形势发生急剧变化，新四军主力北撤，国民党黄百韬二十五师一部占领大垛，气焰嚣张的“还乡团”伺机反扑回来。敌人在大垛修炮台、筑土围子，开始对解放区进行“扫荡”“围剿”，妄图掠夺胜利果实。

与部队失去联系的吴崇禄，毅然到大垛区公所报到，主动要求参加地方武装组织。大垛区游击队正需要具有作战经验的战士充实队伍，当即任命吴崇禄担任大垛区游击连副连长。

当时，大垛区正在开展锄奸反霸、镇压反革命的斗争，对敌斗争环境相当艰苦恶劣，游击连长年累月活动在乡间野外，白天隐蔽，夜晚袭击骚扰敌人。吴崇禄带领游击连，把他在正规军作战中的经验有效地运用到新的游击战术中，屡战屡胜，搅得敌人心惊肉跳，惶惶不安，从而狠狠地打击了敌人的嚣张气焰。

1947年初夏，大垛区区长何仁华、副连长吴崇禄带领游击队的两个班战士，执行完任务后夜宿沈坨童家舍时，由于匪保长告密，遭遇国民党反动派围攻，在掩护战友突围中，吴崇禄沉着指挥，竭力阻击，一次又一次地击退了敌人的疯狂进攻。眼看何区长带领的队伍终于冲出封锁线，迅速到达安全地带。吴崇禄命令负责掩护的最后一个班做好撤退准备，自己断后。面对疯狂的敌人，吴崇禄一边拼死向敌人还击，一边掩护战友们最后撤离。就在这时，敌人的一颗子弹不幸击中了吴崇禄的头部。

吴崇禄牺牲后，家乡人民怀念他，到处传颂着他那可歌可泣的英勇事迹。为了纪念烈士，缅怀英勇事迹，当年大垛区委将烈士牺牲所在地的凡唐乡改名为崇禄乡。

陈宝华

陈宝华，沈坨乡复兴村人。1926年出生于一个贫农家庭，1946年参加革命，曾任大垛游击连班长。

1948夏，陈宝华奉命前往穆家堡侦察敌情。这天清早，雾气弥漫，5米之外难见人影。陈宝华踩着潮湿的乡间小道向穆家堡走去。刚近村庄，便被不远处的敌哨发觉：“什么人？”一个家伙大声吆喝。陈宝华暗自一惊，当即定下心神回答道：“我是复兴的，到穆家堡来打些棺材钉。”随后，陈宝华又不动声色地回答了敌人的盘问。敌人见问不出什么名堂，便搜索他的全身。未料竟从陈宝华口袋中搜出两粒子弹，不由分说将他抓押到庄内。

当天，敌人反绑着陈宝华，押上街头游街示众，在他身上连刺十几刀，随后将其枪杀。陈宝华牺牲时年仅22岁。

奚德胜

奚德胜，1926年10月出生于沈坨乡华谈村贫苦农民家庭，1942年参加新四军，同年加入中国共产党，曾任警卫连排长。

1942 年春，16 岁的奚德胜离开家乡投奔了新四军。因为他思想进步，作战勇敢，同年加入中国共产党。在党组织的培养教育下，奚德胜进步很快，不久被提升为新四军新七纵队排长。在一次与日、伪军的战斗中，他右臂不幸被子弹击中致残，不得不复员回到家乡。1946 年秋，自卫战争爆发，奚德胜目睹国民党反动派大肆屠杀人民群众，不禁义愤填膺，他不顾身体伤残再次拿起武器参加游击队，跟敌人进行针锋相对的斗争。1947 年冬天的一个晚上，奚德胜在三赵庄执行任务，被奸细告密，遭到“还乡团”袭击。奚德胜在掩护战友们转移时不幸被敌人抓住，敌人把他带到穆家堡据点严刑逼供，奚德胜坚贞不屈，被敌人活埋。

陆殿却

陆殿却，1926 年 10 月出生于沈坨乡袁陆村雇农家庭，1947 年参加游击队，同年加入中国共产党。

1949 年秋季的一天，大垛区税务所长秦金桥率领水上游击队员进驻高家荡休整。刚安顿好，一艘国民党反动派军队的汽艇就来偷袭。由于敌人来得突然，等哨兵向秦金桥报告时，敌汽艇已横冲直撞地开过来并指名道姓要秦金桥出来投降。在这危急关头，陆殿却挺身而出对秦所长说：“秦所长，你带战士们快撤，我去对付敌人！”说完，就纵身跳上一条小木船飞快地划出去，冲着敌人吼道：“我就是秦金桥！”敌人见状，又惊又喜，枪口一齐瞄准小木船，呼叫活捉秦金桥。这时已将生死置之度外的陆殿却毫不惊慌，他一边与敌人周旋，一边故意划着船在河面上转圈子，迟迟不向敌汽艇靠拢。等到敌人把汽艇靠上去发觉上当时，一梭子子弹射来，陆殿却当即倒在血泊中。就在陆殿却与敌人周旋的短暂时刻里，秦金桥已带游击队员乘着木船从小河安全转移。

孙春凤

孙春凤，1929 年 5 月出生于沈坨薛鹏一村贫苦农民家庭，1946 年参加革命。

孙春凤，从小家境贫寒，十来岁就替人家放牛、割草，做小伙计。1946 年冬，他怀着对国民党反动派的深仇大恨，参加了大垛区游击队。1948 年春季的一天，孙春凤一行 20 人，从穆家堡西南角穿过，向西去执行任务。当走到当地的和尚沟时，突然与一大股“还乡团”分子遭遇。在危急关头，孙春凤当机立断说：“队长，你们赶快乘船过沟向北转移。我来对付敌人！”说完便匍匐在沟坎上，面对来势汹汹的敌人，轮番交换射击地点，伺机向敌人投掷手榴弹。战友们在孙春凤的掩护下，顺利乘船转移到对岸后，敌人“哇哇”乱叫地扑过来，孙春凤寡不敌众被敌人抓住。敌人把孙春凤押至穆家堡，严刑拷打，孙春凤威武不屈，并大声痛斥敌人，被敌人杀害。牺牲时年仅 19 岁。

沈坨中心校组织青少年走进烈士陵园祭扫革命烈士

沈坨镇烈士陵园

位于沈坨镇沈坨北村四组，柏九村南端，东临大周公路500米，距离集镇镇区2千米。

陵园始建于2014年初，占地3300平方米，划分为三大板块。第一板块为瞻仰祭拜区，面积400平方米，草坪广场可供200人站立。第二板块为纪念碑主体建筑区，面积400平方米，纪念碑底座是1.2米 ×1.2米的四方形结构，四周为石围栏。纪念碑高度12米，正面镌刻“革命烈士纪

沈坨镇烈士陵园

薛鹏塑像

念碑”7个金色大字，背面为“人民英雄永垂不朽”。纪念碑底座上镌刻着碑文：“古镇沈坨，位于苏中腹地，历来兵家必争，自古英雄辈出，无数先哲、志士为救国安民，前赴后继浴血奋战！从抗日战争到抗美援朝，一桩桩可歌可泣、慷慨悲壮的英雄事迹，诉说着沈坨人外抗敌侮、内求安邦的凌云壮志。从革命年代到建设时期，一个个奋不顾身、勇往直前的光辉形象，彰显了沈坨人舍生取义、矢志不渝的不屈精神。无数沈坨英烈，为了祖国的荣耀、桑梓的安宁、乡亲的幸福，付出了最宝贵的生命！国勋已就，英灵永生！为缅怀先烈，警示后人，特立此碑，以资纪念。革命烈士永垂不朽！”第三板块为烈士忠骨安置区，面积800平方米，44具烈士遗骸被安置在44个80厘米×80厘米的大理石墓穴之中，每行11穴。青松翠柏相拥其间，显得非常庄严、肃穆、安静。安置区导示牌镌刻有“这里安息着为共和国献身的烈士们！”字样。

薛鹏烈士塑像

坐落于沈坨镇薛鹏村党群服务中心村南花园。塑像高2.5米，寓意薛鹏烈士25岁的光辉人生；塑像根基高1.47米，寓意薛鹏烈士牺牲年（1947）；根基宽1.922米，寓意薛鹏烈士出生年（1922）。

2020年初，薛鹏村党总支与几位退职党员干部合议，决定在村前广场为薛鹏烈士兴建一座塑像，让后人更直观地了解烈士，传承烈士遗志。此举很快得到该村毛爱民、顾诗平、朱志松、朱志柏、孙生泰5位能人的响应和广大村民的支持，募集资金3万元。是年4月中旬，委托兴化市大垛镇的兴化泥塑非遗传承人、著名雕塑大师袁永祥为烈士塑像。5月初，动工建设。5月底，完成塑像安装及塑像粉刷。6月4日，举行揭像仪式。薛鹏烈士塑像落成后，远在宜兴市、96岁高龄的孙红英（解放穆家堡中被营救的溱潼县穆家堡镇镇长季岑楼之妻）和家住常熟的薛鹏烈士表侄吴炜良一起，专程赶到几百里外的薛鹏村，瞻仰薛鹏烈士塑像。

李默烈士墓

坐落于沈坨镇李默村南王自然村东南角，始建于1947年8月，占地面积50平方米，墓园三面环水，四周砌有围墙，园内植有柏树、水杉，安静而肃穆。1957年，对墓园进行修缮，建造烈士纪念塔。纪念塔上刻有时任江苏省省长惠浴宇的题词“人民功臣”，沈尹默为李默烈士书写墓名。2020年，对墓园及周边道路进行修缮。

1947年7月30日午夜，李默在沈坨复兴庄遇害。次日，当地群众配合武工队冒着生命危险，从敌我边缘地区将李默遗体抢运至华谈庄，后来又转至其工作时间较长的王家舍。王家舍干部群众选择三面环水、环境幽静的村庄东南角一块地，选用本村一口最好的棺材，收集李默心爱的诗词手迹及其遗物入棺殉葬，将李默安葬于此。

2006年，李默两个胞弟到沈坨追寻烈士牺牲地和烈士墓。此行亲眼看见当地政府把烈士墓保存如此完好，打消了将胞兄遗骸迁回烈士出生地（上海青浦南汇）的念头。

李默烈士之墓

拒“摆渡”王大才惨遭杀害

王大才，1894 年 2 月出生于沈垳乡樊荣村贫苦农民家庭。

1943 年 8 月，盘踞在竹泓据点的一股日寇、匪军窜到竹泓镇东南的几个村庄“扫荡”，遭到我游击连的迎头痛击后，两个伪军搀着一个受伤的日寇逃到唐家舍渡口，用枪逼着正在烧晚饭的王大才撑船送他们过河。目睹这几个敌人的狼狈相，王大才十分憎恨，待船撑至河心时，他故意将竹篙掉进河里，随水漂移。敌人喝令王大才把篙子捞起来，王大才磨磨蹭蹭，一个伪军抓住王大才的后衣领猛地一推，王大才没有防备往船帮上一栽，顿时头破血流。敌人的野蛮行径激起王大才的愤怒，他冲着敌人吼道：“老子就是不想放你们这帮狗东西过河。”恼羞成怒的伪军举刀砍断王大才的大腿，王大才全身血流如注，疼痛难忍，跳入河中溺水身亡。

曹德江毅然送子参军

曹德江，沈垳沈家村人，1897 年出生于贫农家庭，是烈士曹学义的父亲。

曹德江生有三个儿子，自己是地无一垄，房无一间，经常带着 18 岁的大儿子出外当长工。尽管拼死拼活地干，一家老小还是吃不饱、穿不暖，生活度日如年。

曹德江听人说，大垛河舍一带有共产党在活动，并且听说共产党是替穷人打天下的。他心动了，盼望找到这支队伍。某天，他到大垛给地主家干活，碰巧遇到这个队伍里的几名队员，听他们讲革命道理。经过一段时间的接触，心里开朗明白许多，原来穷人生活苦，不是命该如此，而是逆来顺受的结果。他立刻回家，带上大儿子曹学义，找到共产党的队伍，要求参军。他情真意切地跟乡亲们说：“我们穷人要起来革命，才有出路，一家人要是有一人当兵，那么我们的队伍就会壮大。光凭嘴说没有用，要干就认真干起来。”

因为他送子参军，带动了一批人参加了革命队伍。整个村庄出现了“母亲送儿打东洋，妻子送郎上战场”的动人情景。曹学义在父亲的鼓励下，通过党的教育，成长为一名为革命而英勇献身的优秀共产主义战士。

凡圣林机智掩护刘乡长

凡圣林，1898 年 3 月出生于沈坨乡凡荣村，私塾先生。

1946 年秋季的一天傍晚，隐蔽在唐家舍一农民家中的凡唐乡乡长刘高准备过河到对岸的凡家舍探望生病的老母亲，他刚走到河边就被一股“还乡团”分子盯上。在危急关头，刘高便向凡家舍东边的圩岸上转移。这时，住在圩岸上茅草屋里的凡圣林正在吃晚饭，他见刘乡长气喘吁吁地跑过来，心里明白了三分，当即跑过去低声对刘高说：“快下河游过去，那帮东西我来对付。”刘高感激地点了点头，急忙跳入河中向唐家舍游去。不一会儿，敌人追到圩岸，不见刘高踪影，就冲进茅屋用枪顶着凡圣林，恶狠狠地追问刚才有个人的去向，凡圣林十分沉着，故作害怕的样子向北边一指说：“往那边跑了”，敌人匆忙向沈家舍方向追去。在凡圣林的掩护下，刘高乡长终于摆脱了敌人的追击，安全脱险。

刘恒大掩护干部脱险

刘恒大，1903 年 9 月出生于沈坨乡九尖村贫苦农民家庭，以打鱼为生。

1947 年 10 月中旬的一个清晨，刘恒大摇着小渔舟下湖捕鱼，途经九尖村南端时，他突然发觉庄上潜伏着很多国民党反动派“还乡团”分子。根据敌人鬼鬼祟祟的模样，刘恒大料定敌人一定是事先得到密告，专程来伏击地方游击队员和干部的。于是，他立即把船摇到庄东的小河上，两眼紧紧盯住进庄的道路。果然不出所料，约莫过了一个时辰，大垛区委干部邢荣年和两名游击队员走了过来。刘恒大见状，赶紧跳上岸拦住他们，一边告知庄上有敌情，一边拉着三人就往船上跳。不等他们在舱中坐定，刘恒大就迅速放下草帘子，挥动双桨将船划得飞快。敌人埋伏了很久，不见动静，便从村南窜到村东，看到刘恒大的小船，喝令停船并隔河打枪。刘恒大不顾敌人吆喝，憋足了劲奋力划，将船驶入对岸的小夹河摆脱了敌人。

枪口余生的樊瑞珍

樊瑞珍，原名胡瑞珍，1905 年 7 月出生于沈坨乡穆家堡村，1946 年参加革命，曾任村妇联主任。

樊瑞珍是中国共产党地下组织秘密情报员，常以到竹泓批发青货、土烟、神香为由，探听竹泓敌人的情况。1947 年初夏的一天，她又来到竹泓，敌人跟踪并逮捕了她。她临危不惧，与敌人据理力争，敌人只得带她到大街上找人对证。当时已近傍晚，樊瑞珍怀里抱着一个小孩，手里还搀着一个。敌人将她押到一家香店，店老板、伙计们正在吃晚饭。樊瑞珍对老板说："老哥，他们怀疑我通共产党，你们说这不是太冤枉啦？"店里的老板、伙计一看押解樊瑞珍的是敌自卫队员施有宽，店老板对施有宽说："人家是我们的老主顾，一个妇道之人，拖儿带女的，我们保证她没有问题！"在场的何雁宾、王有明等伙计也都帮着说话。敌人在樊瑞珍身上找不出任何破绽，只好放了她。

1946 年 6 月，穆家堡进行"土改"运动，老百姓无不拍手称好。在这项运动中，樊瑞珍积极主动带领贫苦百姓斗地主、分田地，被选为村妇联主任。当时溱潼县报刊上曾登载过她的先进事迹。

1947 年 7 月初，敌人以沈坨为据点，在穆家堡一带开展大规模"扫荡"，樊瑞珍被捕，同时被捕的还有时任村长的弟弟胡鹤高和 60 多名群众积极分子，并一起押至冒家庄南场上。敌人视樊瑞珍为眼中钉，早已把她列入"黑名单"，决定当众枪杀樊瑞珍姐弟俩。随着两声枪响，樊瑞珍姐弟俩相继栽倒在地。当日深夜，樊瑞珍从昏迷中悠然醒转，腹部与左臂一阵钻心的疼痛。她咬着牙挣扎着爬到蚌蜒河边，身后留下一条长长的血带，一下又昏厥过去。第二天清晨，她被当地游击队和民工救起，转移到后方治疗。樊瑞珍腹部被洞穿，庆幸未伤及内脏。经过一个多月的精心护养，她终于脱离危险，但从此失去一条手臂。

徐文明舍身送公粮

徐文明，1907 年出生于沈坨沈家村贫苦农民家庭，做过生意。

1944 年初，因徐文明跟大垛区游击连干部唐金发是子舅关系，与革命者有瓜葛，在当时的沈家村待不下去，只得摇着小船外出做生意。

1947 年 6 月，兴化一带搞全面征粮，部队要把征收到的粮食运送到东台县三仓河一带。因船只不够用，唐金发想到了舅子徐文明，就派人送信给徐文明。徐文明二话没说，摇着船参加了运送公粮的队伍。为躲过敌人的封锁和抢劫，他们大河不行走小沟，白天不走夜间行。但船行至半途，还是被敌人的飞机发现。敌机俯冲下来，拼命用机枪扫射。为了保住公粮，徐文明当即决定把船靠岸，躲过敌人的扫射。他迂回爬到一棵大树底下，不料一排罪恶的子弹射中了他，一股殷红的鲜血淌出来，浸透了身边的野草和小花。他深情地仰望着蓝天和白云，嘴里喃喃道："要保住公粮……"慢慢地合上眼睛。

智勇双全的朱定才

朱定才，1913 年 8 月出生于沈坨乡凡荣村的贫苦农民家庭，1942 年参加抗日活动，1945 年加入中国共产党，曾任基干民兵队长，一生以种田为业。

1944 年下半年的一天，兴东县副县长

张镇化装成农民由朱定才作向导到凡荣村察看地形，了解情况。不料他二人刚走到村子北头就与十几个伪军迎面相遇。在躲闪不及的紧急关头，朱定才发现其中一个伪军很面熟，便大着胆子上前与之打招呼。果然这个叫二贵的伪军跟朱定才有点亲戚关系，他也认出了朱定才，二人正要站下来说话，一个伪军军官从后面跑过来。当听说二贵和朱定才是亲戚，也就放松了警惕，简单询问了一下张镇的情况，没有发现破绽即挥挥手带领伪军进了庄。

1947 年秋后的一个傍晚，大垛区委在柏家大庙召开区、乡干部联席会议，总结部署土改复查工作。不料会议才进行一半，负责会议保卫工作的朱定才就接到“还乡团”已经从南边进庄的报告。在危急关头，朱定才立即带领与会干部转移到庄东外的大河边，准备用船送他们过河，当发现河边上没有船时，朱定才就组织大家泅渡，并一口气将两个不会游泳的女干部驮到河对岸。不一会儿，十几个“还乡团”分子追至河边，放了一阵乱枪怏怏离去。

大义灭亲的谭加福

谭加福，1915 年出生于沈坨乡谈洪村贫苦农民家庭，做过长工，1945 年加入中国共产党，历任村长、乡指导员等职。

1945 年 7 月的一天，村里的民兵活捉了一名伪军，五花大绑带到谭加福面前。他一看，原来这伪军是自己的亲外甥。这家伙血债累累，民愤极大，谭加福决定代表人民将他处决。于是，谭加福叫民兵将他外甥押上船，捆绑得严严实实并用石头吊在他脖子上推下水沉入河底。当时，当地群众纷纷赞扬谭加福不徇私情，大义灭亲。

高宝桂毅然投身革命

高宝桂，沈坨乡金家村人，1923 年出生于贫农家庭，1947 年参军。

1946 年 5 月，金家村开展土改运动。反动保长许根林见共产党新四军分了他家田地和财产，心如刀绞，暗地里记下带头闹土改的干部群众名单，梦想有朝一日进行阶级报复。一日，大垛区委游击队截获他的“变天账”和准备递送给国民党反动派的情报，及时将其就地枪决。

是年 10 月，新四军大部队“北撤”。“还乡团”武装还乡，怀着对共产党的刻骨仇恨，变本加厉地对人民群众进行报复。高宝桂的哥哥高宝康随大部队“北撤”，许根林的家人领着“还乡团”抓来高宝桂和他的父母，严刑毒打，万般折磨。并扬言要高宝桂一家 3 口给许根林披麻戴孝，烧纸磕头。高宝桂家仅有的一条船被“还乡团”霸占，棉被也被抢走，其余物件砸的砸、烧的烧。一年后，高宝桂和他的父母被放回。高宝桂见家中一无所有，房子也破漏不堪，毅然告别父母，寻找革命部队。

高宝桂参军后，他把强烈的阶级仇恨凝聚在枪口上，英勇杀敌，成为一名出色的战士。

周富全身经百战不畏生死

周富全，1929 年生，沈坨乡唐家舍人，原籍兴化唐刘，1947 年加入中国共产党。

1946 年 5 月，周富全因生活所迫，离乡背井，先到荻垛寄人篱下地生活一段时间，后流落到唐家舍给地主家放牛。8 月，在大垛游击队干部唐金发启发下，周富全参加革命，被派到合塔一带与当地组织一起除奸惩恶，不久参加新四军。

1946 年 12 月，周富全所在部队与从青岛登陆的全副美式装备国民党反动军队，展开一场殊死的战斗。此役俘虏美军 8 人，打死国民党兵 1 万多人，3 万多国民党兵被俘。1947 年，周富全先后参加了孟良崮战役、济南战役。1947 年 12 月，在开封一战中，由于增援部队受阻，周富全所在部队伤亡较大，周富全所在的排只剩 3 人，他本人亦挂了彩。

1949 年后，周富全先后参加解放南京、杭州、上海、舟山等战役，表现非常出色。中华人民共和国成立后，周富全被保送河北军政干校学习，由于战伤累累，常常感到力不从心，经组织批准周富全复员回乡。

吕有明为民除害

吕有明，1930 年 4 月出生，沈坨凡南村人，1946 年参加革命，同年加入中国共产党。

九尖村反动保长崔田海出生于地主家庭，心狠手辣。他将粮钱以高利贷的形式贷给贫苦农民，到期如无力偿还，就抢值钱的东西抵债，或强逼白干活。新四军主力北撤后，崔田海更是为所欲为，不仅对本村老百姓敲诈勒索，有时还将魔爪伸到外地。一天，崔田海伙同一帮匪徒去凡南村骚扰，来到已参加新四军的吕有明等农户家中，抢走大批粮食和牲畜。受害的群众纷纷向大垛区委控诉崔田海的丑恶行径，区委决定对罪大恶极、屡教不改的崔田海予以制裁。

1947 年秋的一天，吕有明等一行 6 人装扮成卖韭菜的菜农来到九尖村。到达该村时已过正午，听老百姓报信，崔田海正熟睡在刘恒九的大船篷子上。吕有明布置其他战士躲进小船篷子中，他悄悄地将船摇到刘恒九的大船旁，迅速从腰间拔出手枪，对准崔田海就是两枪。崔田海美梦未醒，滚入水中当场毙命。

红色宣传员沈红根

沈红根出生于沈坨沈家村，贫农出身，做过秘密联络员。

沈红根是位比较典型的贫苦农民，没有一分地，只有两间破草房，饱受当地土豪劣绅的剥削和压榨。他开了个豆腐坊，终年辛劳难糊口。妻子贫病交加离开人世，他带着女儿艰难度日。

1943 年，沈家村来了几个中共党员，宣传红色思想，鼓励贫苦农民参加革命。沈红根心想只有推翻反动统治，穷人才能过上好日子。党组织看他苦大仇深，思想上积极要求进步，就安排他做秘密联络员，直接跟竹泓镇的冯春年科长单线联系。他明里开豆腐店做生意，暗地里给共产党办事。他巧妙地应付敌人，机智地获取情报，及时地传递消息，成立一名共产党培养的出色联络员。

陈步坤夫妇双双闹革命

陈步坤，沈坨乡九尖村人，1944 年参军，1946 年因战牺牲。陈巧玲，沈坨乡九尖村人，1944 年做过“互帮会长”，后任妇女主任。

陈步坤家里很穷，小时候就给地主家放牛，做长工。1943 年，共产党游击队来到九尖，带领群众与恶霸斗争，减租减息。陈步坤由于苦大仇深，斗争积极性特别高涨，经常上台控诉地主阶级剥削贫雇农的罪行，跟着共产党、游击队做抗日工作。这期间，他认识了同是思想上要求进步的本村姑娘陈巧玲，并于 1944 年春成婚。

1944 年 9 月，中共兴东县委发出参军工作的号召，各乡掀起了参军热潮。陈步坤第一个报名参军，当时已被选为“互帮会长”的妻子陈巧玲，非常支持丈夫参军，并嘱咐他在部队里安心打仗，她会把家里老人和孩子照顾好。她不但鼓励自己的丈夫去当兵，还动员村里其他青年参军或加入民兵组织。

陈步坤在部队里英勇善战，不怕牺牲。1946 年，在黄桥战役中，不幸英勇献身。丈夫牺牲后，陈巧玲没有消沉，她强忍悲痛，艰难劳作，维持家里的生活。为给前方的战士做军鞋，她起早贪黑。为前方的战士吃得饱，她主动积极交公粮，发挥模范带头作用。

沈南农民公园荷塘一角

烈士名录

沈坨镇革命烈士一览表

（以出生年份排序，共63人）

表3

姓名	性别	籍贯	出生年份	参加革命时间	入党时间	牺牲时所在单位及职务	牺牲时间及地点
唐金托	男	唐张村	1895	1944	1944	乡农会会长	1948.7.9 唐家舍被捕牺牲
许永国	男	南王村	1896	1946		联防队农会代表	1947 沈坨被捕牺牲
杨高如	男	关口村	1897			民工	1949.4 渡江战役于扬州病逝
王鹤宝	男	唐张村	1900	1945		樊唐乡基干民兵中队长	1947.7 沈坨被捕牺牲
张忙英	女	张王村	1900	1945	1946	凡柏乡指导员	1946.10 沈坨被捕牺牲
沈春南	男	纪家村	1901	1944		游击连财经干事	1946.8 薛鹏因战牺牲
陈春年	男	复兴村	1902	1946		乡联防队农会长	1948 伏兴被捕牺牲
张德才	男	唐张村	1904	1944	1944	区大队长	1946 竹泓被捕牺牲
孙大尤	男	薛一村	1905			通讯联络员	1946.7 冒家被捕牺牲
徐文明	男	沈家村	1907			民工	1947 支前牺牲
许联三	男	南王村	1911			大垛区联防队农会会长	1946.7 沈坨被捕牺牲
奚文有	男	华谈村	1911	1944		新四军战士	1945 兴化因战牺牲
奚德胜	男	复兴村	1912	1944		县警卫连班长	1946.10 穆家堡因战牺牲

续表 3

姓名	性别	籍贯	出生年份	参加革命时间	入党时间	牺牲时所在单位及职务	牺牲时间及地点
胡鹤高	男	薛四村	1912	1946		游击队员、村长	1947 冒家被捕牺牲
杜能山	男	安塘村	1913	1943	1946	民兵中队长	1946 安塘被捕牺牲
唐花圆	男	唐张村	1913	1944		盐城区队情报员	1947.7 唐家舍被捕牺牲
沈尔寿	男	沈家村	1913	1944	1944	乡农抗会长	1945 柏家开会被捕牺牲
谭加福	男	谈洪村	1915	1944	1944	大垛乡指导员	1946.10 沈坨被捕牺牲
黄正才	男	水产村	1915	1944	1944	镇长	1944 薛鹏被捕牺牲
胡成义	男	华谈村	1916	1944	1946	游击队指导员	1948 华谈因战牺牲
潘仁山	男	纪家村	1918	1944		游击连连长	1947.5 张王因战牺牲
陈步坤	男	九尖村	1918	1944		兴化独立团机枪手	1946.8 黄桥因战牺牲
丁洪根	男	薛二村	1918	1944		薛鹏镇民兵大队长	1946 薛鹏被捕牺牲
陆影小	女	薛一村	1919			地方战士	1946 陈家舍被捕牺牲
曹学义	男	沈家村	1919	1944		游击连机枪班长	1947 姜童因战牺牲
沈长根	男	沈家村	1919	1944	1945	乡长	1947 安塘因战牺牲
周光寿	男	薛一村	1920	1946		三野十一团战士	1947 江都县施家桥因战牺牲
刘金录	男	柏家村	1920	1944		凡柏乡民兵大队长	1946.10 盐城伍佑因战牺牲
范三小	男	薛一村	1920	1944		苏北军分区排长	1948 盐城伍佑因战牺牲
唐同林	男	唐张村	1920	1944	1944	民兵大队长	1944.8 安塘被捕牺牲

续表 3

姓名	性别	籍贯	出生年份	参加革命时间	入党时间	牺牲时所在单位及职务	牺牲时间及地点
孙志存	男	薛一村	1920	1948		大垛区队战士	1948 九尖因战牺牲
王加美	女	薛一村	1920	1944	1945	民兵大队长	1946 薛鹏因战牺牲
叶根本	男	冒家村	1921	1943	1944	安冒乡乡长	1944 冒家被捕牺牲
孙彩勤	男	薛三村	1922	1943	1943	穆家堡镇长	1946.10 穆家堡被捕牺牲
杜余训	男	安塘村	1923	1946		苏中十纵队战士	1948 大丰县白驹因战牺牲
陈正黄	男	复兴村	1924	1947		兴化团班长	1948 娄庄因战牺牲
丁万祥	男	薛三村	1924	1947		溱潼团战士	1947 江都凡川因战牺牲
张加翼	男	樊荣村	1924	1944		乡基干民兵	1945 竹泓被捕牺牲
孙正桃	男	薛鹏村	1925			区队战士	1947.10 大垛因战牺牲
张书同	男	薛鹏村	1925			华中野战军老四团副班长	1948 徐州因战牺牲
黄洪寿	男	金家村	1925	1940		新四军某部战士	1944.8 泰县盐模村因战牺牲
黄民官	男	金家村	1925	1942		苏中军区二中分区老二团连长	1947 高邮因战牺牲
陈宝华	男	复兴村	1926	1946		游击连班长	1948 薛鹏被捕牺牲
陆殿却	男	袁陆村	1926	1947	1947	游击连战士	1949.10 竹泓因战牺牲
高凤兰	男	南王村	1926			乡联防队民兵	1948 沈坨被捕牺牲
凌有仪	男	薛鹏村	1926			华中野战军老四团战士	1947.10 大垛因战牺牲
王洪根	男	薛一村	1926	1945		大垛区队战士	1947 九尖因战牺牲

续表 3

姓名	性别	籍贯	出生年份	参加革命时间	入党时间	牺牲时所在单位及职务	牺牲时间及地点
奚德胜	男	华谈村	1926	1942	1942	游击队员	1947 三赵被捕牺牲
袁文斗	男	袁陆村	1926	1947		志愿军某部七一师排长	1955.2.6 苏州疗养院 因公牺牲
王宏小	男	柏家村	1926	1947		溱潼团战士	1947.12.30 合塔因战牺牲
张广才	男	安塘村	1926	1945		苏中七纵队战士	1947.12 大丰县白驹 因战牺牲
王洪宝	男	薛一村	1927	1944		区游击连战士	1946 九尖因战牺牲
陈年彩	男	华谈村	1927	1947		区游击连战士	1948.4 陆家舍因战牺牲
樊德友	男	樊荣村	1927	1951		9065 部队战士	1952 朝鲜因战牺牲
田兆乐	男	袁陆村	1928	1947		解放军某部新六团文书	1948.7 高邮县三垛因战牺牲
胡龙小	男	薛四村	1928	1946		23 军 68 师 203 团警卫连战士	1948 淮海战役牺牲
孙春凤	男	薛鹏村	1929	1946		区队战士	1948 薛鹏因战牺牲
袁日穗	男	袁陆村	1929	1944		新四军某部炮手	1944 如皋因战牺牲
袁文年	男	袁陆村	1930	1947		大垛区队战士	1948 何家舍因战牺牲
张宝金	男	唐张村	1930	1945		区队战士	1947.7 九尖被捕牺牲
吴万桂	男	关口村	1930	1947		江苏省军区二五九团通讯员	1949 上海吴淞因战牺牲
董玉天	男	薛鹏村	1931			解放军某部文书	1950.2 江阴因公牺牲
张桂元	男	沈三村	1955	1976	1979	83029 部队 81 分部尖兵第 93 团 5 连战士	1979.3 对越自卫还击战牺牲

第七篇

物产美食

历史上沈坨贸易兴旺，商贾云集。来自浙江及江南、扬州等地先民将家乡的美食带到沈坨，促进了古镇餐饮业的繁荣。加之沈坨位于省级航道蚌蜒河与兴姜河交汇处，生态自然，物产丰殷，是著名的鱼米之乡。一年四季不但有螺蛳、龙虾、螃蟹、河虾、银鱼、虎头鲨等鲜活水产品，还有新鲜的蔬菜。除传统物产外，勤劳的沈坨人民不断传承、实践和发展，依托优良生态禀赋资源，种植碧根果、水蜜桃、无花果、白枇杷等林果产品，形成了“赏全年果花、尝四季林果”的沈坨特色。

银鱼

沈坨地处里下河流域的蚌蜒河畔，常年气温均衡、生态平衡、水源优质，给银鱼提供了天然生长的场所。20世纪90年代，由于水质恶化，无序滥捞，银鱼几近绝迹。2000年以来，沈坨加强水域生态保护，境内多处流域再现成片的银鱼。刚捕获的新

银鱼

鲜银鱼，用葱、姜、蒜等多种作料制成汤料，再加上少许雪菜，将银鱼投入汤料，用小火焖30分钟，再加入黄酒后，用大火收汤，放入鸡精，即可装盘。该菜保持了银鱼的原汁原味，鲜嫩可口。每到春、秋适宜的季节，银鱼成为沈坨人餐桌上的菜肴一绝。

螃蟹

1980年，境内水产村开始用河沟养蟹，从东海边捕捞天然蟹苗。1994年，境内开挖200亩低洼荒田，从事专业螃蟹养殖，从连云港购进大眼幼体中华绒螯蟹苗。1996年起，提水养殖面积逐年增加，至2021年境内养殖面积8700亩。境内成品蟹具有背青、肚白、爪硬、毛黄、膏红等特点。1997年沈坨镇螃蟹养殖技术获江苏省科技进步二等奖。2017年，兴化市放牛荡水产养殖专业合作社（柏九村）被农业部授予水产健康

螃蟹

养殖示范场。

螃蟹的主要食用方法是原汁原味的清蒸，然后以姜末、香醋、生抽、白糖为佐料，也可将螃蟹剔出蟹肉（蟹黄），与豆腐丁、芋头丁烧成蟹黄豆腐羹。

虎头鲨

俗称虎头呆，鱼体比较短，大的也只有三四寸长。虎头鲨对生存环境特别讲究，喜欢生活在无污染的河沟中，通常藏身于河沟的砖缝或瓦片空间中。20世纪70年代，境内乡间码头的砖缝瓦片空间中，时常能摸到虎头鲨，也有人用3片小瓦扎成三角形鱼窝，用绳子拧住抛入水中，次日收取，也能捕捉到虎头鲨。虎头鲨宰杀清洗后红烧，再加上少许咸菜，食时，肉质滑嫩，无小刺，味道鲜美，令人赞不绝口。

螺蛳

又名田螺，螺壳呈圆锥形，有大小两个形体，小的叫螺蛳，不超过3厘米，俗称螺螺。大的螺蛳长5—6厘米，叫田螺。螺壳坚厚，表面呈褐色，头和足能缩入壳内。

螺蛳生活于河内及水田内，对水质环境的要求不严，只要无污染，水温适宜的场所均可以生长。螺蛳肉味鲜美，可佐餐下酒，螺蛳烹调渐变，将螺蛳去尾清洗后，可直接爆炒，也可以用螺蛳肉炒茶干、芹菜或韭菜。

龙虾

龙虾含有多种营养物质，是一种高蛋白食物。原产于东海。20世纪90年代，自大海水道进入境内河塘、河沟、水田中自然繁殖生长，人们用小罾捕捉。2017年，境内利用精养蟹塘套养小龙虾，至2021年，境内小龙虾养殖面积2600亩，每亩可产小龙虾250公斤。

龙虾的食用方法起初是蒸煮食用，后来也有多种食用方法，如蒜蓉龙虾、麻辣龙虾、十三香龙虾等，是百姓夏、秋两季餐桌上的一道美食。

河蚌

俗称河歪，通常半埋在泥沙中，主要生活在池沼、淡水湖泊以及河流等水底。沈坨境内水网密布、河道纵横，各级河道300余条，优质的水域环境和丰富的食物促进河蚌生长。一年四季境内河沟都有“扒”河歪人的身影。

河蚌

河歪传统的吃法是烧青菜，尤其是初夏用河歪子烧青菜苔，是难得的人间美味。歪子还有个独出心裁的吃法，即河歪烧咸肉，也是一道令人垂涎的美食。

黄花草

黄花草俗称“花草头”，黄花草是草本植物，在农村圩梗、岸边能自然生长。现时境内有农户利用少许空地种植黄花草，于初冬或春天采摘食用。炒黄花草比较简单，将茎叶洗净切碎，锅中放入菜籽油、酱瓣、蒜头、细盐等爆炒，起锅时加少许味精即可，食时口感鲜嫩。也可以将黄花草用盐腌制成咸菜，晾晒，瓶装保存，在春季可以烧青蚕豆，也可以烧蛋汤。

豌豆头

豌豆是一种豆类植物，可与蚕豆同时种植、同时收获。花呈白色或淡紫红色，成熟后结荚果，种子近球形。鲜嫩的豌豆头藤可以爆炒，成为一道鲜美的绿色菜肴。豌豆原来和蚕豆一起种植、一起收获。现在农户抓住豌豆头藤畅销的商机，在秋季提前播种，大棚种植，加强管理，鲜嫩的豌豆头藤进入菜市场，增加一种天然的绿色食品。将豌豆头掐取长 2 寸许，洗净后加入佐料爆炒，起锅前加适量糖、鸡精即可。还可以将半饱的豌豆荚和熟的豌豆粒，与咸菜同时爆炒后成为一道可口的时鲜菜肴。

青蚕豆

蚕豆是农户家家都种植的一种作物，在田埂、岸边都可以种植，每年秋季种植叫塍蚕豆，第二年春季收获。俗语说“小秧摞，蚕豆剥”，此时从田埂、圩梗上将蚕豆荚摘下来，剥出蚕豆米，以咸菜或蒜薹拌炒，炒出的青蚕豆皮薄、瓣嫩、清香。成熟的蚕豆收获晒干后，可劈成蚕豆瓣，与韭菜或冬瓜，加入鸡蛋，烧成豆瓣鸡蛋汤。其味道清新、酥松、粉嫩。

山芋藤

山芋又称红薯、地瓜。是一年生草本植物，山芋藤蔓细长、嫩绿，匍匐于地面生长，地下块茎供食用。在入暑后，山芋生长茂盛。摘取藤上长长的叶柄，去叶、撕皮，切成寸许小段，洗净后下锅热炒，调味佐料可以是油、盐、糖，或油、盐、椒，或油、盐、醋。七八成熟即可起锅，吃起来清脆可口。

荠菜

田野里荠菜萌生，麦地边、油菜地、圩埂边处处皆是。荠菜生长初期，叶子细长嫩绿，每年春秋两季是荠菜生长的旺盛期。人们通常是在荠菜开花前食其茎叶。食用荠菜的方法很多，沈坨民间喜欢炒荠菜，将新采回来的荠菜择洗干净，焯水、沥干后放入锅中加菜油小炒，也有加猪油渣或肉末略炒的，食用时清香而鲜嫩。

还有用荠菜包春卷的，从市场上买来春卷皮，展开一张，上置准备好的荠菜馅，卷成长圆形，放入油锅，煎至外皮金黄，香味可口的春卷就煎好了。入口品尝，皮脆馅香。还可以用荠菜包水饺，嫩绿、清香。

碧根果

2017—2018 年，沈纶镇沈纶北村在沈顾联圩内，连片流转土地 1008 亩，建成千亩碧根果种植基地。碧根果原产于美国南部、墨西哥北部，是世界著名坚果，树体高大，根系发达。苗木 3—4 年开始挂果，5—7 年进入初产期，8—10 年进入盛果期，树体持续结实期长达 80—120 年，是世界公认的“一次栽植，百年受益”的优良木本油料作物，极具经济价值和开发潜力。

碧根果同时还是优良的材用和城乡庭园绿化树种。碧根果生长迅速，树体高大，树姿优美挺拔、枝叶茂密，树干通直，木材质地坚固强韧，纹理细腻，富有弹性，不易翘裂，容重大，是建筑、军工、室内装饰和运动器械、地板制作、高档家具的理想用材。2021 年，境内碧根果产量 6200 公斤，经深加工后畅销市场，成为馈赠亲友的首选佳品。

碧根果

水蜜桃

2016 年，沈纶镇桃花缘果蔬合作社，流转柏九村土地 880 亩，引进无锡阳山水蜜桃种苗，栽植水蜜桃 660 亩。水蜜桃成熟后略成球形，表面裹着一层细小的绒毛，青里泛白，白里透红。 所含果汁多，果肉香甜如蜜。2021 年，境内种植水蜜桃 750 亩，早中晚季水蜜桃总产量 15 吨，产值 750 万元。

无花果

2014 年，沈纶镇兴唐果蔬种植家庭农场，在金唐纪村流转土地 200 亩，种植无花果面积 55 亩。无花果果实生长在叶腋间，形状为梨形，成熟时为紫红色或黄色。2021 年，境内种植无花果面积 60 亩，产值 35 万元。

葡萄

2020 年，沈纶镇德芳果蔬种植家庭农场流转柏九村土地 295 亩，种植“阳光玫瑰”葡萄 190 亩，“妮娜黄后”“蓝宝石”“巨峰”“秋天”“黑阳光”等葡萄品种 40 亩。2021 年，以上葡萄获得国家知识产权局商标局批准注册“垛上爽”商标，境内规模种植葡萄 290 亩，产值 300 万元。

兴化板鸭

1984 年，沈坨乡工业公司特聘南京正宗名师制作板鸭，整个流程继承传统手工制作。

板鸭制作有季节性，每年小雪至大雪开始制作。制板鸭的工序十分讲究。一是选鸭。挑选 2.5 公斤左右、羽翼丰满、无病无伤、吃稻谷的散养鸭。二是屠宰。屠宰前断食 20 个小时左右，宰杀后放入 65℃的水中烫毛，拔毛时皮肤不能损坏。去除腹中内脏，用水清洗干净后放在冷水中浸泡 10 小时左右，捞出后再用清水洗几遍晾干。三是腌制。将精盐于锅中炒干，并加入部分香料，根据一定的比例，用炒好的香盐将晾干的鸭内外轻擦均匀，擦盐后依次堆码在缸中，经盐渍 10 多个小时后取出，使腔中盐水全部流出，经数小时后进行第二次扣卤。第二次扣卤，把鸭浸入珍藏几十年的用八角、茴香等 10 多种香料严格按比例熬制而成的老卤中，然后压实、封盖，时间以温度而定。四是晾干。大雪后，把鸭从卤中捞出，悬挂在通风、遮光特定的场所，直至鸭身干燥为止。

兴化板鸭

兴化板鸭风味独特，皮白、肉红、紧板、肉质细嫩，食之香酥、余味返甜，又具有盐水鸭鲜嫩可口之特色，肥而不腻，咸而有味，老幼皆宜。兴化板鸭经工商部门核准注册“雁荡”商标。

沈坨大麦酒

沈坨大麦酒，是创始人孙铨于 20 世纪

30 年代从苏州迁移至沈垰柏家舍，带着祖传的独家秘方，在柏家舍开槽坊酿制的大麦酒。70 年代初期，槽坊由村集体管理经营，改革开放后改制为个体经营。

沈垰大麦酒的酿制工艺流程比较复杂，选用优质大麦做主料，将颠簸干净的大麦放入大锅中蒸熟，每 125—150 公斤为一作。蒸熟后的大麦进行晾干，24 小时后，拌入自制的酿酒药引，反复用木铲子搅拌，待搅拌均匀后，用特制的装置进行发酵，发酵时间为一个星期左右，然后将完全发酵后的大麦放入蒸锅中，用旺火烧蒸，旺火焚烧时形成酒蒸汽，酒蒸汽顺着特制的管道淌入酒缸中，即生成大麦酒。

沈垰大麦酒，具有“纯、净、浓”三大特点。“纯”：无任何添加剂，全部是大麦酿制，不掺任何食品。“净”：整个出酒过程，全部密封运作，无任何污染。“浓”：酒的浓度高，口味佳，黏稠度强。

沈垰大麦酒密封保存，存放时间越长越香，酒的味道自然，风味十足，入口绵柔醇厚，极为舒适，没有丝毫的辣燥感。酒体饱满丰盈，绵甜爽净，不刺喉，不上头，是麦香味和焦煳味的深度融合。

沈垰豆瓣酱

沈垰豆瓣酱起源于 20 世纪 30 年代，是私营业主卜汉成和陈同庆合办酱厂的主打产品。中华人民共和国成立后酱厂过渡为公私合营，由沈垰供销社重办的酱厂主要

豆瓣酱

产品还有甜萝卜干、酱油、咸生姜、咸蒜头、甜莴苣等。

沈垰豆瓣酱的加工生产首先将黄豆清洗干净后，在水中浸泡 1—2 天，后放入大蒸锅里蒸熟，然后进行晾晒，待晾晒见干时（用手捏能松散的状态），配上干面进行搅拌，搅拌成颗粒状进行晾干，晾至没有水分后，进入霉干房进行发酵，在发酵的过程中，严格调控霉干房内的湿度、温度，时刻掌控发酵的过程。在霉干房内发酵后，产生有益霉菌，形成霉菌豆（土语：上酱黄子），发酵的时间约为两星期左右，发酵成功后的霉菌豆呈金黄色，备用。事先准备好老盐卤汤，将霉菌豆放入酱缸中，用老盐卤汤浸泡，放置于太阳光下日晒夜露，酱缸上配好透明盖防止虫蝇。

配好遮雨盖防雨水，照晒的时间不少于 120 天，其间注重管理，防雨、防风、防虫。

豆瓣酱的整个加工过程中做到清洁、卫生，不使用任何添加剂，保证原汁原味。

斜角烧饼

中华人民共和国成立前，邢荣年是沈坨方圆十几里家喻户晓的烧饼大王，因为做的烧饼形状是斜角，“邢斜角”也因此成为他的雅号。

斜角烧饼的加工制作有十几道工序，每道工序都必须严谨操作。首先取白精面粉加水和成软面团进行发酵备用，用韭菜或芹菜外加盐、味精、葱末、生姜末、蛋皮、虾沫等搅拌后做成馅心，再加上用熟猪油制作成的油酥馅心。将发酵后的面团投入碱水反复揉搓，用手压扁，将制好的馅心放入中间包好，擀压成长扁条状。并用刀切成斜角形面饼，在饼面抹上油并沾上芝麻。贴置于烤炉内，烤至金黄色出炉。

斜角烧饼的特点是香酥，主要在制作油酥馅心的过程中，运用熟猪油加芝麻油，和面反复揉搓，经过数十次乃至上百次的揉拌，才能制成香酥可口的油酥馅心。用这种特制的馅心，才能烤出风味独特、又酥又嫩、回味悠久的斜角烧饼。

水晶汤包

20世纪40年代前后，沈坨商业比较繁荣，集镇夹河两岸商铺、手工作坊众多，布店、米行、木行、浴池、杂货店等门类齐全，民国初年茶馆、小吃店十多家，茶馆中比较出名的有“海春”茶馆、“长春楼”茶馆和“一枝春”茶馆，其中最富有特色的当数泰州百年老字号分店“海春”茶馆，海春茶馆的水晶汤包更是远近闻名。

海春茶馆的水晶汤包制作工艺非常严谨，熬汤、制馅、擀皮、蒸烧、食用，全过程有30多道工序，且每道工序都有讲究。取猪五花肉制成肉末，将猪板油切成一碗豆米大的小丁子为主料。加上高汤、盐、酱油、糖等调料搅拌成肉馅心备用。高汤用老母鸡熬成汤汁，鸡汤熬制的时间不少于6小时。要求汤清不腻、稠而不油。取白精面做汤包的皮，该面粉有筋力、色泽白、口感佳，

水晶汤包

要求汤包皮薄如纸，蒸好的包子能看见皮内的汤汁，汤足如泉，汤包的褶皱不少于30个。吃汤包比较考究，要撮起五指从蒸笼里“提”出来，“移”到碗碟里。再撮起嘴唇像“开窗”一样在汤包上咬出一个小口，把汤汁吸进嘴里，每个动作都要凝神屏息，循规蹈矩。时有“轻轻提，快快移，先开窗，缓吸汤，皮子馅心一扫光”之说。

豆腐卜页

手工作坊制作的豆腐卜页除作为日常菜肴外，还是斋祭的贡品，卜页的制作历史悠久。清代以后，沈坨制作豆腐卜页形成气候，除集镇外，镇境内的自然村庄大都有豆腐卜页制作作坊。卜页的制作有一定的流程，主要是选料（选黄豆）—浸泡—磨浆—点卤—压榨，然后舀入卜页布，来回往复，压榨后出箱，剥下后形成卜页。

沈坨卜页在周边乡镇较有名气，因为境内有3家老作坊，延绵石磨磨豆、盐卤点浆、人力压榨等传统制作方式，每逢节假日（尤其是祭贡日），卜页供不应求。在外游子回乡返程后，多数都带家乡卜页自食或馈赠亲友。集镇杨家作坊的卜页常年直销上海市场。

杨记馄饨

19世纪60年代，沈坨集镇杨保经营的“杨记饺面店”在众多的饺面店中最为出名，源于这家的馄饨是一绝。

“杨记馄饨”精选生态猪肉，斩成肉末，配上酱油、味精、盐等佐料，加上葱末、生姜末、鸡蛋等配料，搅拌成肉馅心为主料备用。拌好先前和好的青菜、芹菜、芦笋、香菇等制成的各色配料馅心备用。取白精面粉做馄饨皮子，馄饨皮纯手工制作。用猪大骨头文火熬制老汤（大骨头用文火烧6小时以上为汤料备用），现场根据顾客的口味制作配料馅心。馄饨下锅煮熟后，倒入老汤内，其味鲜嫩可口，出锅时撒上小胡椒粉，其味之鲜美堪称馄饨之极品。“杨记馄饨”品种随着季节略有变化，前后有20多个品种，为满足顾客的需求应时随势，让回头客络绎不绝，流连忘返。

寸金糖

19世纪50年代，沈坨集镇享有盛名的老字号“德成和”茶食店，拥有三进10多间的厂房作坊，生意红火，方圆百里首屈一指。

“德成和”茶食店，祖上从上河迁移至里下河沈家坨居住，世代以做手艺为业。在19世纪初期，鼎盛时期，师傅、徒弟加雇佣人员10多人，家中饲养1头骡子，用骡子拉石磨磨面粉，用祖传的手艺、古老的制作方式制作茶食，主打产品有糕点、京果、烤炉、糖果四大类。食品中尤以寸金糖最出色，在方圆百十里的茶食店里都有它的代销产品。

寸金糖的制作工艺比较严谨，首先是熬糖浆、炒糖芯、炒脆皮芝麻备用，然后是掼糖、灌糖需一气呵成。掼糖即在案板中竖一根木棍，将拌好的有骨子的糖料，放在木棍上掼至呈白色。有时一个人掼糖体力不够，中途还需换人。接着做包，口小肚子大，灌入芯子，封口拉条，在灌芯子拉封条时，需要多人合作，紧密配合，要保持糖料的温度，稍有一凉，寸金糖棍就拉不动，拉好后切成寸长，最后蒸气、拌熟芝麻、过筛，产品即成。“德成和”制作的寸金糖呈金黄色，香气扑鼻，脆中有酥，老少皆宜。

金刚脐

金刚脐，六角形，用面粉加工经火炉烘炕而成。其形状似老虎的蹄爪，因而也有人称其“老虎脚爪”。制作金刚脐有几道工序，茶食师傅将掺有老酵的面团加入少许碱水进行发酵，然后制作甜咸两种口味的半成品，放入烤炉内烤制而成。沈坨的金刚脐分甜和咸两种口味，甜脐呈酱红色，松软香脆，咸脐呈淡黄色，外脆内软，吃在嘴里略咸，油润且有茴香味。金刚脐既可干吃，也可泡了吃。旧时沈坨镇的老字号“德成和”茶食店生产的金刚脐很有名气。如用荤汤泡食，更有一番风味。

小脆饼

小脆饼没有黄烧饼的一半大，略厚，长方形，抓在手里硬朗，但手掰即碎，故称“脆饼”。揿碎后的脆饼放在碗里，开水一泡即酥软，很适合老年人食用。脆饼

金刚脐

加工有好多工序，尤其在炉里烤的时间要恰到好处，时间长了会枯焦变味，时间短了脆酥程度又不够。制作脆饼用油、用糖都有适当的比例。食用时只要用手轻轻一揿，立即粉碎，吃在嘴里又脆又香。二十世纪七八十年代，沈坨有6家私人茶食店加工小脆饼，当数穆家堡顾家的最有名气。2021年，境内仍有3家茶食店从事手工制作金刚脐、馓子、果子、小脆饼等食品，产品盛销周边乡镇。

手擀饺面

手擀饺皮子是一个比较烦琐的制作过程，先用温开水将面搅拌成软面团，再用擀面杖反复碾压，经过上百次反复碾压（在碾压的过程中，每次都要用淀粉润滑），将面碾压成薄如蝉翼的面片皮。再用刀切成10厘米左右的小方块，便于包肉馅心。将肉斩成肉末，加上葱、生姜、老抽、生抽、味精、料酒、盐等佐料，拌好后的肉馅心备用。在整个制作过程中，不加任何添加剂，保持原汁原味。手擀饺面，讲究“味鲜”的感觉，随时吃随时做。

涨饼

用小麦面粉或米粉制作，再用老酵进行发酵。涨饼是农家主户为了不浪费粮食，将早晨吃剩下的粥加入小麦面粉或米粉发酵后而制成的一种产品。在发酵的过程中特别容易酸，因而要兑碱。发酵过程中产生大量的二氧化碳形成气泡，发酵原料会涨出许多，故叫“涨饼”。将发酵后的料子放进油锅中用油烘熟，香甜好吃。春节前更是涨好多，用蒸笼蒸熟，然后用小柴箔子将饼晒干，收藏起来，即成了随时可吃的方便食品。

爆炒鸡丁

取草鸡去掉鸡毛，剁下鸡腿及胸部部分鸡肉，将鸡肉切成细条，放上生抽、盐、糖、味精等佐料及生姜片、葱段、青椒或竹笋等配料，下锅爆炒十几分钟后，装入盘中食用。沈坨名厨高大元巧手制作的爆炒鸡丁，在方圆百里较有名气。

爆炒鸡丁

熏烧扎肠

熏烧是一种卤味食品，在制作熏烧时，将鸡肠或鸭肠，经手工制作，扎成一段段块状的食品。老卤腌制，用旺火煮沸，加入老卤汤等佐料，再用文火焖烂，煮熟后用刀切开，成为一道特色的卤菜，其美味、香、透、清等特点，食之开胃、视之清爽、闻之浓香，咸香而不腻。

大煮干丝

主料有鸡丝、肉丝、河虾、卜页丝，配料是香菇、木耳、竹笋等。首先准备好适量的鸡丝、肉丝、虾子。加上香菇、木耳、竹笋等配料，锅中放入菜籽油，待油烧至八成熟后，将准备好的主料和配料放入锅内进行翻炒。翻炒 3—4 分钟后，加入切好的卜页丝和准备好的鸡汤，再加上少许糖、盐等调料。用大火烧开后，再加入少量的青蒜段，用中火焖烧两分钟，放入鸡精，即可出锅。

肉烧长鱼（黄鳝）

雅称“肉烧马鞍桥”，是农村传统名菜。挑选 3 两左右的活长鱼，宰杀后用温水抹去黏液后，用清水洗净血污，再在鱼背上打上花刀，切成 4 厘米左右的鱼段。五花肉焯水后切成小方块备用。铁锅上火倒入菜籽油，将姜、葱、大蒜瓣投入锅中爆香，将五花肉放入翻炒微黄，料酒烹入去腥，加生抽提鲜，糖色上色，香醋少许增香，加适量冰糖、香葱、清水，用小火焖至 5 成熟，加入长鱼段，继续小火焖 30 分钟，汤汁黏稠后撒上小胡椒粉装盘，加上香葱花点缀。肉烧马鞍桥具有滑、鲜、嫩、香的特点，营养价值比较高。

红烧昂刺鱼

昂刺鱼，学名黄颡鱼，是沈坨境内常见的淡水鱼。每到菜花盛开的四月，昂刺鱼最为肥美，这时候，乡民们所举办的宴席，都会将红烧昂刺鱼作为一道必备的菜肴。镇上各家饭店也将红烧昂刺鱼作为招牌菜，人们通常将此时红烧的昂刺鱼叫“菜花昂”。

红烧昂刺鱼，先将油锅烧热，放入干红椒、生姜、葱，将昂刺鱼放入并两面煎成金黄色，再加入白开水炖煮。稍后加入老抽、盐、糖、鸡精、味精，临出锅前加入蒜苗，焖一分钟起锅。

红烧昂刺鱼

红烧小杂鱼

取新鲜小杂鱼600—800克，杂鱼中有翘嘴白鱼、小白条、虎头鲨、泥鳅鱼、刺鳅鱼、小鲫鱼、黄辣丁、小螃蟹、螺蛳、鳑鲏鱼、锣荷鱼、色鲃仔鱼、小虾、银色鱼等10多个品种，将小杂鱼清洗后备用。

用多种佐料配置成汤料，将准备好的小杂鱼放入汤料中，烧开后加入料酒，去除腥杂味，用小火焖烧5—8分钟，放入味精、青蒜花即可出锅装盘。

此菜名为“一网打尽”，里下河水质优美，鱼类丰富，鱼的品种多，这些鱼虽小，但肉质细腻，味道丰富，色香俱全，各味皆备，口感独特，鲜嫩可口，称得上是佳肴中的一绝。

韭菜炒长鱼

按常规方法炒好一盘5成熟的韭菜；长鱼焖煮后，将长鱼用竹针去骨划成丝，采用“热锅冷油法”后，再将生姜片、大葱等佐料入锅小炒，稍后捞起生姜片，油锅继续上火，此时即将鳝丝下锅爆炒，同时加入料酒、酱油、糖、醋，用生粉勾芡，再倒入小胡椒粉和麻油。将先前炒好的韭菜倒入锅中，与鳝丝均匀混拌后即可装盘。也有直接将鳝丝起锅后放在盘中炒好的韭菜上。

炖麻虾

麻虾是一种野生的淡水小虾，形如芝麻而得名。将新鲜的小虾，清除杂物，清洗干净，用搅拌机搅拌成糊状，加上适量

韭菜炒长鱼

的食用盐，进行腌制，腌制一个星期左右，形成虾子料，叫麻虾子。取草鸡蛋6—8枚，去蛋壳后打入大碗中，用筷子反复搅拌，形成蛋清液备用。将腌制好的麻虾子配料放入搅拌好的蛋清液中，配上葱段、生姜汁、料酒、糖、盐、味精等佐料，再用筷子进行搅拌，加入菜籽油，温开水，上蒸笼蒸，蒸10分钟后即可。该菜原汁原味、鲜嫩可口、鲜香滑嫩、营养丰富、别有风味。境内有“好菜一桌，不如麻虾子一唰”之说，还可以将麻虾子做成麻虾子酱，馈赠亲朋好友。

清蒸苋菜馉

苋菜是一种一年生的草本植物。叶子呈绿色或暗紫色，生长初期可作为一种常见的蔬菜，可以爆炒，也可以烧汤，生长后期形成茎，高约1米左右。人们将新鲜的苋菜茎去叶，清洗后，切成长约一寸的段子，然后用盐腌制变软，也可以加入陈年老卤汤，浸泡5—7天后，加入菜籽油进行清蒸，即可食用，其味道独特，卤味浓而香醇。作为可吃饭可吃粥的可口咸菜，深受人们的喜爱。

呛虾子

选用稍微大一些的白条虾，清洗后，用少许食用盐“浆”一下，将生姜切成碎丝，加入小胡椒粉、生抽等佐料，制成配料备用，待虾子“浆”十几分钟后，倒入适量的白酒醉闷，使用前倒掉杂水，将浆好的虾子放入盘中，可摆成整齐的图形。再倒入制成的备料。加上点麻油，即可食用。

青虾

2019年兴化市“三下乡”集中

服务活动文艺
主办单位：中共兴化市委
兴化市人民政
承办单位：中共兴化市委
兴化市文化广
兴化市教育局
沈坨镇人民政

第八篇 精神文明建设

沈坨自古民风淳朴，厚德崇文。自 20 世纪 80 年代起，沈坨乡（镇）党委建立精神文明建设活动组织，研究制定并下发一系列精神文明建设的文件和材料，持续开展文明教育、文明创建和文明阵地品牌建设系列活动，文明新风吹拂着沈坨大地。在沈坨，见义勇为、助人为乐、敬业奉献、孝老爱亲、公益慈善蔚然成风，涌现了一批道德模范。沈坨镇先后两次被江苏省精神文明建设委员会授予“江苏省文明乡镇”称号，沈坨财政局分别被扬州市、泰州市财政局命名为“双文明财政所”，薛鹏、李默、金唐纪、繁盛、柏九 5 个村获评泰州市文明村，安冒、沈坨北、沈坨南 3 个村获评兴化市文明村，崇禄、繁盛、薛鹏、安冒等村先后获评江苏省民主法治示范村、和谐社区示范村，樊才林家庭获评第二届江苏省文明家庭。

宣传教育

20世纪80年代起，沈坨乡（镇）党委以“五讲四美三热爱”教育活动为引擎，设置各类宣传载体，挖掘身边模范典型，推广普及行为准则，产生良好的社会效果。

文明宣传

20世纪80年代初期，沈坨乡利用广播电视、设置宣传栏、刷制固定标语、悬挂横幅、发放宣传手册等手段，在境域内开展“五讲四美三热爱”（讲文明、讲礼貌、讲卫生、讲道德、讲秩序；心灵美、语言美、行为美、环境美；热爱中国共产党、热爱祖国、热爱社会主义）宣传教育活动。

20世纪90年代初，沈坨乡在集镇服务窗口单位全面开展“创文明单位、建文明集镇”竞赛活动。

1992年，在全乡组织开展“三户一村”（遵纪守法户、五好家庭户、双文明户、双文明村）创评活动。

2002—2007年，组织全镇干部群众学习新修改的兴化市《市民守则》《市民日常行为规范》和《市民日常生活指南》。

2015年，沈坨镇开展“寻找身边的樊才林”微典型挖掘活动，编写《寻找身边的樊才林》典型模范人物事迹介绍，组建志愿宣讲服务队，在全镇范围开展巡回宣讲活动。

2016年以后，集镇社区、各村均在醒目位置设置内容丰富、形式多样的宣传栏、标语牌、电子屏和美德善行榜。集镇府前公园设置社会主义核心价值观大型景观，集镇主干道、文体活动广场等人员密集场所随处可见文明宣传公益性小品和标语牌。2017年，全镇集中对标语牌、宣传栏进行查漏补缺或更新调整，增添小品37处、墙体绘画560平方米，增设大型宣传版面2800平方米，更换灯架标语牌57块。

文明教育

20世纪80年代初期，在全国范围内的“五讲四美三热爱”的群众性活动中，沈坨乡广泛开展三提倡、三反对（提倡科学文明，反对封建迷信；提倡艰苦创业，反对奢侈

“十佳风采”青春论坛

浪费；提倡民主法制，反对违法乱纪行为）教育活动。

20 世纪 80 年代中期，沈坨乡制定下发《沈坨乡“八五”期间社会主义精神文明建设规划》，进一步明确全乡精神文明建设各项任务。

1990 年，沈坨乡推行并普及“十字”（请、您好、谢谢、对不起、再见）礼貌用语；制定《党政干部守则》《职工守则》《学生守则》等行为规范。

1992 年，开展“三户一村”（遵纪守法户、五好家庭户、双文明户、双文明村）评选活动。

2005 年，全镇各行政村分别建立农家书屋，全镇藏书 3.6 万册。每年“4·23”世界读书日，均举办阅读征文等系列活动。

2006 年，开展以“八荣八耻”（以热爱祖国为荣，以危害祖国为耻；以服务人民为荣，以背离人民为耻；以崇尚科学为荣，以愚昧无知为耻；以辛勤劳动为荣，以好逸恶劳为耻；以团结互助为荣，以损人利己为耻；以诚实守信为荣，以见利忘义为耻；以遵纪守法为荣，以违法乱纪为耻；以艰苦奋斗为荣，以骄奢淫逸为耻）为主要内容的社会主义荣辱观教育。

2002—2007 年，组织全镇广大干部群众学习新修改的兴化市《市民守则》《市民日常行为规范》和《市民日常生活指南》。为规范村级管理，配合文明镇村创建，2009 年，制定《沈坨镇村（居）民文明公约》，指导各村依据国家法律法规，结合各村具体情况和特点，制定村规民约。村规民约均橱窗张贴或放大上墙公布，以规范辖区村民言行。截至 2021 年，沈坨镇各行政村均制定并不断完善《村规民约》。

2019 年起，沈坨镇建成 1 个镇级和 13 个村级道德讲堂，总建筑面积 2100 平方米。截至 2021 年底，全镇所有道德讲堂举办活动 176 场次，参加活动人员近万人次。

阵地建设

百姓大舞台

2019 年，沈坨镇在兴化市第一个实现行政村百姓大舞台全覆盖。是年 9 月，兴化市委宣传部、市文广新旅局在沈坨镇召开全市新时代文明实践所暨百姓大舞台建设工作现场推进会。2020 年后，部分自然村也相继建成百姓大舞台。全镇各村按照“节日有庆典、月月有活动，四季有歌声、天天有内容”的要求，组织群众自发组建的文艺宣传队、健身舞蹈队等利用舞台正常开展活动，还不定时邀请市专业文艺团体、临近乡镇舞蹈队登台表演。

百姓大舞台推进会

廉政教育中心

整合沈坨镇文体活动中心资源，于 2017 年 7 月规划设计，当年底建成并举行第一次教育活动。中心是泰州地区首家乡镇廉政教育基地。

中心室内使用面积 160 平方米，室外墙体设置 16 块反腐倡廉宣传牌。展示厅以道家学说老子《道德经》中的“上善若水”为主题，辟有学廉、拒腐、督廉、刺贪、倡廉五大板块，各板块内涵丰富、形式多样。该中心的建成启用，为广大党员干部进行党的理论教育培训和党风廉政警示宣传教育搭建了一个新的平台，开拓了一个全新的教育阵地。成为全镇党员干部加强党性锻炼、提高党性修养的重要场所，成为广大党员干部群众共同的精神家园。截至 2021 年底，沈坨镇有计划、分期组织党员干部到中心接受教育 33 批次、1320 人次，镇外党员干部接受教育 17 批次。

冒家村百姓大舞台

关心下一代工作

2004年，沈坨镇成立关心下一代工作委员会。2006年，全镇各村（居）均建立关心下一代工作委员会。2009年，在兴化市率先成立民营企业联合关心下一代工作委员会。2017年，成立沈坨镇农业系统关心下一代工作委员会。

截至2021年，有“五老”队伍396人，建立五支“五老”志愿者服务队，常态化开展志愿者服务活动。注重发挥社会力量开展捐资助学，每年动员组织企业老板和爱心人士捐资不少于10万元，资助困难家庭学生及其他弱势群体。注重典型培植、品牌效应，樊荣村关工委常务副主任樊才林的3个80%（房屋、退休金、精力）的关爱精神传遍大江南北，被中国关工委、中央文明办表彰为“全国关心下一代先进工作者”。

《中国火炬》2015年第4期刊登宣传报道沈坨镇关工委帮助患病儿童杜香宇的先进事迹。2019年11月，中央4台栏目组到江苏省关心下一代工作先进工作者樊才林的关情书苑拍摄“乡愁”系列《一枝一叶总关情》专题片。2021年3月，《大江南北》杂志社报道沈坨镇关工委牵头的红色教育“薛鹏烈士塑像落成揭像仪式”。

沈坨镇关工委多次受到上级党委、关工委的表彰，在兴化市关工委成立30周年表彰会上，被兴化市委授予十佳“优秀集体”。

关情书苑

坐落于沈坨镇繁盛村樊荣自然村，主人为全国关心下一代先进工作者樊才林。2005年，樊才林始建家庭校外辅导站，投入近3万元添置电视机、影碟机等设备，订阅10多种报刊，购买2000多册图书，开设阅览、琴棋书画、文娱乐器等活动室，辅导站时有面积200平方米。2009年，樊才林用一生积蓄的近20万元扩建“关情书苑”，建筑面积达400多平方米，内设综合辅导厅、乡村民俗展览室、青少年爱国主义教育活动室、电子阅览室、科教辅导室、少年追梦室、台球室、经典国学图书室等“一厅七室”。“关情书苑”内藏1万余册图书、近万件古玩物，有500余件农具的原件或复制品，各种粮票、布票和老行当用具上千种，清朝道光、咸丰、同治、光绪年代的契约、兵器及纪念章、国史照片、文件等2000余份。建成江苏省首批示范校外辅导站。

关情书苑

文明创建

文明镇创建

2008 年，沈圪镇组建精神文明创建工作领导小组，党委书记任组长，党委宣传科具体负责文明创建指导工作，制定创建计划。全镇各单位、村均成立相应组织。

2009 年以后，沈圪镇把文明创建工作摆在突出位置，坚持面向群众，贴近实际，深入持久开展社区文化、镇村文化、企业文化、广场文化、校园文化建设，通过开展“创建文明乡镇，争当文明居民”“告别陋习树新风、走向文明见行动”和“文明进社区”等系列活动，引导广大村（居）民树立文明、健康、科学的生活方式，养成良好的生活习惯。常态化组织群众喜闻乐见的文化娱乐活动，认真实施“十星文明户”“文明小区”“五好文明家庭”等文明创建细胞工程，广泛吸引群众积极参与精神文明创建活动。深入开展“樊才林式”微典型挖掘活动，定期开设道德讲堂，用好善行义举榜，充分发挥榜样的辐射带动作用，让本乡本土的凡人善举、“草根英雄”成为引领社会风气的榜样，激发群众的荣誉感、上进心，引导群众崇德向善，见贤思齐，形成讲道德、尊道德、守道德的良好风尚。通过持续不断的系列创建活动，全镇干部群众的文明程度和道德素养有效提升，精神文明建设取得可喜成果。2014 年沈圪镇获评泰州市文明乡镇，2021 年复评为 2018—2020 年泰州市文明乡镇。2016 年起，沈圪镇先后获评 2013—2015 年江苏省文明乡镇、2019—2021 年江苏省文明乡镇。

2016 年度江苏省五四红旗团委奖牌

文明单位创建

20 世纪 90 年代初，沈圪镇开展创建文明单位活动，制订文明村（社区）、文明单位、文明行业创建标准，推动文明创建活动规范化、制度化。1996年，按照兴化市文明委《创“三优”、建“三户”活动意见》要求，推进农村精神文明建设。1997年，在各村开展的“创十星、评三户”活动中，把文明户评选活动作为文明村创建的重要内容。进入21世纪后，沈坨镇组织开展“创建文明乡镇，争当文明居民”文明创建活动，深入推进“十星文明户”“文明小区”“五好文明家庭”等文明创建工程建设，推动文明单位创建向企业延伸，全镇涌现了一批先进文明单位。其中沈坨财政所自1991—2020年，分别被扬州、泰州市财政局评为“双文明财政所”，多次被兴化市委、市政府评为“文明单位”。2009年2月，沈坨中心卫生院被泰州市纪委、卫生局授予“无红包医院”。繁盛、崇禄、金唐纪、薛鹏、安塘等村被评为江苏省民主法治示范村。李默、薛鹏、金唐纪、繁盛、柏九等村获评泰州市文明村。

附：文明单位选介

沈坨镇财政局 沈坨镇财政局始建于1982年。自建所以来，该局（所）始终围绕“阳光财政、文明财政”目标任务，坚持把精神文明创建工作列入重要议事日程，加强领导和组织协调，精心布置、定期督查，切实把文明单位创建工作落到实处。20世纪90年代起，每年制定切实可行的创建规划，明确目标和措施以及班组和个人各自职责，每个季度检查一次，适时进行总结讲评，及时激励先进，鞭策后进。进入20世纪后，结合“青年文明号”和“岗位能手”创建，细化规范服务设施和服务标准，岗位职责、行为规范上墙，推进“文明从我做起”和“榜样就在身边”活动，促进文明创建成为全员自觉行为。2010年起，契合新农村建设和康居示范村创建，每年修建村文化活动广场、村文化活动室，建设农家书屋、广播室，镇村文明景观、乡规民约、善行义举榜、社会主义核心价值观等文化建设，开展“道德讲堂”、评选表彰“好婆婆、好儿媳、文明家庭”“十星级文明户”“致富能手”“产业带头人”等活动费用纳入年初预算。建所以来，所（局）搬迁3次，均设置活动室、图书室、乒乓室等文体功能设施，为文化建设创造必要条件，不断丰富干部职工精神生活，增强团队精神和队伍凝聚力。自1991年以来，先后获评扬州市“双文明财政所”“文明财政所”、泰州市“双文明财政所”“文明财政所”，多次获得兴化市文明单位、先进财政所，兴化市“青年文明号”等称号，成为沈坨镇精神文明建设的一面旗帜。

沈坨中心卫生院 沈坨中心卫生院始创于1969年，由扬州市苏北人民医院为基础发展而成，一级甲等综合卫生院，下辖8个村卫生室。20世纪90年代起，沈坨中心卫生院把精神文明建设活动纳入年度工作目标管理之中，采取分解落实、量化考核、奖罚分明等措施，文明单位创建工作取得明显实效。2008年以来，在抓精神文明建设工作的同时，沈坨中心卫生院着重抓医德医风的建设，全院职工人人成文明建设的主体，个个成文明建设的成员，树立白衣天使的形象，把好人情关，拒绝收红包，杜绝吃、拿、卡、要，把患者视为亲人，构建和谐的医患关系。2009年，被泰州市纪委、泰州市监察局、泰州市卫生局和泰州市纠风办授予“无红包医院”奖牌。每年的九九重阳节，组织医护人员到镇敬老院为老人免费进行常规检查。每年两次组织医护人员、志愿者到集镇街上或村委会开展免费常规检查，宣传卫生知识、分发卫生宣传资料。每次义诊活动开始时，村民们就早早自觉排队等候，每次义诊活动，都为100多名村民带来便利，受到广大村民的赞扬，产生了良好的社会效果。2019年，沈坨中心卫生院被江苏省卫生健康委员会评审为“省示范卫生院”。连续十多年先后获得兴化市卫生健康委员会、兴化市市场监督管理局、兴化市妇幼保健院、兴化市精神文明建设指导委员会颁发的“综合管理先进单位”“目标管理先进单位”“药品、医疗器械、化妆品不良反应监测先进集体”“妇女保健工作先进单位”“兴化市文明单位”等称号。

沈坨中心校 沈坨中心校历史悠久，从1949年沈坨中心校的建立，经过几十年的过渡历程，多次更名发展。20世纪80年代起，沈坨中心校把精神文明建设的内容纳入学校总体规划，把文明单位创建工作摆上重要议事日程，认真对照文明单位创建标准，制订创建工作计划、安排活动内容，通过召开校会、主题班会，开展文明创建进社区、进企业、“小手牵大手”等系列活动，营造文明单位创建的良好氛围。在创建过程中，狠抓教学管理，1988—1993年沈坨初级中学连续5年中师、中专录取成绩排兴化教育中考前十名。1998年，沈坨教育组织教师参观洋思教育课堂，开始了“先学后教”“当堂训练”的洋思教学模式。2009年以后，沈坨中心校对照文明单位创建标准，在校园内设置了多块橱窗和宣传展板，分主题建立了校园文化长廊、艺术长廊、“校园之星”长廊、兴化历史名人长廊；建立了室内文化，评比“美德少年”，评比文明班级。先后组织“教育在发展，时代在呼唤什么样的教师”大讨论，“寻访家乡变化，感受改革开放成就”活动，向师生及家长征集学校发展的金点子，先进人物故事会等系列活动，激发了全体教师的学习、工作积极性。学校涌现出一批爱岗敬业、乐于奉献的优秀教师。2009年，沈坨初中在中考中被兴化中学、楚水实验中学等四星中学录取的人数创历史新高，受到兴化市政府、兴化教育局的表彰，得到广大家长、学生的认可。建校以来，学校每年清明节组织学生祭扫烈士墓，对学生进行革命传统红色教育。每年6月，为践行社会主义核心价值观，引导少年儿童和广大家庭成员爱党爱国，传承中华优秀家风，传播科学家教理念，培养良好亲子关系，联合镇团委、妇联、关工委等单位组织开展庆“六一”文艺会演、“童心向党”、关爱困境儿童等系列主题活动。每年9月开展教师趣味运动会，庆祝教师节，尊师重教。每年元旦举行迎新会演，积极开展书法比赛和十佳歌手评选活动。2016年，沈坨中心校被中央文明办、教育部、财政部命名为乡村学校少年宫。

文明家庭创建

1982年起，沈坨镇通过开展“五好”家庭（政治思想、生产工作好；家庭和睦、尊敬老人好；教育子女、计划生育好；移风易俗、勤俭持家好；邻里团结、文明礼貌好）评选和“三户”（遵纪守法户、文明户、新风户）创评活动，有效推动家庭文明建设。1994—1996年，组织学习《文明家庭标准》《文明职工标准》，开展文明典型评比活动。1996年，沈坨镇深化开展“五好文明家庭”（爱国守法，热心公益好；学习进取，爱岗敬业好；男女平等，尊老爱幼好；移风易俗，少生优育好；勤俭持家，保护环境好）创评活动，全镇家庭文明建设蔚然成风。2010年以后，每年开展“十星文明户”（爱党爱国星、遵纪守法星、兴业致富星、诚实守信星、孝老爱亲星、助人为乐星、环保卫生星、勤俭节约星、移风易俗星、文明礼貌星）评选表彰活动，评选按照“自评、推荐、公示、命名”四个步骤，首先由各农户对照标准，向所在村民小组自荐或推荐他人，各村民小组进行集中初评，将符合条件的预选名单书面报送村“两委”；村“两委”组织人员对全村的预选名单及相关材料进行初审定星，并在全村范围内进行张榜公示无异议后，将评选结果报送镇党委；镇党委对各村初审结果进行综合评审，对评选达标的家庭授予“十星级文明户”称号，并组织统一挂牌。至2021年，全镇评选“十星文明户”1705户。2021年，评选表彰“十星文明户”170户。

附：典型文明家庭选介

樊才林家庭 居住在沈坨镇繁盛村樊荣，家庭主要成员5人，是一个热心关爱事业的家庭。樊才林用80%房屋、80%退休金、80%的精力，创建“关情书苑”、设立“爱心互助会”、建成“樊才林红十字志愿者工作室”等，几十年如一日践行关爱事业。老伴唐春芳长期默默关心着他的事业，家庭子女传承感恩、奉献的家风，也加入关爱事业的行列。

从1991年起，樊才林家庭因地制宜，在自家墙壁上出宣传专栏，每年10次以上。从2007年开始，樊才林家庭与时俱进，先后投入2万余元，自办专题图片展。至2021年，制作展牌300多块，图片3000多幅。

2008年5月，樊才林家庭带头注入基金2000元，注册成立兴化市首家“爱心互助会”，先后累计捐资11万多元，帮扶特困学生200多人次。

2009年春，樊才林家庭拆除厨房，投入近20万元，建成总面积达到400多平方米的家庭校外辅导站“关情书苑”。站内有上万册图书、数千件展品，常年对外开放，

樊才林

服务村里村外的中小学生。

2019年，樊才林成立关情博爱奖学金，家庭拿出1万元资金，他本人每月从养老金中再注入200元，奖给年度品学兼优的困难学生。2019年9月，樊才林家庭获评第二届江苏省文明家庭。

李斌家庭 居住在沈圪镇安冒村安塘，家庭主要成员6人，四代同堂。李斌家庭和睦融洽、团结邻里、孝敬老人、教子有方。

李斌担任村委会副主任，工作上勤勤恳恳，任劳任怨，敢于动真碰硬，不徇私情。对群众总是有求必应，特别是对困难群体的关心更是无微不至，每周两次上门探视村里五保及留守老人。儿子李晓维长时间在部队服役，儿媳在偏远的沈家村任村委会主任助理，李斌平日里言传身教，经常勉励他们踏实做事、真诚待人，树立好自己的人生观、价值观。妻子赵良云主动承担家庭所有事务，让丈夫全身心投入工作，还要悉心照料90岁高龄的母亲和年幼的孙子，家庭琐事、邻里关系打理得井井有条。

袁龙章家庭 居住在沈圪镇李默村，家庭主要成员6人。袁龙章家庭遵纪守法、慎诺守信、乐于助人，深受村民和社会好评。

2006年，袁龙章家庭在本村家中开办便民农资经营部，坚持诚信经营、守法经营、规范经营，“假一罚十”的服务承诺赢得全村及周边镇村客户的信赖。2012年，袁龙章从镇农科站退休，除与妻子许春粉共同打理经营部外，凭借自己数十年对“三农”工作的情怀和理解，经常性深入田间地头，指导农户科学施肥、防治病虫害，帮助农户解决生产中遇到的难题。袁龙章夫妇为人和善，待人诚恳，平时村民少量的农药、化肥从不收费，对困难群众免费或成本价提供良种等生产资料。儿子袁冠东传承父辈诚实做人的良好家风，在吴江一带从事建筑行业，深得客户信任，市场空间逐年拓展。

奚德茂家庭 居住在沈圪镇关华复村，家庭主要成员4人。奚德茂家庭坚强面对生活，坚守公益事业，坚持助人为乐，受到村民普遍赞誉和尊重。

2000年9月，奚德茂家庭突生变故，30岁的儿子不幸罹难，面对生活留下的重创，奚德茂与老伴袁桂云凭借坚强乐观的生活态度，精心呵护未成年的孙子，省吃俭用供孙子完成学业。受良好家风的教育，孙子奚宇升学会在逆境中成长，养成面对困难吃苦耐劳的意志品质。

奚德茂夫妇是热心公益、助人为乐的志愿者。奚德茂在村委会主任岗位上退职后留用，他负责的3个村民小组各项工作都走在全村前列。作为村关工委常务副主任，奚德茂时刻关注着村里3户困难家庭学生的健康成长，动员社会爱心人士进行结对帮扶。夫妇俩对全村老人关心周到，每三天轮流到村里五保、低保等特殊群体家中巡访一次，嘘寒问暖，几十年从不间断。每逢雨雪天气，奚德茂都主动义务清扫庄前桥头的冰雪，为村民出行开通安全“过道”。

王德志家庭 居住在沈坨镇柏九村，家庭主要成员5人。王德志家庭爱岗敬业、锐意进取、睦邻友好、热心公益。

王德志从事乡医50年，刻苦钻研医术，热心服务群众。每周利用村有线广播普及一次卫生健康小常识，每季为村民举办一次专题讲座。王德志为全村老人建立健康档案，主动给居住偏远、行动不便的老人上门检查诊疗，是村民心中的健康守护人。妻子杨文英任职村妇联主任40年，凭着对妇女工作的执着精神，爱岗敬业，甘于奉献。古稀之年，组织动员本村6名妇女成立巾帼志愿服务队，承担全村保洁工作，定期到特困供养人员家里打扫卫生。

王德志家庭生活中相敬如宾，工作上互进互勉。儿媳刘芳曾当选过兴化市人大代表，与儿子王加强在上海从事车运生意。由于受父母忠厚诚信、吃苦耐劳的品德熏陶，生意做得有声有色。

杜长青家庭 居住在沈坨镇金唐纪村，两个儿子成家后，在苏南均事业有成。杜长青家庭相敬相爱、孝老爱亲、勤俭持家、崇德向善。

19世纪70年代，杜长青担任纪家村党支部书记，一心扑在工作上，每天深入田间地头，与群众打成一片。退职后担任村关工委常务副主任、老年协会会长，真诚服务全村老人和青少年，继续发挥余热。妻子吕粉红任劳任怨，孝敬老人、抚育子女、和睦邻里，默默为老伴分忧。杜长青家庭热爱劳动、勤俭持家，子女常年在外务工，家中的两亩多荒地和庭前0.5亩菜地，老夫妇俩打理得井井有条，挑粪、罱泥、扛笆斗，80多岁的杜长青不逊年轻人。

杜长青家庭尊老爱幼、相敬如宾，杜长青母亲武一寿，经历近30年的旧社会磨难，三年困难时期，剥树皮、挖野菜、摸鱼虾，操持全家8口艰辛度过饥荒。武一寿面对生活的每个苦难和挫折，一生保持乐观的人生态度，用坚韧不拔的意志和吃苦耐劳的品格影响后代。2020年，武一寿103岁无疾而终。

刘宝年家庭 居住在沈坨镇沈坨北村，家庭主要成员两人，刘宝年夫妇相濡以沫、互敬互爱，积德行善、甘于奉献。

1970 年，刘宝年成为第一批农村大队“赤脚医生”。在村行医半个世纪，他走遍村庄每个角落，掌握每一户村民身体健康状况，谁患过哪些慢性病，谁对哪些药物过敏，都了如指掌。由于沈坨北村村民居住零散，出行不便，刘宝年经常冒着雨雪，顶着酷暑，上门为患者诊疗，或给患者服药，或载着患者回卫生室治疗。碰到急重症患者，他会第一时间帮助联系转到上级医院。

刘宝年家庭在邻里间有很好的人缘，与邻居关系亲如弟兄、情同手足。妻子邵年英本本分分，勤勤恳恳，为减轻丈夫的工作压力，全力承担家庭的所有事务，平时还抽时间学习卫生健康常识，主动给村民提供力所能及的帮助。

胡根香家庭　居住在沈坨镇薛鹏村，家庭主要成员 5 人。胡根香家庭相敬相爱、邻居和睦、乐于助人、热心公益。

胡根香从村支书岗位退职后，担任村关工委常务副主任，热心关注青少年健康成长，积极发动乡贤能人捐建薛鹏烈士塑像，配合镇关工委“牵线”企业爱心老板，全额资助一名特困家庭学生就学至大学毕业。儿子胡金钧担任村党总支副书记，时刻关心村里的五保、低保及特殊困难家庭的生活，经常上门嘘寒问暖。为村里新建停车场，胡金钧与爱人周冬琴主动带头捐资 3000 元，带动了在外能人老板和村民共同筹集 15 万元，建成 2000 多平方米停车场。妻子季桂年对丈夫、儿子因工作忙而很少顾及家庭从无怨言，一直默默支持、关心父子俩的工作。

胡根香孙女胡雅琪在父辈的耳濡目染下，自小养成爱岗敬业、助人为乐的品行，动员奶奶一起给父母双残、患有孤独症的同学送衣送物，进行心理抚慰，帮其在亲戚企业安排工作，挽救几近破碎的家庭。

姜长钧家庭　居住在沈坨镇崇禄村，家庭主要成员 5 人。姜长钧家庭相敬相爱、老少共融、团结邻里、热心助人。

姜长钧先后在镇里多个部门工作，爱岗敬业、任劳任怨，业务潜力强。姜长钧与妻子夏巧红感情融洽、乐于助人，左邻右舍有什么困难，夫妇俩都是主动热心帮助。村里五保老人姜宏，长年患有严重高血压，姜长钧夫妇视其为亲人，平日督促按时服药、例行体检，晚上陪老人散步，还定期给老人洗澡、剪发，隔三岔五上门送食物。邻居凡小粉患有严重眼疾和高血糖病，姜长钧夫妇主动承担日常生活照料义务，老人遇有头疼脑热，姜长钧夫妇更是调剂好工作时间，轮流陪护在老人身边。儿子姜宝松在兴化城汽修厂工作，受父母善行熏陶，也自发加入关心他人、积善行德的行列，每逢节假日回村都带上营养品上门探视老人。

附：2021 年“十星文明户”

2021 年，沈坨镇组织开展“十星文明户”评选表彰活动，通过宣传发动、全面推进、总结表彰三个阶段，镇党委结合全镇党员干部冬训班，对 170 户“十星文明户”进行集中表彰。

关华复村

陈学根　吴万太　奚德茂　奚宝咸　奚瑞堂　奚伯慧

奚冬梅　高　剑　白春扣　张金付　范宝书　胡兆华

范宝珍　范荣锦

李默村

王兆民　袁联明　王春玉　袁国祥　沈凤英　王加华

许方长　许世泽　袁新和　袁新福　袁桂宏　袁步领

袁龙章　孙海同　江金荣

薛鹏村

孙大强　张生伦　孙生太　孙生智　孙同兵　卢学银

孙全凤　朱永生　丁金堂　孙宝才　凌正华　罗怀明

丁华堂　冒根银　唐俊叶　樊炳高　胡　兵　孙同付

陈荣宝　刘恒远　陈荣国　万世江

金唐纪村

唐广玉　谢祥田　唐干成　唐金根　唐俊根　张正帮

张宝德　黄荣根　黄荣桂　高来章　刘荣珠　黄卫权

杜长青

繁盛村

周国华　周广元　朱玉英　张兆亮　张绍寿　樊才林

刘桂宏　樊长高　樊长明　鲍昌快　王青山　陈凤桂

陈凤模　徐殿卫　范春明　范元年　沈兆洪　沈万林

徐　斌　徐　淦　徐慧平

崇禄村

钱长宽　朱壮国　姜保爱　姜长銮　童茂林　张金桂

徐扣林　王爱富　王春才　王春林　张文新　洪俊松

洪文川　吴文宏　吴文山　夏　宾

柏九村

徐立炎　陈扣兰　王恒勇　蒋庆余　周卫华　刘　岩

王加俊　刘登桂　崔俊林　倪金罗　陈　星　倪金涛

沈坨南村

顾二羊　季来宝　曹开华　杨文旺　王广信　林德旺

龚于久　邵永明　邵正银　张德明　龚于宝

沈坨北村

陆生高　邵永华　朱银根　邵学宏　陈余庆　刘宝年

邵书凤　周存根　全宏兵　张忙根　史玉忠

安冒村

张吕旺　赵龙根　李桂植　俞传宝　俞春泉　杜新红

杜志生　杜存旗　李　祥　杨克才　杨冬生　徐国群

蔡满富　李怀义　徐宝顶　黄春胜　周正选　周日辉

顾春草　徐巧根

集镇社区

俞春祥　顾春根　王立德　邵来红　邵才宝　徐长青

倪立群　钱爱民　季扣祥　钱广智　倪金明　邵登银

沈建明　唐兆金　蒋根和

沈坨镇精神文明创建成果一览表（截至 2021 年）

表 4

单位	年份	创建成果	授予单位
沈坨镇政府	2012	泰州市文明乡镇	泰州市委、市政府
沈坨镇政府	2013—2015	江苏省文明乡镇	江苏省精神文明建设指导委员会
沈坨镇政府	2018—2020	泰州市文明乡镇	泰州市委、市政府
沈坨镇政府	2019—2021	江苏省文明乡镇	江苏省精神文明建设指导委员会
李默村	2018—2020	泰州市文明村	泰州市委、市政府
李默村	2018—2020	兴化市文明村	兴化市精神文明建设指导委员会
薛鹏村	2018—2020	泰州市文明村	泰州市委、市政府
薛鹏村	2018—2020	兴化市文明村	兴化市精神文明建设指导委员会
金唐纪村	2018—2020	泰州市文明村	泰州市委、市政府
金唐纪村	2018—2020	兴化市文明村	兴化市精神文明建设指导委员会
繁盛村	2018—2020	泰州市文明村	泰州市委、市政府
繁盛村	2018—2020	兴化市文明村	兴化市精神文明建设指导委员会
柏九村	2018—2020	泰州市文明村	泰州市委、市政府
柏九村	2018—2020	兴化市文明村	兴化市精神文明建设指导委员会
沈北村	1998	兴化市文明村	兴化市委、市政府
沈北村	1999—2000	兴化市文明村	兴化市委、市政府

续表 4

单位	年份	创建成果	授予单位
安塘村	1995	科普文明村	扬州市科学技术协会
安冒村	2018—2020	兴化市文明村	兴化市精神文明建设指导委员会
沈南村	2013—2014	兴化市文明村	兴化市委、市政府
沈坨中心校	2013—2014	文明单位	兴化市精神文明建设指导委员会
沈坨中心校	2018—2020	文明单位	兴化市精神文明建设指导委员会
沈坨镇财政所	1991	双文明财政所	扬州市财政局
沈坨镇财政所	1995	文明财政所	扬州市财政局
沈坨镇财政所	1995—1997	双文明财政所	泰州市财政局
沈坨镇财政所	1997—1998	文明单位	兴化市委、市政府
沈坨镇财政所	1999—2000	文明单位	兴化市委、市政府
沈坨镇财政所	2003—2004	文明单位	兴化市委、市政府
沈坨镇财政所	2005—2006	文明单位	兴化市委、市政府
沈坨镇财政所	2018—2020	文明单位	兴化市精神文明建设指导委员会
沈坨中心卫生院	2018—2020	文明单位	兴化市委、市政府
沈坨镇村建站	2013—2014	文明单位	兴化市委、市政府
沈坨镇村建站	2018—2020	文明单位	兴化市精神文明建设指导委员会

沈坨镇获泰州市及以上主要集体荣誉一览表（截至 2021 年）

表 5

单位	获奖时间	获奖名称	授予单位
沈坨镇政府	2013.1	农业综合开发项目建设先进单位	江苏省农业资源开发局
沈坨镇政府	2013.2	泰州市村庄环境整洁工作先进集体	泰州市人民政府
沈坨镇政府	2014.2	泰州市卫生镇	泰州市爱卫委员会
沈坨镇政府	2015—2021	泰州市平安建设先进集体	泰州市委、市政府
沈坨镇政府	2016.12	江苏省卫生镇	江苏省卫生厅
沈坨镇团委	2016 年度	江苏省五四红旗团委	共青团江苏省委
沈坨镇政府	2018.7	江苏省水美乡镇	江苏省水利厅
沈坨镇政府	2018.10	江苏省生态文明建设示范乡镇	江苏省生态环境厅
沈坨镇政府	2019—2020	乡镇红旗党委	泰州市委组织部
沈坨镇政府	2020—2021	泰州市先进基层党组织	泰州市委
沈坨镇政府	2021.9	全省脱贫攻坚暨对口帮扶支援合作先进集体	江苏省委、省政府
崇禄村	2020.1	江苏省生态文明建设示范村	江苏省生态环境厅

续表5

单位	获奖时间	获奖名称	授予单位
崇禄村	2020.9	江苏省特色田园乡村	江苏省住房和城乡建设厅
崇禄村	2020.12	国家森林乡村	国家林业和草原局
崇禄村	2020.12	江苏省民主法治示范村	江苏省法制委、司法厅、民政厅
张谭村	2016.12	江苏省卫生村	江苏省卫生厅
姜朱村	2016.12	江苏省卫生村	江苏省卫生厅
关华复村	2012.10	江苏省三星康健示范村	江苏省卫生厅
关华复村	2016.12	江苏省水美乡村	江苏省水利厅
关华复村	2017.12	江苏省卫生村	江苏省卫生厅
金唐纪村	2014.3	泰州市小康建设示范村	泰州市委、市政府
金唐纪村	2016.11	江苏省民主法治示范村	江苏省依法治理领导小组
繁盛村	2020.12	江苏省民主法治示范村	江苏省法制委、司法厅、民政厅
沈北村	2009.12	党风廉政建设示范村	泰州市委、市政府
薛鹏村	2013.5	江苏省民主法治示范村	江苏省依法治理领导小组
薛鹏村	2015.3	江苏省和谐社区示范村	江苏省民政厅
安塘村	2012.2	江苏省和谐社区示范村	江苏省民政厅
安塘村	2013.5	江苏省民主法治示范村	江苏省依法治理领导小组
安塘村	2013.12	江苏省生态村	江苏省环境保护委员会

道德楷模

在精神文明建设活动中，沈坨镇广泛开展选树典型、典型引路活动，充分发挥榜样的模范带动作用，让本乡本土的凡人善举、“草根英雄”成为引领社会风气的榜样，激发全镇干部群众崇德向善、见贤思齐，形成了优秀模范人物不断涌现的生动局面。

丁宝荣

丁宝荣，1942 年 6 月出生，沈坨集镇居民。2005 年，丁宝荣从南京机床厂退休，在厂留用一年后，因挂念家乡 90 多岁的老母亲，他决定离开南京和儿子家庭。他一个人回到家乡，在老母亲床边支起一张床，承担起照顾瘫痪在床的老母亲的责任。丁宝荣是个对护理一窍不通的“粗汉子”，经过医生的指点，开始找些护理老人的医书阅读，丰富护理知识，摸索出一套照顾母亲的方法。他每天都做着重复的事情：清晨很早起床，给母亲穿衣梳头，然后烧热水帮母亲洗脸擦身，服侍母亲大小便，再去为母亲做早餐，早餐的菜品各有不同，老人喜欢吃麻团、米饼，他会起早去街上买，然后一口粥、一口饼，小心翼翼地喂到母亲嘴里。天气晴好时，丁宝荣总要抱母亲到家门口晒太阳，一边帮母亲按摩四肢，一边陪母亲聊天。古稀老人悉心侍奉百岁老母，细节中传递真情，平凡中见证孝道。丁宝荣被评为 2014 年第三季度兴化好人，入选兴化市 2015 年度人物。

田小网

田小网，女，1945 年 3 月出生，安冒村安塘杨家人。田小网 21 岁嫁到安塘，丈夫常年在外打工，家里的事情全靠她一人承担。2007 年公公去世，90 多岁的婆婆孤苦伶仃，长年患病，行动不便，生活起居都需要人照顾。田小网原本想把婆婆接到自己家里住，无奈婆婆不想去。田小网不论多忙多累都会去老人那里，给老人送去软烂可口、适合老人的饭菜，给老人梳理头发、换洗衣服，隔三岔五给老人购买生活用品。闲暇时候陪婆婆聊聊天、散散步、晒晒太阳。每当寒冬，她帮婆婆备好热水袋，定时带婆婆上浴室洗澡，每次去浴室，她都给婆婆备一张小木凳，帮婆婆擦洗身子、按摩筋骨。田小网长期悉心照料婆婆，从没有与婆婆红过脸。在她的影响下，她的妯娌和自己的儿媳，每天也抢着给老人送饭、洗衣服。田小网用自己的实际行动感染身边家人，身体力行营造一个孝老爱亲的家庭。田小网被评为“感动2013·兴化好人”。

杜桂华

杜桂华，1955年3月出生，中共党员，沈坨镇农业农村局退休农艺师。自参加工作以来，他在农科员、副站长、站长岗位，始终热衷于农业技术推广事业，秉持不误农时、不惧风雨、不怕烈日、不怕吃苦的精神，走遍沈坨每一块田间地头。先后当选为兴化市第十届、第十一届人大代表，连续两届当选为市人大常委会委员。2015年3月到龄退休后，一直坚持退岗不退位，为沈坨镇85个农业种植大户新品种、新技术、新模式“三新”技术的推广，实施无间隙的服务和指导。无论是刮风下雨，还是严寒酷暑，正常走圩串田，发现问题及时向农场主提供解决方案和技术支撑，一旦接到求助电话就第一时间赶赴现场，直到问题彻底解决才回转。老百姓称他为庄稼的保护神、农技的“土专家”。他矢志把服务好“三农”作为毕生的追求和归宿。

杜桂华在田间筛选优良品种

作为基层农技员，杜桂华特别注重学习研究，努力拓宽知识面，做到学用结合、学以致用。先后获江苏省科研奖项1项，泰州市科研奖项2项，兴化市科研奖项8项；先后撰写科研性论文20余篇，其中2007年省级土壤肥力试验项目在省农业杂志刊登发表。1978年5月，被扬州地区良种培育领导小组评为先进个人，1991年被江苏省农林厅表彰为农业系统先进个人。

顾春草

顾春草，1956年10月出生，中共党员，沈坨镇安冒村人。他高中毕业后应征入伍，因表现出色多次受到嘉奖和提拔。1989年，顾春草妻子突患重病，当时已经任职连长的他毅然退伍返乡，放弃在部队的大好前程。返乡转业到乡供销社工作后，他坚持白天到单位上班，晚上回来照料卧病在床的妻子以及一岁多的女儿和年迈的老母亲，每天只能睡上几个小时，经常熬夜到天亮，时常还要去田里照看庄稼。面对频频而至的变故，如女儿落水身亡，单位改制没有了生活来源，妻子不堪重负精神出现严重问题，顾春草承受着常人难以想象的压力，白天到企业打工、干农活，晚上回来服侍生病妻子和老母亲，一有时间就带着妻子四处求医，每年光医药费就花费几万元，平时全家只能省吃俭用，有好几年他都没有买过一件新衣服过年。

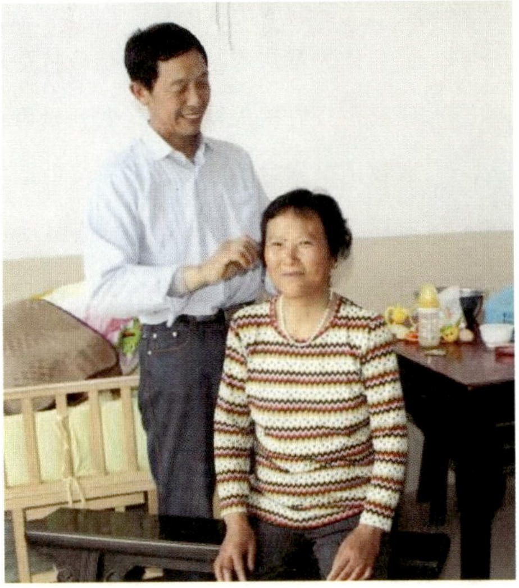

顾春草悉心照顾生病妻子

顾春草在村里做过支书，在群众中口碑和威望很高，村民家中大事小事有啥困难都请他去帮忙，他从来不推脱，是村民眼中的“好大哥”“好邻居”。即便从村支书岗位退下来十几年，还是一如既往地关心支持村里的公益事业，热心帮助村里困难群众。1990年以来，顾春草坚强支撑着家庭，不忘帮助着他人，从不向组织“伸手”，用实际行动诠释了一个真正的共产党员形象。2021年，顾春草先后获评兴化市好人、泰州市好人，入选江苏好人榜。

奚宝元

奚宝元，1963年3月出生，沈坨镇关华复村人。奚宝元有一个瓦匠手艺，早年带领一班人在苏南承包建筑工程。1986年秋，妻子范扣兰被诊断出患有类风湿关节炎，这是个很折磨人的病，不能干活，不能长时间走路，严重的时候腰都直不起来。为了给妻子看病，他放下了自己喜欢的手艺，返回家乡做起了水上船只运输生意，妻子随船方便照顾。可跑船生意没做几年，妻子的病情越发严重了，逐渐无法站立，只能躺在床上或者坐在轮椅上。为了更好地照顾妻子，他毅然放弃了收入不菲的跑船生意，重拾瓦匠手艺。妻子瘫痪后，生活不能自理，他从不出远门，生意活也是接当地的。照顾瘫痪在床的病人是件很艰难的事，特别是夏天，他每天要为妻子擦拭一到两次身子，妻子每一次大小便之后都及时清洗，每两三小时就为她翻身，晚上也是这样。当别人早已进入甜蜜梦乡的时候，他还在忙活着收拾家务；当别人睡眼蒙眬地醒来，他早已准备好了饭菜。

妻子因长期生病心情不好，常常为一点小事跟奚宝元发脾气，他总是耐心劝导妻子。为了怕妻子一人无聊，他在村里大路边租了一间房子，开了一家日用杂品小商店。其实村里人都清楚，他开这家商店不是为了赚钱，只是给妻子打发时间，让妻子感觉到生活有个奔头。平时有人来买东西都是自己拿或者在商店玩的老人帮忙。小商店开了，村里的老人没事就喜欢到这里拉家常、打扑克。从此，范扣兰脸上的笑容多了，话多了，人也精神了不少。奚宝元获得2012年度“最美兴化人”提名奖。

陈素英

陈素英，1964年3月出生，中共党员，沈坨镇财政局退休职工。1989年，陈素英的母亲病故。丈夫常年在外从事建筑工程业务，家里的大小事全靠陈素英一个人打理。工作之余，她不仅需要照看两个年幼的女儿、处理琐碎家务，还要照顾患病的父亲。2009年，老人先后动了两次大手术，陈素英不分昼夜地守在父亲身边，直至老人身体有所好转。十几年来，老父亲身体一直不好，病情反反复复，基本每年都要住院治疗，陈素英没有怨言，还耐心开解老人偶尔爆发的小情绪。有一年年底老人生病，一度陷入危险状态。陈素英守在老人身边几夜没有合眼，一直在为老人按摩顺气，20多天之后，老人终于好转。陈素英还有个近80岁的叔父，一生未婚，无儿无女，身体也不好，陈素英经常带着叔父到医院看病，帮老人买药。不仅如此，考虑到叔父节俭，平时舍不得买菜吃，她会定期买些鱼肉送给老人。她经常去叔父住所打扫房间，洗衣换被，给予无微不至的关心和照顾。陈素英获评“感动2013·兴化好人”称号。

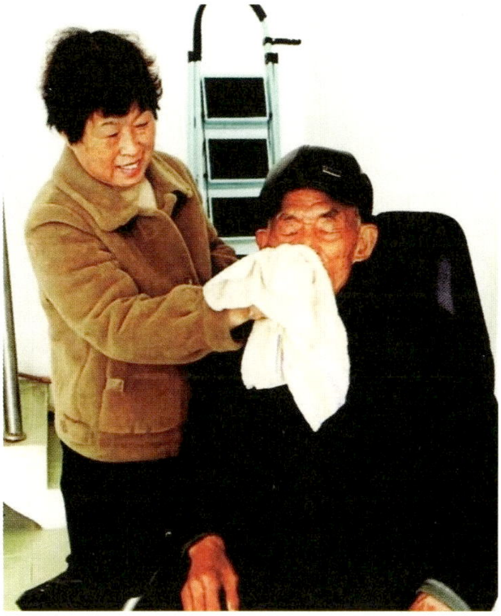

陈素英无微不至侍奉老父亲

全红兵

全红兵，1968年11月出生，沈坨镇沈北村人。全红兵出生在一个农村贫苦家庭，早年辍学做了瓦工，因为他为人厚道，做事踏实，接手的活计几乎不停，生活也过得有滋有味。2005年，不甘安逸的他，毅然决定走出家门，到外地闯荡，在昆山合伙从事老本行。在陌生的城市，他风里来雨里去，经常吃不上一口热饭，但是只要主家有要求，再苦再累也要完成。几年后，凭着一股坚毅和执着，他积累了人生的第一桶金。接着又开始琢磨自己的创业之路，拥有了自己的一班人马。经过多年打拼与积累，他在自己的事业上已经小有成就。

事业顺风顺水的他，始终没有忘记家乡的父老乡亲。家乡的教育发展、交通建设以及村里的各项公益事业，他都主动带头捐资出力。他还将税收引进家乡，增加家乡地方财政税收发展。从 2008 年开始，每年春节临近，他都要专程看望村里的孤寡老人和五保户，从起初的每人 100 元和鱼肉、水果，到后来每人 200 元、300 元、500 元，仅慰问村里老人和困难家庭，每年都要花费数千元，年复一年，从未间断。岁月在变迁，而全红兵心系父老乡亲，感恩父老乡亲的心从未改变。

王存周

王存周，1969 年 2 月出生，中共党员，沈坨中心校教师。毕业于扬州教育学院体育系，大学本科学历，中学高级教师。1995 年参加工作，从事初中年级体育教学。2003 年 9 月，体育专业的他主动请缨承担更多的教学任务，担任初一年级班主任并“跨行”任教数学，当年学期会考，他所带的班级数学成绩在同年级前 10 名中占 5 人。2006 年中考，他所教的普通班数学超过兴化市平均分。2009 年，他担任班主任兼教数学，所任班级在中考中，14 人超省兴化中学录取分数线。2012 年，所教班级 2 人超过省兴化中学公费分数，2 人被免费师范提前录取。2012—2015 年，他担任两个班数学教学工作，当年的中考成绩名列兴化市第 18 位。2018 年，他所任教的初三数学在兴化市的一模、二模抽测中优秀率名列兴化市第五名。2019、2020 年两年所任教的初一、初二数学由小升初的兴化市第 44 名上升至前 20 名，其中一次跃升至全市第 12 名。2020 年，他所带的初一班级在兴化市的三项考评中，获得满分 20 分。自从事初中数学教学以来，王存周还在教学竞赛中屡获佳绩。从教 30 年，王存周始终以学生为本，不断探索实践教学模式，运用丰富多彩的课堂活动方式，充分激发学生的学习兴趣。至 2021 年，先后获得兴化市优秀工作者、泰州市优秀班主任等称号。

王存周在课堂教学

郭丞斌

郭丞斌，1979 年 9 月出生，中共党员，沈坨镇繁盛村人。2021 年的一天，繁盛村村民樊兰珍因外出办事，忘了将正在燃烧的煤气灶头关掉。过了一段时间，灶头上锅子里的食物被烧焦了，水也烧光了，火苗继续向煤气罐的管子上蔓延，浓烟滚滚，气味刺鼻。隔壁邻居闻到了气味后出来查看，发现樊兰珍家的厨房不停地往外冒出滚滚浓烟。邻居一边大呼“救火”，一边赶往附近的村部汇报情况。正在村部开会的村干部们立即停止会议，村党总支书记

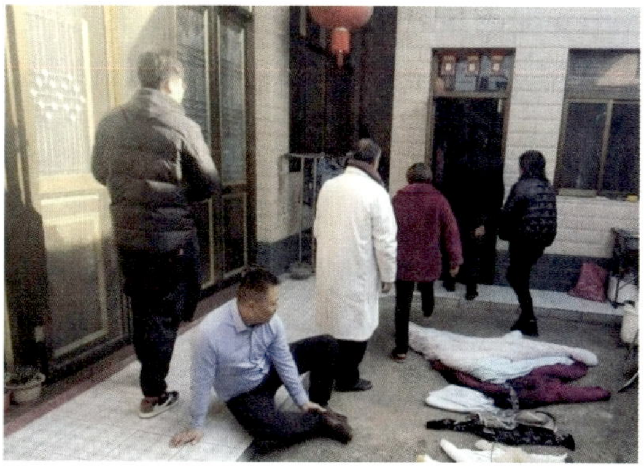

郭丞斌扑灭火灾现场

郭丞斌拎着灭火器第一个赶到了现场，发现樊兰珍家大门紧锁，厨房里又是滚滚浓烟，退役武警的郭丞斌来不及细想，凭借过硬的基本功，飞身一跃，爬上4米高的平台，然后接过村民递上来的灭火器，纵身一跃跳了下去，不想被樊兰珍家的晾衣绳一绊，他的右脚重重地摔在了下面的台阶上。郭丞斌顾不得右脚疼痛，冒着浓烟，先摸到厨房里用灭火器将往外蔓延的火苗扑灭，然后迅速将煤气罐阀门关闭，阻断了火势的进一步蔓延，避免了一场难以想象的灾情。大火扑灭后，郭丞斌右脚底摔成骨裂，医生嘱咐静养两个月，可第二天上午，郭丞斌拄着一副拐棍，又坚持到村支部继续参加工作。2021年，郭丞斌先后被评为兴化市、泰州市见义勇为先进个人，获评兴化市“十佳村（社区）党组织书记”。

陈扣兰

陈扣兰，出生于1979年11月，沈坨镇柏九村人。1999年，她带着一股年轻人外出闯天地、创事业的激情，来到大都市上海。创业初始，她所走过的道路并非一帆风顺，相反，她的创业历程充满了荆棘，但她凭着顽强的拼搏精神，坚韧不拔的毅力，一步一个脚印，打造出发挥自身价值的事业平台。2005年，创成东本电力有限公司。

在陈扣兰看来，做企业也要饮水思源，财富取之于社会，就要回报于社会。2013年，陈扣兰返乡过春节，看到庄中有一座三块水泥板搭起来的简易桥梁，年久失修，存在安全隐患。她主动找到村支书，表示致富不能忘了家乡的恩情，一定要回报家乡建设的愿景。当场提出由她个人承担新建桥梁的全部投入资金，并第一时间一次性捐助38.5万元，原址新建一座长20米、宽6米的仿古桥。在她的感召下，不少村民和在外乡贤也纷纷加入乡村建设和环境整治中，激发了村民自觉参与、“做出响应”的建设家乡的热情。陈扣兰被评为“2014·最美兴化人”。

李淑萍

李淑萍，沈坨镇沈南村人。1989年，李淑萍出生在一个普通的农村家庭，原本是一个幸福的6口之家。在她2岁那年，母亲因病去世，父亲重新组建了家庭，从此留下了她姐妹俩和爷爷奶奶相依为命。年幼的她很懂事，每天放学后总是帮爷爷奶奶做一些力所能及的事。农村的灶台比较高，她总是搬来小板凳站在上面炒菜、刷锅洗碗，一副小大人的样子，干起活来特别麻利。然而，不幸再次降临在这个家庭，李淑萍初三那年奶奶得了重病，病情持续恶化，卧床不起。她总是悉心呵护，无微不至地照料奶奶。吃饭的时候，她总是让奶奶倚靠在自己身上，用勺子舀起米汤，吹一吹，试试温度适宜，才送到奶奶嘴里。奶奶临终前，从枕头底下拿出一个包裹着一些金银首饰的手帕，颤巍巍地捧给李淑萍，坚强的她再也控制不住自己的情绪，一头扎到奶奶怀里，对奶奶许下承诺，首饰全部留给爷爷，今后仍然会照顾好爷爷的生活。后来的李淑萍已经为人妻为人母，但对爷爷的关心照顾却丝毫没有停歇。

高　见

高见，1995 年 7 月出生，沈坨镇金唐纪村人。2014 年 7 月的一天傍晚，在竹泓镇冯家村庄中的大河里，14 岁的小女孩刘莉在河边戏水时不慎落入水中，一起戏耍的小伙伴们顿时慌了神，急忙大声呼救。是年高见就读于苏州高等幼儿师范学校，放暑假后到冯家村探望外公外婆。当时也在河里游泳的高见，听到呼救声，立刻扎入水中寻找已沉入水底的刘莉，由于开始距离较远，他连续 3 次“扎猛子”游向落水者，第三次扎下去时，他果断抓住刘莉使尽浑身解数将其拖上岸，他用 4 分钟“生死时速”救起溺水女孩。

高见有胆有识、见义勇为的英勇事迹一时被《兴化日报》《泰州晚报》《扬子晚报》等多家媒体报道，在社会上引起了极大反响。2014 年 8 月，高见被表彰为泰州市见义勇为先进个人。

村规民约

附：沈坨镇“十星文明户”评选标准

（2002 年制定）

新风星：相信科学、讲究文明，实行喜事新办、丧事简办，执行火葬，生态处理骨灰，不搞封建迷信活动，相信科学文明健康的生活方式，教育青年树立正确的恋爱婚姻观，不买卖、包办婚姻，不重男轻女，无早婚、重婚。

文化星：积极参加各项有益健康的文艺活动，家庭藏书 50 册以上，积极订阅报刊，积极参加社区开展的文艺活动，尊师重教、支持教育事业，适龄儿童、少年自觉接受九年义务教育，家庭成员中无文盲。

致富星：家庭收入逐年增加，人均生活水平达到本村中等以上，具有艰苦创业、勤劳致富的精神，生活节俭、量入为出、计划开支、无铺张浪费和超前消费现象，家有存款。

法治星：积极参加普法学习、掌握一定的法律常识，家庭成员能遵守国家法律法规，无人受刑事处罚和治安处罚。无严重违反村规民约的不良行为。

诚信星：诚实为人、做事，重约守信，不使假使坏、坑蒙拐骗，不敲诈勒索，按时偿还银行贷款和他人钱物。

养教星：关心照顾老人饮食起居，自觉履行赡养义务，做到精神上慰藉、经济上供养、生活上照顾，重视家庭教育，积极配合学校、社会教育子女，树立正确的世界观、人生观、价值观。子女德、智、体、美、劳全面发展。

和睦星：家庭成员之间互敬互爱、夫妻和睦。兄弟妯娌团结，民主治家理财、共商家事，无吵嘴、打架现象，无家庭暴力行为。邻里之间团结友善、以诚待人、互相谦让、互相帮助、和睦相处。

科技星：积极参加科普活动，相信科学，善于运用科学知识，家庭中有科技的明白人，掌握 1—2 项劳动就业技能，并应用于劳动致富、富有成效。

卫生星：房屋庭院做到“三化”。一净化：室内室外干净整洁、窗明几净，无蚊蝇乱飞、无粪土乱堆、无柴草乱放、无脏水乱泼、无畜禽乱跑、无侵街占道、无污染源。二绿化：宅院内外见缝插针种植花草、四季有花。三美化：宅院内外植绿种花，家具布置整洁大方。

志愿星：主动履行公民应尽义务，积极参加参与志愿者服务团队和各种村民相助组织；自觉参与扶贫、济困、助弱、助残等社会公益活动；鼓励适龄青年踊跃报名参军。

沈坨镇“五好文明家庭”评选标准

（2002 年 10 月制定）

爱国守法　明理诚信

夫妻和睦　孝老爱亲

学习进取　科学教子

邻里融洽　友爱互助

勤俭节约　热心公益

沈圪镇乡规民约

（2010年11月制定）

十要

要热爱祖国　要热爱沈圪　要遵纪守法　要遵守秩序
要尊老爱幼　要友善礼貌　要相信科学　要讲究卫生
要爱护公物　要文明养宠

十不

不乱扔垃圾　不乱贴乱画　不乱搭乱建　不占道经营
不排队加塞　不高声喧哗　不争吵谩骂　不随地吐痰
不乱闯红灯　不乱闯马路

安冒村村规民约

（2014年10月制定）

我们村　是宝地　将你我　来养育　建设好　新农村　本条约　要牢记
爱国家　爱集体　多学习　守法律　跟党走　志不移　务正业　谋生计
财物藏　不显摆　勤劳作　同富裕　建房子　经审批　按规定　不违建
用水电　不违纪　公家物　要爱惜　义务工　积极去　公益事　多出力
好青年　服兵役　戍边疆　保社稷　孕前检　优生育　生男女　都满意
婚新办　不攀比　破旧俗　立新意　丧事简　进公墓　既庄重　又省钱
敬老人　讲礼貌　对儿童　重教育　未成年　要爱护　邻里间　有情谊
讲文明　行礼义　讲卫生　好习气　倒垃圾　不随意　砖草柴　摆整齐
环境美　共管护　乡村富　振兴路　防疫情　很重要　齐参与　来防控
流转地　保护好　要规范　签合同　勿违建　勿抛荒　农秸秆　禁烧抛
全天候　来防守　尊章法　守规矩　电捕鱼　要禁止　重安全　惜生命
打黑恶　除村霸　依法访　解诉求　非宗教　拒参加　网谣言　不传播
黄赌毒　远离弃　食安全　责任重　执法严　不疏漏　违法事　不能做
此条约　大家立　执行好　都受益　如违反　必批评　触法律　必惩治

繁盛村村规民约

（2015 年 10 月制定）

繁盛村、好地形，旱涝丰、人更勤；大周路、穿境过，冒竹河、南北流；
全村人、团结紧，新时代、大作为；家园美、要爱惜，记国策、立村规；
爱国家、爱集体，跟党走、志不移；勤学习、走正道，不赌博、反邪教；
党支部、统全局，抓经济、不动摇；村两委、团结紧，村内事、集体议；
汛与火、常年防，组队伍、备工具；防洪圩、禁种植，重安全、防隐患；
建房子、要审批，用水电、不违纪；庄台内、禁养殖，抓环保、综治理；
敬老人、尊伦理，爱儿童、重管教；贫困户、要帮助，病弱残、要照顾；
邻里间、重情谊，互帮助、如兄弟；倡诚信、作风好，勤劳作、奔小康；
讲道德、懂礼貌，遇矛盾、不争吵；倒垃圾、不乱抛，水环境、常打捞；
河与塘、皆净水，天也蓝、水也美；好青年、志四方，公益事、抢在前；
娶儿媳、嫁闺女，倡晚婚、讲优育；红白事、不铺张，谁节约、谁荣光；
遇难事、到村里，不乱访、讲道理；依规划、不占道，公路上、禁晒粮；
把秸秆、利用好，不焚烧、不乱抛；遵章法、守规矩，公家物、要爱惜；
勤学法、不违纪，坏行为、要抛弃；遵公秩、守村规，繁盛人、齐努力；
爱公路、护绿化，保生态、创美丽；此条约、大家立，执行好、都受益。

崇禄村村规民约

（2015 年 10 月制定）

村民自治立规章　村规民约记心上　条例本是大家定　人人遵守理应当
新时新貌新农村　陈风陋习要破除　杜绝浪费和攀比　红白喜事需节俭
农田河道常治理　自家庭院也别乱　人居环境大改观　美丽乡村成花园
秸秆禁烧和禁抛　惹祸烧草要坐牢　百善当以孝为先　教育子女须从严
合作医疗是保障　依法缴费保健康　社保政策老有靠　六十岁后多逍遥
惠民政策纵然多　懒汉等靠通不过　林果小镇风景区　旅游名片要珍惜
全域旅游齐努力　人人个个都受益　做好旅游大文章　美好生活共开创
核心价值牢记心　争做时代好少年　拼搏逐梦新时代　努力奋进向未来

兵

第九篇　风土人情

一方水土养育一方人，一方水土塑就一方民俗风情。沈坨先民来自大江南北，其风俗习惯、方言土语既有先民对故乡的传承，又有在长期生产、生活中融会产生的新地域风情。进入 21 世纪后，沈坨部分居民的宗教信仰以佛教为主，曾经毁于战火的寺庙渐次修建或重建。随着社会发展和移风易俗、破旧立新，社会主义新风逐渐形成，民俗风情不断向文明、科学、健康方向发展。

习俗

生产习俗

沈坨历史上以种植业为主，主要种植稻、麦、棉，兼种油菜、豆类等旱谷。21世纪初，部分农户放弃传统小而杂的生产习惯，不再种植棉花，养殖业逐步走向专业化、规模化，手工艺人持一技之长，主要为独立经营。20世纪80年代后，不少行当逐渐消失。人们在长期的生产活动中，逐步形成了一系列生产习俗。

农业习俗

中华人民共和国成立前，境内多数土地为少数地主、富农占有，无地少地农民缺吃少穿，生产力低下，旱涝、台风、病虫等自然灾害频发，可谓“十涝久旱”，时称“天种人收”。除起早贪黑、辛勤劳作外，寄托老天、菩萨保佑。久而久之，沈坨农民在不同时令，产生不同的生产习俗。一些习俗，一直沿袭到20世纪60年代末。

下秧敬菩萨

“清明湿种，谷雨下秧”。中华人民共和国成立前，沈坨境内，清明后水稻开始湿种（浸种）、催芽，谷雨后将催芽的稻种运到秧母地，做好秧池板，下秧（落谷、播种），秧龄满月后移栽大田。

下秧当天，户主先敬菩萨。主人将带有粽子、炒米、杨柳枝、香烛、鞭炮的捧盘放于田埂上。先将杨柳枝插在秧母地两头的田边上，再焚香点烛、放鞭炮，所有参与者跟随户主拜天地，最后把炒米随意洒向秧母地。

下秧敬菩萨，是境内农人期盼稻种落地生根、苗匀、秧壮，“秧好半年稻”。这一习俗延续到20世纪70年代大集体，各生产队由下秧老把式代办。

戴秧花

秧花即水稻秧苗。栽秧先要拔秧，将秧母育出的秧苗拔起运往大田移栽。旧时至20世纪70年代前，每年第一天栽秧时，拔秧的妇女一到秧母地，二话不说，便从秧池板上拔一棵肥壮的秧苗，洗净根泥，插在自己脑后的发髻上或辫子上，这棵秧苗便是秧花。

夏插时，正逢夏天，蚊虫如麸，把栽

秧人叮咬得十分难受。广大妇女在开秧门前一天晚上就准备几枝栀子花和川荫，第二天早上，下田时将其戴在头上或别在胸前（栀子花和川荫散发出的野香能防止蚊虫叮咬）。栽秧是季节性的活，广大妇女起早贪黑，风雨无阻持续十多天，时有“黄秧落地，老少低头”一说。拔秧时，妇女们双手不停地在水田里拔秧、洗秧、扎秧。俩人一个秧板，暗暗地较着劲，谁也不肯落后。第一天用力过猛，手腕很容易伤筋，严重的会脱臼，旧时农人认为是“秧气”。为了减轻“秧气”的侵害，所以她们头上戴秧花，手腕扎红头绳。

成立人民公社后，沈坨各大队在“开秧门”前一天都要召开社员大会，大队干部在大会上提醒广大妇女，第一天拔秧“悠着点”（慢点），保质保量完成夏插任务，不吉利的话只字不提。

打秧不过女人身

妇女们在秧母起（拔）好秧后，男劳力负责盘秧（运秧），远处的用木船运，靠近的田块，能一肩到达的用担子挑。到了大田，站在田埂上开始打秧（将秧把均匀扔到大田中），等待妇女们下趟栽秧。打秧的目的是：免得下田有脚塘，有了脚塘，妇女栽秧浪工，更容易有汸秧（浮秧）。有经验的老农打秧很有一套，两把秧一扔，近处几米、远处十几米不等，秧根朝下，稳稳地立在田中，秧根不被日晒，株距、行距恰到好处。毛头小伙则不行，秧打得懵（密）的懵，稀的稀，满田散花。这时就有人跟在栽秧的妇女后面撩秧（调节秧苗）。

从古至今，沈坨人最忌讳撩秧人将带有臭泥浆水的秧把从栽秧人身上越过，认为这样对栽秧人不吉利、大不敬，被淋到泥浆水的人会毫不客气地与撩秧人争吵起来。偶尔有人不小心，秧把在妇女附近落地，泥浆水溅落在她们身上，撩秧者都要主动打招呼，求得妇女们的谅解。

撩秧通常由有经验的老农负责，其实打秧不过女人身，则是避免秧把的臭泥水撒落在女人身上，免得栽秧人一天不舒服。

新稻上场敬场神

秋天，水稻成熟后，将收割的稻把运到打谷场再脱粒。脱粒有两种方式：大户人家用牛脱粒，黄昏时滩场（将稻把均匀平整地铺在打谷场上，厚度20厘米左右），再碾场（用牛的老农将轭头架在牛颈上，拖着碌碡不停打转进行碾压），当晚翻场，同样做到平整，再碾压。第二天凌晨3点左右，男女劳力起场，稻草分离，白天晒草晒稻，小户人家在碌碡上掼把进行稻草分离。

不管大户小户，在脱粒前，都要将碌碡裹上红纸竖立在场头敬场神，主人点烛焚香放鞭炮，磕头祈求。人民公社成立后至20世纪60年代末，各生产队新稻上场时，小队长带领大家在打谷场燃放鞭炮，小队会计给男女劳力发烟分糖块，边分边说“鸽子”（吉祥话）：稻把上了场，鞭炮震天响；遇上好年景，感谢天帮忙；大家辛苦了，安全第一桩；男的请抽烟，女的请吃糖；稻谷堆满仓，家家有余粮。

石灰印

20世纪60年代前，沈圪境内多是沤田，一年只种一季水稻。农户为祈求丰收，每逢大年三十晌午，便用一个小蒲包装上石灰粉，再用一杆小秤勾着，从河边开始，将石灰印（称“元宝印”）一直拓（显现在地上的意思）到家，并把家中每个角落都拓上，寓意是一个石灰印就是一个稻堆根脚，祝愿当年五谷丰登粮满仓。这天晚上，家家都得吃饭，不能吃粥，意思是吃饱饭才有力气用肩膀扛装满稻谷的笆斗。

饲养业习俗

中华人民共和国成立后，沈圪境内各家各户零星散养少量鸡、鹅、鸭，生的蛋卖钱购买日常生活所需，多数人家一年养一两头肉猪，作为家庭主要收入来源。养牛则为集体所养，每个生产队一般饲养四五头牛，作耕田耙地之用。20世纪70年代初，少数村先后办起千头、万头猪场，多数村以生产队为单位进行集中饲养。当时在保证存栏量的基础上适时出售部分肉猪，增加集体经济，四时八节屠宰一两头分给本生产队各户，在化学肥料匮乏的年代，猪粪成了有机肥料的主要来源。每逢春节，猪圈两旁贴上“猪多肥多、肥多粮多”的红纸条幅；牛舍，鸡、鹅、鸭窝也贴上“五谷丰登”“六畜兴旺”的小对联，以祈求畜禽平安，这一饲养方式一直延续到20世纪末。

滚鸭栏

中华人民共和国成立前，广大农村缺医少药，各种疾病频发，尤其“打摆子”（疟疾）普遍易感。境内盛传滚鸭栏可治“打摆子”的习俗，“打摆子”患者首先偷偷走进鸭栏，裸体在鸭栏中打个滚，然后穿好衣服一路径直回家。途中若遇熟人，不作兴讲话或搭话。到家后点烛燃香，祈求菩萨保佑病愈。相传养鸭户十分忌讳这一习俗，原因是鸭栏被“打摆子”患者滚过，将会得鸭瘟。若被养鸭户遇见，患者必须用“六只眼”（猪头、公鸡、花鱼）敬菩萨，还要立下字据保鸭子一年平安无事。这一习俗，新中国成立后日渐式微。

插护把

境内渔民多来自射阳及兴化市沙沟、顾庄等地。每年清明节前，渔民们用竹竿绑扎大把带叶柳枝条做成“护把”，安插在境内大小河沟内，虽无明文规定，但也约定俗成，“护把”所插之处，表示该处为某渔民私有，他人不得擅自捕捞。除此，每月的农历初二、十六，渔民都用“刀头”（条状五花猪肉）在船头敬“河神”，祈求神灵保佑相安无事。同时，对外“放风”（散布言论），若有人偷收渔具和鱼，河神定会“放标”，一旦“中标”，轻则致残，重则丧命。直至如数归还捕捞渔具，并用“六只眼”敬奉河神，乞求河神收标和渔民谅解，方可痊愈无恙。20世纪60年代，随着社会文明程度提高，此俗已废。

手工业习俗

中华人民共和国成立前后，境内老行当手工艺人主要有木匠、犁木匠（专制牛耕田的犁、耙和平田的磨概等）、短木匠（专制棺材）、瓦匠、漆匠、铁匠、铜匠、银匠、补锅匠、篾匠、竹匠、箍桶匠、鞋匠、剃头匠和裁缝（纯手工制作）等。铜匠、补锅匠、鞋匠、扎匠、箍桶匠基本上都是走村串户独立经营。木匠、犁木匠、短木匠、瓦匠、漆匠上门做活，其他手艺人都有固定作坊，消费者根据自家需求，登门选购或订制，时有“荒年成饿不煞手艺人”之说。

箍桶匠

在过去，无论在城镇街头，还是在乡野的陋巷，时常会听到箍桶匠的吆喝声。箍桶是一门传统的技术，他们供奉的祖师爷是鲁班，它属于木匠的一个分支，久而久之形成了一定的习俗和行规。

箍桶匠擅长制作婴儿容器（睡桶、站桶）、各式马桶、浴盆、脚盆、洗脸盆、洗碗盆、锅盖、蒸桶等木制器具。箍桶匠特别喜欢为雇主制作嫁妆“三宝”（子孙宝盆、聚富宝盆、财势宝盆），此“三宝”完工后，除工钱外，主家必包红封，双方图个吉利。箍桶匠有一个独特的行规，箍桶时只要底箍未上或正在进行中，有同行到此，并放下担子上前帮工，结算的工钱按“五五”分成，时称“见者有份”。

瓦匠蔽龙口

屋脊以堂屋居中处谓之龙口。蔽龙口是新建房的最后一道工序，但并不一气呵成，正常情况在年底交大寒前完成。蔽龙口由瓦匠的掌作师傅承担，材料多为顺治铜钱、茶叶、松柏枝、万年青叶、小圆镜等，每份材料都有其寓意。顺治铜钱表示天时地利人和，茶叶象征五谷丰登，松柏枝、万年青寓意兴旺发达、万古长青，小圆镜则代表着镇妖辟邪。蔽龙口时，制作师傅面必朝南，身影不得遮挡龙口。师傅边做边说“鸽子”：新建脊儿两头高，手捧金钱安龙腰，先放五谷后安钱，安好金钱用万年；新建脊儿两头高，凤凰飞过两山腰，凤凰飞去又飞来，恭喜老板添喜添福又添财。

打婚床

20 世纪 80 年代前，男女新婚前，女方嫁妆通常是请木匠上门制作。制作婚床时很有考究，师傅必为儿孙满堂之人。床楞均为六根（4 厘米 ×6 厘米），寓意“四四如意、六六大顺”。中间两根床楞的卯榫与其余四根不同，榫为“7”字形半榫，另制作一个长方形木楔（名为“子孙刹”），婚床最后一道工序时，师傅将“子孙刹”用红纸裹住，边用斧头轻轻打进卯眼边说“鸽子”：新打牙床六尺长，西睡新娘东睡郎，花好月圆配成双，长者添寿儿满堂；小小牙床四角方，鲁班设计我来装，打了百子床，刹了百子刹，百子千孙福满堂。

交尺

境内史上民建房，均由木瓦匠协作完成。通常是木匠先进场，木工活大致完成八成时，瓦匠开始进场，瓦匠进场后的第一件事便是与木匠交接尺仪式。此尺由木匠制定，在一根竹竿或木条上画上刻度（匠人们称之为“丈管”），该“丈管”是唯一的，木瓦匠共同使用。仪式时，瓦匠师傅接过木匠师傅的“丈管”致意道：“道声某师傅您辛苦，看在张鲁二班先祖面，请把丈管交给我，手艺不精请照顾。”木匠师傅回应道：“某某师傅客气了，手艺不精请指教，今日丈管交给您，共同来把华堂造。”交接仪式结束后，木瓦匠互相握手，同声说道：“客气！好说！”

生活习俗

生活习俗涉及人们的衣、食、住、行和婚、育、寿、葬，明显刻有陈旧习俗的烙印，既体现出沈坨境内当时的经济水平、生活习惯和风土人情，也反映了人们因循守旧的思想观念。中华人民共和国成立后，发展文化教育，崇尚科学，不少陈习陋俗被摒弃。改革开放后，随着人们思想的进一步解放，很多生活习俗的表现形式更趋向简化和文明。

食制

境内村（居）民习惯于一日三餐，过去早晚吃米粥或烫饭，中午吃干饭。现在早餐多数家庭仍吃粥，但吃面条或吃粥伴以鸡蛋、饼类等副食的家庭渐多，晚饭则以吃米饭为主。农忙时一日4餐，即在下午四点左右再吃“晚茶”（也称“腰餐”）。之前晚茶多以剩饭为主，晚茶则是涨饼之类的副食品。

主食　主食以大米为主。旧时，农民夏收之后常吃大麦、元麦子饭（粥）。20世纪60年代初，三年困难时期，主粮不足，辅之以瓜菜、胡萝卜之类。1982年以后，粮食连年丰收，白米干饭成为家常便饭，粯子饭、菜饭、菜粥只用来调剂口味。现在的主食，多以松软黏香的粳米饭为主。

菜肴　旧时村（居）民就着咸菜、苋菜馉吃粥。一般人家初冬要腌咸菜，夏秋腌瓜子，故而境内流传着顺口溜：“多腌咸菜少腌瓜，萝卜干子莫腌它（萝卜成本高、不经吃）。”中餐以蔬菜为主，少有荤菜。改革开放后，村（居）民桌上的中餐菜日渐丰盛，有豆腐、卜页、炖鸡蛋、炒螺蛳等。有亲友上门，杀鸡买鱼买肉是常事。20世纪90年代后，各家生活条件越来越好，平时的菜肴讲究荤素搭配。进入腊月，多数人家要腌咸鱼、腌咸肉、灌香肠、油煎肉坨子，成为过年和年后一段时日的家常菜。

宴席　婚嫁寿庆的菜肴因家境而异。20世纪70年代以前，宴席多为“六大碗”，杂烩、红烧肉、红烧鱼、肉坨子、炒卜页、鸡丝慈姑片、韭菜炒蛋等，进主食时再上一碗青菜豆腐汤。80年代以后，宴席的规格逐渐提高。中等条件以上人家，办喜庆宴席，有冷盘、烧菜、炒菜、甜菜、点心等二三十样。一桌菜中，必有长鱼（黄鳝）、毛鱼（鳗鱼）、甲鱼，俗称“长毛甲”。夏天有龙虾，秋天还有螃蟹等。除了有境内的传统菜，还增加了海鲜之类的菜肴。

宴席的地点，过去都是在自己家里，请厨师和邻居帮忙烧煮。21世纪以后，农村中大多是请专职家宴在村里操办；集镇上有的在饭店设席，也有的包给家宴承办。

无论哪种形式，菜肴都特别丰盛。

衣着

服饰 中华人民共和国成立前，境内农村大多数人的衣服以保暖遮体为主。女人平时穿一件花洋布或青印花的小褂子，蓝、黑大粗布裤子，冬天加一件破旧的棉袄和夹裤，不少人没有棉裤；男人穿白大粗布小褂子和蓝裤子，冬天加一件旧棉袄和夹裤子。夏天的衣服更简单，妇女穿一件夏布或站纱的短袖上衣和清印花短裤；男人穿一件大粗布短裤，外搭一条白洋粗的大手巾，既遮身又能作洗澡洗脸时用。子女多的人家，小男孩八九岁时仍旧光着身子，无衣服穿或有衣舍不得穿。

中华人民共和国成立之初，大多数人穿的衣服还很破旧，补丁叠补丁，民间流传“新老大，旧老二，补补衲衲把老三”“新一年旧一年，缝缝补补又一年”的说法。

还有极少数人冬天穿棉袄，春天就将棉袄里的棉花抽去，做成夹棉袄或小褂子，到了夏天再剪成短袖。棉裤在春天时先做成夹裤，后做成单裤，夏天又剪成短裤。

20 世纪 70 年代初期，化纤织物逐渐取代棉织物作面料，颜色以蓝、灰、黄为基调，间以其他色彩的条纹和网格等花型。一段时期，曾以军装为时髦，且不分男女。80 年代从讲究服装质地进而追求款式，花样不断翻新。缝纫店因赶不上潮流而被冷落，购买时装成为热门。西装、夹克衫、蝙蝠衫、滑雪衫、羽绒服、休闲装、喇叭裤、牛仔裤、健美裤等相继流行，起初是青年男女喜爱，继而部分中老年人也跟进效仿。衣着面料向高档化发展，毛织品逐渐普及。90 年代中期，穿皮装的人逐渐增多。21 世纪以后，男女老少的衣服不仅款式新，品种多，而且质地柔软，穿起来舒适，但价格也不低。

鞋帽 旧时，平民男人无帽可戴，妇女春秋季常扎青头布或毛巾。中华人民共和国成立后，男子戴解放帽、东北棉帽，妇女扎方巾、头巾。20 世纪 80 年代，男子多戴鸭舌帽，姑娘喜欢戴八角帽，妇女则喜爱滑雪帽。女子的围巾通常是线围巾、绒围巾、羊毛围巾；春夏时扎纱巾、丝绸巾等。旧时村民平时穿草鞋、蒲鞋，冬天穿“毛窝子”（手工做的草鞋，里面填充鸡毛、鸭毛和穰草），雨天穿钉鞋（桐油油过的布鞋，底上有大头的铁钉）或矮帮胶鞋。之后布鞋渐多，布鞋多为传统式样，百页底的圆口或松紧口。妇女鞋面上还有绣花的，孩童的鞋面多绣有虎头。冬天穿两片瓦棉鞋。20 世纪 70 年代中期，除了布鞋，又有了球鞋（解放鞋等胶鞋）。80 年代以后，品种更多，有凉鞋、旅游鞋、保暖鞋、皮鞋等。

首饰 旧时，富有之人才戴首饰，贫家小户很少问津。中华人民共和国成立后，妇女首饰常见的有簪、耳环、手镯，极少的戴鼻拘。男子戴戒指，也有老者戴玉镯。孩子戴项圈、手镯、脚圈、银索锁等。20 世纪 60 年代，佩戴首饰被视为资产阶级生活方式，首饰多成“压箱”之物，一段时期更是无人敢戴。改革开放以后，金戒指、耳环、手链、玉镯、项链被列为纳聘必备礼品。现在的中老年妇女更喜欢戴珍珠项链、玉镯和各式金银首饰。

发型　旧时，男子发型有和尚头、陆军头（平顶前推后剪）、高装平顶（小平顶），男童剃桃子头，惯宝儿（家长或祖辈特别宠爱的孩子）脑后留小辫子（俗称“鸭尾子”），中青年偏分头（中分两边头发“三七开”或“四六开”）居多。妇女发式，旧时多“窝髻”，将头发盘成蟹壳型置于脑后，外罩线网，再插银簪为饰，也有戴花朵的。未嫁者前额梳“刘海”，少妇剪短发或扎辫子。中华人民共和国成立后，中老年妇女发型无大变化，年轻女性多扎成双辫子或剪二道毛（俗称“鸭屁股”），“运动头”在年轻女性中也曾一度流行。20 世纪 80 年代流行烫发，有“波浪形”“爆炸型”“丹凤朝阳”等造型，还有不少妇女剪“叔叔阿姨头”，未婚女孩也有喜爱长发披肩的。小伙子也有效仿影视角色，留长发，剪“大包头”、留大鬓角的。21 世纪以后，又时兴染发，男女青年将头发染黄、染红，颜色有深有浅；中老年人则将白发染黑，男女都有。

住房

中华人民共和国成立初期，集镇主街两边皆为平式瓦房，后街背巷有草屋。农村房屋低矮，以土墼墙、茅草盖顶为主，多以三间一厨房为一户人家，正屋进深以五架梁居多。正屋之外，东西两侧或一侧建有附属用房，多用作灶房，面积更小，有五架梁也有三架梁的。有的人家为增大居住面积，将正屋两边向南延伸，谓之“垅梢”；或向后延伸，谓之“披屋”。正屋朝南，冬暖夏凉。中部一间为堂屋，是一家人用餐和聚客的地方。靠北墙置家神柜，墙上供奉神像，柜上置神龛和香炉烛台。堂屋两侧为卧室，垅梢或披屋作厨房或杂物间。厕所和灰堆多在户外，有的和猪圈鸡窝连在一起。

此外，还有一些南北向的在南墙上开门的“丁头府”。人字屋面的后半段也是斜坡盖草的，被称为“奪屁股”。

其时，瓦房所占比例很小，多为过去地主留下，由共产党分给贫农的。无论草房还是瓦房，所有房屋面积都不大，每户占地 50—100 平方米，因家庭人口多，所以居住比较拥挤。

20 世纪 70 年代，村民建房多为“鸽子窝”砖墙、水泥或树木桁条、杂木椽子，屋顶为“草盖瓦封檐”或灰瓦。堂屋内正面和两侧墙上分别挂毛主席画像和生产劳动画或样板戏画。80 年代农户住房多为砖木结构。90 年代开始，镇郊及各村有人家建别墅，门窗都是铝合金、塑钢和不锈钢做成，地面做水磨石或铺设防滑瓷砖、大理石，水电卫生等设施齐全。2010 年以后，除村（居）民自行建房外，集镇还开发有沈垳花园、美垳小区、秀垳一品、秀垳雅居等商住楼。无论户型怎么变化，各户仍以中间房为客厅，客厅正中置条台，左右房间为卧房。

上梁　上梁乔迁是一个家庭的头等大事，是传统文化中与居住相关的仪式，通常需要选择吉日良辰，并产生一些传统风俗，亲友分别办礼盒庆贺，主家烧香敬神，赏木瓦工红封、香烟等，大办宴席犒劳工匠和答谢亲友，这一传统风俗沿袭至今。

旧时建房要请“阴阳先生”看风水，确定方位。房屋要避免正对着大道或河流，在对着巷道或河道的墙面嵌上一方镌有“泰山石敢当”字样的砖块或石块，屋脊正中央安一面小镜“挡邪”。

沈坨有建房上梁的习俗。新房开工前后，主家会向所有亲朋好友“把信”，告知上梁的日子。收到信的亲朋好友中，直系亲属可以置办“盒担”和贺礼，例如：父母为女儿，哥哥为妹妹等，盒担主要有肉、馒头、粽子、面条、大糕、鞭炮、蜡烛等。旧时还送软匾（红绸布一幅）悬挂于二梁。后改送红、绿被单各一条，插花各一对。旁系亲属可以给“封子”（红包）。上梁的这天，所有亲友都到场。

上梁是在清晨太阳没有出来的时候。上梁时，堂屋内北墙正中放一张小方桌，摆放着香炉、烛台，前面放“刀头”（带有连根的大葱一根，用稻草卯着的熟猪肉一块）、鱼四条。墙上贴“上梁喜逢黄道日，立柱巧遇紫微星”的对联和大幅的“福”字，两边竖着芝麻秸秆，取“芝麻开花节节高”之意。一阵鞭炮后，木匠、瓦匠分别站在房屋两边山墙的最高处，接过从下面递上来的装有馒头和粽子的笆斗，木匠拿出红色被单，瓦匠拿出绿色被单，分别挂在中间大梁上，边挂边说“鸽子”。他们将插花插到梁柱的结合处时，手中的斧头敲击着梁柱继续喊好。最后抓起笆斗中的馒头和粽子，向四处抛撒，这时抢馒头的人们欢呼雀跃。

迁居 迁居就是搬进新房居住，也称“乔迁”。一般选择大寒之后、春节之前，迷信认为此时的“太岁”不管人间闲事，因此百无禁忌。搬迁时先进马桶（子孙桶）、万年青，还有红纸裹柄的斧头，取子孙延续、万年常青之意，斧头用来辟邪。迁居时，关系紧密的亲友要赠贺幛或亮匾（玻璃镜屏），姑姑和娘家均备上盒担及鞭炮等贺礼。其他亲朋好友则送红包，祝贺乔迁之喜，主家设宴酬宾。

堂屋 镇域民居大部分坐北朝南三间，当中一间称“堂屋”。由于建筑面积各异，堂屋大小也不同。大致分为丈二小六（包隔墙），丈二大六（隔墙取中），方丈四（清面积），都是正方形。房屋架构分为5架梁、7架梁，后者堂屋有走廊，各家堂屋几乎成为政治、生活、文化中心，敬香拜佛的场所。

堂屋里没有特殊陈设，北墙是家神柜，即神案。上方左中右三抽屉，下面是柜。讲究人家将柜四角镶着雕花、三角铜皮，中间左右柜门镶着半圆铜皮，抽屉、门钉上铜环。家神柜正中摆放着香炉、烛台、香筒。个别家庭有细木雕琢的佛龛，佛龛内供着佛像。北墙中轴线挂着“中堂”，有民间书法家书写的“天地君亲师”、观音像、寿星像、福禄寿三星像等纸挂轴，两边配有“福如东海长流水，寿比南山不老松”等对联。中堂两侧及东西隔墙上方悬挂着亲朋参加婚礼、祝寿的各种贺匾（约60厘米 ×40厘米，称亮匾）。东隔墙一般挂着几张家人、亲友的相片、战友合影、同学毕业照相框。西隔墙贴着家人不同等级的奖状及子女的“三好学生”奖状。少数人家两边也挂着字画条幅。1966年“破旧立新”后，以前的中堂换成了毛主席半身标准画像。8本样板戏剧照图贴满了东西隔墙。21世纪后，毛主席像由各个不同的山水风景画所代替，两边隔墙换成各种“十字绣”、字画条幅。各式条台代替了家神柜，唯独没变的香炉、烛台、佛龛还放在条台上。

中小户人家住房较紧，堂屋不仅是用于敬神祭祖，同时也是接待亲友来宾的客厅。左右四邻串门打牌下棋的棋牌室。堂屋又可用于起居生活其他方面，比如用作餐厅，用作小孩读书处，老人寿终后又成为灵堂，这间堂屋真正成为主户人家的“多功能厅”。

天井　境内的民居结构，多为“三间一厢两围墙”“三间两厢一围墙”，中央的庭院叫“天井”。就建筑学而言，天井的功能是通风采光，而在广大农户的日常生活中，天井的功能远远不限于这些。农收时天井就成为五谷杂粮的晒场，也是晾衣晒被的最佳地。

多数人家在天井一角处栽上一两棵桃、梨、橘不同种类的果树。天井四周搭有花台花架。花台里有春兰秋菊、夏荷冬梅，花架上有紫藤茑萝。这些花草虽不名贵，但绿叶繁花，满阶生翠。

境内民宅的屋面都是斜倾于天井的，晨光月色，四时的雨水清风，都在这里从天而降，齐汇于此。如是雨天又是另一番景观，雨水沿着屋面由上而下，无数根水线落地嘀嘀嗒嗒，而无数水线组成四面水帘。

各村舍大户人家、寺庙的天井有一两口水缸，放在一角的檐下。水缸平时有盖，下雨掀去盖子，可承接屋上的雨水，通过檐下水槽汇集到水缸。主要用于储水灭火，因此这水缸有一个特殊的名称，叫“太平缸”，借助口彩祈求平安吉祥。

出行

沈坨河道纵横，中华人民共和国成立前交通十分不便，出门就要乘船。中华人民共和国成立后，在境域内及周边出门办事、走亲访友，仍然都是撑着小船沿河到达，或者是沿乡间小道步行而去。20世纪50年代后，兴姜河西侧沈坨集镇段建成客运轮船码头，先后开设沈坨至兴化、泰州、姜堰、东台的始发班次，沈坨及邻近的刘陆、陈堡群众都到此乘轮船，后来境内发展个私帮船，村（居）民在集镇、安塘、薛鹏、关口等地也可就近上船。80年代中后期，境内修筑了连接各村的通道，铺设了1米多宽的红砖路。许多村民购置自行车、摩托车，出门办事更为便利。同时不少农户置办挂桨船，方便了生产和生活。直至20世纪末，兴化市政府建设兴泰公路（现朱中公路），同时铺设沈坨至该路的连接线，开通沈坨至兴化、泰州客运班次，从而结束了沈坨历史上“无舟楫不行”的历史，客运帮船和轮船也随之消失。2011年，沈垞首次开通镇村公交线路。

自2019年起，沈垞至兴化每半小时有一班城乡公交车，还有沈垞至戴南每天4个班次的镇际公交线路。

婚嫁

新中国成立之前，镇内男婚女嫁多沿袭旧俗，程序烦琐。新中国成立后，有些婚嫁旧俗逐渐被革除，但仍有不少礼仪沿用至今。

定亲（订婚） 旧时，定亲当日，男方要宴请媒人及双方至亲，使得互相认识，谓“会亲”。

20世纪80年代后，男女双方经人介绍认识，同意相处即明确恋爱关系，互为对方的朋友，其后也不乏家长暗访对方、找人合婚的。经过一段时间“处朋友”后，双方认为合适，即举行定亲（订婚）仪式。定亲之日，女方率众亲友到男方家，男方设宴款待，且男方家至亲好友同来庆贺。定亲时，男方需送彩礼和酒水（实物或折币）给女方。进入21世纪，彩礼和酒水钱增多，少则几万，多则十几万。女方也送一两件礼物给男方（回礼）。也有男女青年自由恋爱，感觉情投意合，便请人出面象征性地做媒，择日订婚。现在许多人家将定亲与结婚同时举行，节省了操办的时间和精力。

追节（通话） 订婚后，男方在结婚前的端午、中秋、春节这“三大节”都给女方家送礼。未婚女婿一般择夏日闲时至女方家小住数日，称“歇夏”或“歇伏”，既得到休息，又可与未婚妻联络感情。如果要结婚，农历的八月半（中秋节）时，男方备上鱼肉、鸭子、藕、月饼等到女方家“追节”，又称为“通话”。

暖床 结婚日（也称正日）前一天，男方请福寿双全、儿孙满堂的老夫妇（福嗲嗲、福奶奶）铺床，并选择新郎的平辈或晚辈男孩睡在新婚床上，谓“暖床”。正日早晨，主家端蛋茶至床前喊暖床的人起身吃茶，但不给筷子，让其呼要“筷子”，意为“快生贵子”，新郎父母再给暖床者红包。

守富贵 结婚前一天晚上，新郎官换上新装后，不得出门一步，更不得睡觉。老祖宗为此制定了一个“守富贵”的规矩，让亲朋好友陪着新郎官通宵打纸牌或打麻将。守富贵时，无论是打扑克还是打麻将，输赢不在大小，只要整夜亮着灯、烧着香，屋子里充满欢声笑语就行。

迎亲 结婚当天，男女双方家庭分别操办宴席。过去出行靠船，去女方家带新娘叫“迎亲”，去的船叫“轿子船”，船上有9人以上（人数为单数）组成迎亲队伍，时称“单去双回”。船到女方家庄边码头，放鞭炮告知女方家，女方家也放鞭炮表示迎接。迎亲的人进门后，女方先以汤圆、云片糕、红枣茶招待，稍后入席午宴。

饭后，迎亲乐队敲锣鼓、吹唢呐，催新娘上轿。新娘上轿前，有“捏锁涨箱子”的习俗。轿子船上的人忙着将女方的嫁妆悉数搬上船，最后留下箱子，等女方的哥哥或弟弟捏锁。捏锁先得涨箱子，涨箱子就是男女双方比着往箱子里放钱，女方家哥哥或弟弟放一沓，新郎官放一沓。等到箱子装满了钱，女方的哥哥或弟弟才捏锁。捏锁就是把挂在箱子上的锁捏起来，拔下钥匙，交给新娘。涨箱子的钱各出多少，是双方早就说好的，也有临时决定的，主要依据双方的经济能力而定。

21 世纪以后，乡村公路四通八达，轿子船消失，轿车迎亲兴起。车前结彩球，车后贴双喜，车队一直开到女方家门前，各种红包还如同以前。迎亲队伍返回，车至男方家门前，由福奶奶开启车门，搀扶新娘下车。新娘手中抓一把硬币，边走边丢，谓“步步有钱”。洞房的窗户外面蒙着一张大红纸，当新娘进入洞房后，早有安排好的小男孩拿着筷子或小竹竿，戳破或揭掉洞房窗户外蒙着的红纸，寓意揭得越快，则生子越快。主家请迎亲的人吃汤圆、云片糕、红枣茶等。

拜堂和坐富贵　拜堂由福嗲嗲、福奶奶主持，男方父母面朝南坐在堂屋中央，新郎新娘面对父母站立，并称呼“爸爸”“妈妈”，父母给新娘红包。长辈亲戚也在一旁给新娘“磕头封”，新娘一一称呼并致谢。拜堂礼毕，将新郎新娘送入洞房，吃富贵茶、富贵面，双双并坐床沿，称“坐富贵”。

喜宴和闹洞房结婚的当天晚上，男方家大摆宴席，招待亲朋好友。现时女方亲友也同到男方家吃喜酒，双方宾客相互敬酒。婚宴地点，有的在当地做家宴，有的在集镇饭店举办，多数人家请婚庆公司策划和参与，由司仪主持婚礼。席间宾客闹新人、闹公婆，闹公婆的形式主要是让公公“扛掘灰耙”，将热闹气氛推向高潮。

望朝和回门　结婚正日起第三天，俗称“三朝”，女方家人率亲友到男方家“望朝”，即看新娘在婆家的情况。男方先招待吃茶，接着置办中饭，饭后娘家人返回。其后，新娘于满月“回门”，即回娘家，新郎同去，并给岳父家带几式礼品，岳父家回赠粽子 101 只，其中一个特大，谓“百中（粽）选一”。

交生日　新媳妇过门后的第一个生日那天，新娘的父母置鞭炮和礼品到亲家给女儿过生日，也就是把女儿的出生之日交给婆家，表示以后的生日交由婿家庆贺。

生育

生育礼俗是中国传统文化的重要一部分，它涵盖婴儿从出生到满月的所有重要时刻。生育礼俗寄托家庭和家族长辈对新生儿、母亲的祝福和希望。

生养　旧时产妇生养一定要在自家，由“老娘”（也称“接生婆”）接生，现在都在医院生养。婴儿落地后，第一个进入产房的人叫“踏生”，旧时认为婴儿长大后，其个性多和踏生者相仿。过去接生婆还将胎衣用泥罐埋在产妇床下，让小孩日后不忘衣胞之地。

报喜　婴儿降生后须向外婆家及其他亲戚报喜，生男孩的送红蛋，生女儿的送粽子。

洗三　是在婴儿出生之后第三天举行的庆贺仪式，也叫作“三朝”。给婴儿实行“洗三”时多用艾叶、花椒等，由老年妇女为婴儿擦身，认为这样做可以去掉胎气。

看月子 产妇坐月子期间，诸亲六眷上门看望，并馈赠猪蹄、老母鸡、鸡蛋、鲫鱼、红糖、馓子、黄烧饼等慰问品及婴儿鞋帽等，谓“月子礼”。现在则不送食品而送红包。

寿诞

做满月 婴儿出生整一个月时，是阖家喜庆的日子，无论大家小家、场面大小等都庆贺，谓之“做满月”。婴儿满月当天，外婆家即送来婴儿佩戴的银制手镯、脚铃、长命锁及衣帽等。全家人为婴儿洗澡、换新衣衫、戴新首饰，以祈吉祥。现时，因事多忙碌，满月未做，便做“双满月”，即小孩出生两个月时举办“满月酒”。

小儿周岁 周喜是小儿出生的第一个生日，俗称“过周”，无论旧时和现在都必庆贺，诸亲六眷、亲朋好友均到，送上礼品及红包道喜。生日小孩此日戴“百岁”帽、穿新衣、吃寿面，家中点香烛、放鞭炮。

贺寿 在沈圪，通常整生日，如10岁、20岁、30岁等，都举行庆贺仪式，届时亲朋好友前来庆贺。小孩6岁时，境内多数人家也要为小孩庆贺，取“福禄寿喜财”中“禄”的谐音。小孩10岁为人生第一个“整生日”，家长要宴请亲友，应邀者馈赠礼金、衣物。

20岁生日不怎么隆重。30岁是“半甲”，一定要贺生日的，俗话“三十不贺，四十不发”。60岁以上的整生日，都由寿星的子女操办。六十又称“花甲”，少有不做寿的。70、80、90岁的生日都做，做寿的排场则视其子女的身份、经济状况而定。

贺寿从生日前一天开始，晚上设宴招待至亲好友，谓之“暖寿”。正日早餐是吃早茶和面条，中午宴席最为丰盛。中饭后回礼、散亲。回礼多为馒头、挂面。寿礼过去有寿幛、寿联、亮匾，现在大多数是红包。20世纪90年代中后期，时髦的到广电站点歌祝寿。

丧葬

中华人民共和国成立前，富有人家将死者厚棺葬于祖茔，而贫者则以薄皮棺材收殓，赤贫者芦席裹尸葬于义冢乱地，未成年亡者一般用薄板木匣收殓。中华人民共和国成立后，境内丧俗程序依旧繁多。20世纪80年代后，殡葬改革，丧事从简，遗体火化后骨灰装盒，家人多在墓地以大理石墓穴安葬死者，墓前立碑为记。

送老与守灵 将弥留者先从病床移至堂屋一侧地铺上，下铺稻草，咽气后再移上灵床，俗称“停床”；为将死者或刚刚咽气者剃头、擦洗身子，谓“净身”，然后穿寿衣（俗称“老衣”），谓之“送老”。从弥留到入殓（或去焚化）这段时间有亲人（一般是儿子、侄子或孙子）守灵，也称守夜（又称“伴夜”“坐夜”）。

入殓 主要有收殓、戴孝、上庙等仪式。尊亲逝世，诸亲属按辈分穿戴不同颜色的孝服、孝衣、孝帽。子辈、孙辈为白色，重孙辈为红色，玄孙辈为黄色。孝子还要

戴麻布帽、穿孝服、腰系草蔞子，孝媳穿孝服戴麻窝。对前来吊唁的亲戚分发孝布和白毛巾，对宾客仅赠白毛巾，称“散孝”。白毛巾按家庭人口分发，每人一条。

出殡　送棺下葬谓之“出殡”，有路祭、破土、暖坑等习俗。葬后第三天必再去坟地设祭哭拜，谓之“复三”。旧时新坟呈椭圆形，坟土松散，家人须来“圆坟”，即培土、拍实，使之呈馒头状。推行火葬后，出殡仪式简化。家人将骨灰安放于大理石墓穴，于墓前供奉饮食、烧纸“送钱”，既是送葬也是“圆坟”。

吃下红饭　死者骨灰入墓后，即为送葬结束，治丧之家在当日中午设宴招待亲友，俗称“下红饭”。席中每桌必有一盘红烧肉，每位客人至少品尝一块。此宴实际为“谢红饭”，专为答谢吊唁之人而设。丧事为白事，“红”为喜事，“红”对应“白”，隐喻送走逝者后，丧事即告结束。主家设此宴感谢所有前来吊唁的人，是希望他们去除晦气，由悲转喜，祝愿他们从吃这顿饭开始，能心情愉快，吉祥如意。

供饭　也称“上饭”。死者咽气后，将写有死者姓名、生卒时间的“牌位”，摆放于堂屋家神柜左侧，后每日三餐盛饭祭供亡者，以表怀念之心。

烧七　旧时，自死者咽气之日起的第六日为“头七”。后每隔七日必祭，诵经、供饭、焚纸锞，谓之“烧七”。

六七　“六七”就是在死者死后的第六个七天（即一共42天，实际为41天）后，子女们为死者举办的纪念活动。此日，所有的亲朋好友都要到场戴孝纪念。

化牌子和脱孝　旧时，化牌子和脱孝一般为三年。服丧期间，家人一律素色穿戴，不办喜事，不放鞭炮，春节不贴红楹联，直至满三年化牌子（满孝）。实际上是过了两年便化牌子，俗称“三年牌子两年化”。化牌子时，将供饭的牌位和“牌亭”（用纸扎成的房子）一起烧掉。在放鞭炮和焚烧牌亭的时候，子孙们及其他亲戚将孝帽子等全部从火堆上面抛过，意为戴孝结束，也称“脱孝”。仪式之后设席宴请致祭的亲友，同时发红毛巾，仍按家庭人口分发，每人一条。

如今，亲友、晚辈忙于各种事务，只在“五七”祭奠之时聚会、放焰口等。或火化当天一次性将“烧七”“化牌子”“脱孝”等程序办完。

岁时习俗

中国的传统节日源远流长，寓意丰富。在沈屿，传统节日的习俗与其他地方既有相通之处，也有特别的表现形式，但都充满着浓郁的人情味，是维系和增进亲友等人际关系的情感纽带。

春节

从农历正月初一至初五为五天大年。初一，家主早起，点蜡烛、放鞭炮。家庭成员穿新衣、新鞋，戴新帽，给长辈磕头拜年。孩子一早起来，家长令其吃红枣、喝糖茶，引导其说吉利话。早餐有生姜、茶头（干丝）、汤圆等，中午和晚上吃的都是除夕准备的丰盛的饭菜。早饭后外出拜年，小辈先到族亲中长辈家中拜年。途中熟人相见，拱手为礼，互道“恭喜发财”“健康长寿”之类的吉祥话。整个正月，熟人初见面都互道恭喜。初一不作兴扫地，不许泼水下地，多数人家初二扫地，少数人家到初五“接财神”时才扫地，且由外向内扫，意在往家进宝。

正月十六

烧青柴　正月十六烧青柴是镇境内的传统习俗，这一习俗是男孩（青少年）自发地、自行组织的夜晚大型户外活动。

正月初十后，孩子们各自组建自己的队伍，选好队长，每队少则三五人，多则十几人不等，每队的队长只有一人。正月十五必须把烧青柴的材料筹集到位。其材料极为简单，主要以齐草、稻草为主，棉花秆、黄豆秆子等为辅，买几串小鞭（鞭炮）即可。材料虽简单，但是等家长下田，各人才能从自家或者别人的草堆上“偷”，材料到手后分别拿到预先商量的秘密地待用。正月十六中午，孩子们不约而同来到集中地，大家七手八脚开始制作青柴。草在外，其他秸秆在内，每一小段包一个小鞭，25 厘米左右打一个扎，扎好后呈圆状，直径不超过 8 厘米。大小以年龄而定，长短以人数而定（材料用完为止），长度从几米到几十米不等。完工后，孩子们将青柴放在麦田地沟里，一切就绪，只盼天黑，晚饭后，孩子们纷纷跑出家门。

夜幕降临，孩子们的活动开始了，首先点燃青柴一头，队长在前高举着，后面的人捧着或扛着，人与人的间距均匀。大圩上，麦田里（麦苗小，不影响生长），都是孩子们的场地，他们时而走圆圈，时而走直线，时而行如游龙。放眼野外，举目环视，火苗重重叠叠，密密麻麻，遍布四野，犹如漂浮不定的繁星，好不壮观。远处不时传来小鞭爆炸声和顽童的喧闹声，但只闻其声，不见其人。青柴烧到 2 米左右要倒着烧，并在麦田里画圆，相传圆画得越圆越多越好，预示着当年的粮墩就越大。老年人从青柴的火色预示当年水势大小，白色水大，红色水小。

跨屯事　屯事，即不吉利的事。正月十六这天晚饭后，沈坨各个村庄的大街小巷和村外的大路上，到处可见点火把、跨屯事的人。跨屯事，就是人们从一堆堆燃烧的篝火上跨过去，祝愿过去一年所有的厄运不再发生，跨进新的一年后平平安安、万事顺意。这一习俗延续至今不断。

“炸老鼠眼睛”　老鼠是损害衣服、粮食的一大公害。因过去农户的房屋多是土墙草盖，防鼠设施较差，每到夜晚，家里老鼠活动猖獗，即使养猫捕鼠也无济于事，田里的庄稼也常受鼠害。“十六夜、炸麻花”，炸麻花指的是炒蚕豆、炒黄豆、炒花生、炒玉米粒。蚕豆、黄豆、玉米粒在油锅里受热后，会发出噼噼啪啪的声音，传说老鼠和害虫最害怕这种响声，还说这油炸的响声能炸瞎老鼠的眼睛，使其无法再糟蹋粮食和衣物，所以炒豆子又叫“炸老鼠眼睛”。

清明节

清明节通常填坟、扫墓和祭祖。清明前两三天先填坟。填坟时，要将祖先土坟上的野草用镰刀清除掉，再用大锹到荒地里挖两个圆锥体的坟头，一仰一合压在坟墓上，然后用河泥将坟墓涂抹一新，这既避免棺材露出来，又表示这个土坟是有后嗣的，否则容易被人误以为是无主的孤坟而受到损坏。2000 年后，大部分的土坟都用水泥修整好，或将骨灰盒移至乡村公墓的大理石墓穴中，不再挖坟头、涂泥巴，但清明时还是要将坟冢清扫一遍，或是用清水浇一下，然后在坟前烧纸，对着坟墓磕个头，以告慰先祖。

清明这一天，家家除置备几样饭菜给祖先烧纸外，还带着家小到祖先墓地前摆上供品扫墓。现在有很多户族聚在一起祭祖，户户出钱，人人动手，为祖先供饭菜、烧纸钱，仪式隆重。扫墓后，全族大小人等共同会餐，激励后人不忘祖辈，以此表达对祖先的缅怀。

立夏

立夏之日，沈坨人有吃蛋的习俗，谓可防“瘦夏”。除此以外，过去立夏时还“送夏”，就是娘家要给出嫁的女儿送去一份夏令用品，主要是送凉席、凉枕、芭蕉扇、毛巾、夏衣、清凉油、夏布、蚊帐、油伞等生活日用品，也有送粽子、绿豆糕、咸鸭蛋等夏令食品，表示娘家人在盛夏来临前对女儿的关爱。

端午节

端午节这一天，沈坨除了家家吃粽子，还有其他习俗。一是家家门前插挂菖蒲、艾草。这两种草的味道特别，有驱蚊虫、避五毒之功效。菖蒲形似箭，艾草形似鞭，有辟邪去晦之寓意。二是正午时，家家门前放一张桌子，陈设香案，摆上粽子、粽汤、艾草水、水果及雄黄酒，称为“上午”。上过午后，将粽汤、艾草水洒于家中每个角落，意味着消毒、防生百虫，同时将雄黄酒搽于小孩的手脚心，可驱毒蛇、百脚（蜈蚣）叮咬。三是给小孩扎“百索线”，用红绿纱线编成带须子的圆圈戴在小孩的手腕和颈项上，意思是将小孩扣套起来，无病无灾，太平好养。还给小孩穿上绣有虎形的虎兜虎鞋，因为虎是兽中之王，穿上虎衣虎鞋，既为辟邪，又祝愿小孩长得健壮，虎头虎脑的样子。四是端午节的中餐有吃“五红”的习俗，包括红烧肉、红烧鱼、煮虾、红苋菜、红酒等。民间认为，“五毒”（蛇、蜈蚣、蜘蛛、壁虎、蝎子）惧怕红色，因而就衍生出吃“五红”、去“五毒”的习俗。

六月六

指的是农历六月初六。这一天，沈坨境内流传四种说法，或者有四种民俗：一是“六月六，下得一汪白”。农历六月初六正处于刚进伏的梅雨季节，雨水比往常增多。种田户害怕发水淹田，如果“六月六”下雨，意味着已应天时，今年从此可能再没有洪水；

如这天不下雨，就担心还有洪涝发生，影响庄稼后期生长和收割，所以，大家都希望这天能下得“一汪白”。二是“六月六，家家户户曝衣服”。由于此时雨水较多，湿度大，为防止衣服发霉，各家在“六月六”后选择晴好天气，将棉衣、被褥等拿出来曝晒，年年如此，形成习俗。三是“六月六，吃口焦屑长块肉”。过去种田，农民因劳动强度大，生活条件差，一春、一夏忙碌下来，人很疲劳，免疫力下降，进入伏天后容易生病，身体消瘦，故“六月六”这天大家都得吃焦屑，形成了“吃口焦屑长块肉”的说法。焦屑是用小麦或糯米下锅炒熟，再磨成粉，用箩筛筛去麸皮和粗粒后的细粉，既有营养，又味香可口。将适量焦屑用开水或粥汤拌泡膨胀后，即可食之。四是“六月六，家家撑船带苦肉（女儿）”。经历了春季和夏季各项繁重的农业生产劳动，入伏后才稍有闲空，这时将劳累了的女儿女婿带回娘家歇伏，加强营养，恢复体力，体现父母对女儿的疼爱。

立秋

立秋这天，沈坨有吃瓜的习俗，西瓜、菜瓜等均可，谓之“咬秋”。意思是消除余夏暑气，避免痢疾等疾病，迎接凉爽的秋季。

中元节

农历七月半为中元节，民间认为这一天群鬼“放假”，要回到阳间原来的家享受子孙对他们的祭祀，享用后辈给他们的纸钱。这天中午，家家准备豆腐、卜页、坨粉、鱼肉等供品，供在堂屋桌子上，同时盛一碗米饭，每个亡人放一双筷子，然后由男人烧冥纸来祭祀已故先人。旧时还同时斋孤——给“孤魂野鬼”焚烧纸钱，晚上放河灯超度溺水死者的亡灵。

中秋节

农历八月十五为中秋节，又称团圆节。这一天，家家吃月饼、汤圆、黏烧饼，喝团圆酒，菜肴中必有鸭子，故有“鸭子怕中秋，鸡子怕小雪”的俗说。晚上月圆之时，家家在月下设香案，供菱、藕、水果、黏烧饼及月饼等，然后点烛、焚香、放鞭炮，谓之“敬月光”，举家团圆赏月。

十月朝

每年农历十月初一日，沈坨有在家烧纸纪念祖先的习俗。此日，很多人家做好供祭饭菜，儿孙跪拜烧纸。旧时洪水泛滥，常有人淹死，活着的人也从外地回老家为淹死的亡人做纸衣、鞋帽等焚化，以示慰藉。“十月朝”的祭祀习俗，代代相传至今。有的人家因记不清祖先的祭日，也在这一天对先人作一次性祭奠。

冬至

前一日为小冬，旧时，各家于午间设馔，焚纸钱祭奠先人，谚曰“早烧清明晚烧冬（冬至），七月半的亡人等不到中（午饭）”。冬至日为“大冬”，此后进入数九冬天。这一天家家敬神，午餐菜肴丰盛，有“小冬不值钱，大冬大似年”之乡谚。

腊八

每逢腊月初八，境内很多人家以花生、红豆、绿豆、糯米等本土农产品为佐料，煮制腊八粥，与全家人及亲朋好友共食。腊月初八当天，境内各寺庙僧尼还请人煮很多腊八粥，赠予百姓，广普善缘。

交大寒

旧时，说是到了大寒，太岁移位，十五天不管民间琐事，因此人们在“交大寒”之后，开始放“根脚”（墙基）建房，或新房乔迁，或掸尘、浆洗，需迁坟的也在此间进行，均无忌讳。

掸尘和辞年

进入腊月下旬，家家擦抹家具、拆洗被褥，打扫室内室外，谓之“掸尘”。各家过年不忘先人，择日于上午设馔焚化纸钱，谓之“辞年”。

除夕

除夕日为腊月三十（小月为二十九），俗称“三十夜”或“三十晚上”。前几日已备齐年货，现在则是“有钱没钱，洗洗过年”，大人孩子剃头、洗澡。白天贴春联、刻花边纸、贴花边纸、贴年画。二十世纪六七十年代，大队干部在除夕这天敲锣打鼓给烈军属送对联、年画和“光荣人家”字幅。

午后，家庭主妇制作“陈年饭”，用上等白米煮一碗饭，配以红枣、桂圆等，上插柏枝，叶间缀白果、花生等，供于家神柜上敬菩萨，至正月初六再蒸熟食用。除夕的晚饭要早吃，一家人围桌而坐，共享团聚的温馨。晚饭时多讲吉利话，也有不开口说话的，谓之“闷声大发财”。晚上，大人给小孩分压岁钱，祝愿小孩百病不侵，健康成长。入睡前，长辈在晚辈的枕头下放枣儿、云片糕、花生和糖果。民间认为，当晚诸神下界，恐小孩口无遮拦，有所触犯，嘱其醒后食之，可得“早（成才）、高（高升）、生（生财）”之吉兆。旧时除夕，许多人家阖家团坐守岁，甚至通宵不眠。现在人们多以看央视春晚欢度除夕夜。零时，即焚香、点烛、放鞭炮，迎接新年到来。

民间礼仪

沈坨民间礼仪丰富多彩，有先民积淀，亦有后世传承。餐桌礼仪、待客之道、拜访之礼等都是社会中约定俗成的习惯和规则，对人们有着广泛的约束力。20世纪80年代后，一些陋俗渐次摒弃，现代文明礼仪逐步形成。

尊师睦邻

村（居）民有敬重老师、师傅的传统。学生金榜题名、婚嫁喜事均请老师赴宴坐上席。平时老师有困难都主动帮忙，同学聚会常请老师光临。学徒工四时八节都给师傅送节礼。

邻里之间常常串门聊家常，互赠小吃、菜肴，代为照看门户或带小孩，瓜果蔬菜正常互通有无。夏日乘凉，邻居间无话不谈。遇有婚丧、建房或农忙之时，邻居间能互相帮忙，不计报酬。

同乡情谊

家乡人重视同乡情谊。改革开放后提倡部分人先富起来，大批人外出经商打工，异域的同庄人或邻庄人之间保持正常联系，互通信息。一人遇有困难，同乡人都能互相帮助。

亲戚交往

夫妻、父母、子女、兄弟、姐妹、亲朋及师生之间礼仪与其他各地区别不大，亲戚之间遇有婚丧喜庆的大事都有人情往来，办礼盒或出“封子”。境内对舅舅的尊重比较突出，如外甥（女）婚嫁，舅舅必坐首席。兄弟间家庭纠纷、分家析产等均由舅舅做主。传统节日，晚辈都给长辈馈送烟酒、时令食品和水果。

桌席礼仪

境内在喜庆宴席中，对桌位大小比较考究，尊卑有别，长幼有序。旧时，宴席大多用四方桌，以桌缝分大小，背缝为大，对缝为小。宴席一至三桌时（称为分席），辈分最高或职位最大者在东桌的最东席位朝南而坐。宴席四桌时（称为席席开），辈分最高或职位最大者在东桌的最西席位朝南而坐，西桌的最东席为次。

现时，无论在家请客还是在饭店举办宴席，多用圆桌，除了至尊长辈或重要身份的人安坐在上席外，其他人可随意入座。

人际称谓

晚辈对长辈不可直呼其名。对曾祖辈称老嗲嗲（老太爷的意思，方言）、老太，祖父母称嗲嗲（爷爷的意思，方言）、奶奶，外祖父母称婆嗲嗲（外公的意思，方言）、婆奶奶；长一辈称大大大妈、拜拜妈妈、伢伢二妈、娘舅舅母、姨丈姨娘、姑拜姑妈等；平辈称哥哥嫂嫂、姐姐姐夫、弟弟弟媳妇、妹妹妹夫、妯娌、舅子舅母、连襟、小姨子等，如非嫡亲，则称堂弟兄或叔伯弟兄、老表等。对晚辈，儿子称小伙，女儿称姑娘或丫头，另有称媳妇、女婿、侄子、侄女、外甥（女）、孙子（女）、外孙（女）等。

对亲戚关系的长者，一般随其侄辈称呼。对退休的长辈称“某老”，以示尊敬。称职务之风盛行，如某镇长、某支书、某主任，前面不加“副”字。对做生意的，则称某总、某工（工程师）、某老板等。

兴化面塑

沈坨镇沈坨南村黄宝富出生于面塑世家，父亲曾拜山东菏泽一位师傅学过面塑手艺，哥哥黄宝宽曾师从“面塑之乡”盐城市阜宁县公兴乡一位面塑艺人。黄宝富自幼酷爱面塑，20 世纪 70 年代，在父兄悉心传授和耳濡目染中，熟练掌握面塑技艺。年方十五六岁的黄宝富将其作为一种谋生方式，走南闯北、走城串乡、走街串巷。其间，黄宝富在湖南岳阳结识一位高校美术老师，在对方的点拨下，黄宝富开始有意识地加强自己的美术功底，提升作品的艺术气息。后来，黄宝富得到辽宁省美术家协会主席杨乐天的指导，进一步了解面塑的历史、现状与前景，坚定在继承中创新，让面塑艺术随着时代的发展不断发扬光大。

进入 21 世纪，黄宝富的面塑艺术之路越走越宽。在作品造型上，融入现代元素，塑造了奥特曼、绿巨人、海绵宝宝、哪吒等动漫卡通形象，深受孩子们的喜爱；在材料上，改用新兴的高分子聚合性材料彩陶，避免了传统面粉容易皴裂、不能长久欣赏的缺陷；在包装上，给面塑作品罩上有机透明塑料，让其能登堂入室；在销售上，采用线上线下相结合的模式，让面塑作品走进更多家庭。2011 年黄宝富被认定为兴化市市级非遗传承人，2014 年被认定为泰州市级非遗传承人；先后评定为泰州市工艺美术师、乡村振兴技艺师、工艺美术协会理事。其作品曾荣获全国工艺博览会“金凤凰”创新产品设计大赛金奖，江苏省第十届、第十一届“艺博杯”工艺美术精品大赛银奖，编写的《面塑》校本课程获江苏省优秀校本课程三等奖。多幅作品被非遗馆、工艺美术馆收藏。20 世纪 90 年代起，黄宝富又将面塑制作技艺传承给儿子黄春伟。

附：《兴化面塑：以面塑心 指尖传承》

近日，泰州市市级非物质文化遗产项目“兴化面塑”传人黄宝富制作的作品《活力省运·幸福泰州》——蓝衣少年准备踢射足球，扎着羊角辫的小女孩呐喊加油，色彩鲜艳的“泰宝、凤娃”喜气洋洋……

提起兴化民间艺术，没有人不知道沈坨的面塑。面塑是中国民间传统手工工艺品的一种，以面粉、糯米粉为主要原料，经过色彩、石蜡、密封以及防裂、掀、捏等工序制作而成，距今已有几千年历史。制作面塑是“百里水乡”兴化民间的一种传统艺术，制作的师傅大多数是肩挑一副担子，一头是调制好的色彩斑斓的软面团，一头是可当板凳的木箱子，捏面塑匠人挑着担子走街串巷沿街叫卖。面人师傅的摊位前总会围满了大人小孩，一个个五彩缤纷的花鸟、动物、人形在面塑匠人黄宝富手中被捏得栩栩如生，摊位前的家长花上几个小钱，孩子们手举着心爱的玩意儿欢快地离去……

沈坨面塑匠人黄宝富师傅和他的儿子黄春伟在“百里水乡”街头巷尾制作的面人小玩意儿如今已作为传统艺术，列入了“泰州市非物质文化遗产名录项目”。一团团色彩斑斓的面团在他一双灵巧的手中变成一个个活灵活现的人物形象，让人看后叹为观止。特别是2020年，在中国工艺美术协会举办的第55届全国工艺品交易会上，他制作的传统戏曲《白蛇传》中人物面塑喜获全国金奖。

年已58岁的匠人黄宝富师傅说，我国面塑源自我国的饮食文化，利用“面花”和“年馍”进行和面、塑性、上色制作寒燕。我国面塑分三大流派：北京（汤子博）汤派、上海（赵阔明）赵派，山东（李俊兴）李派。受文人艺术的影响，面塑的内容和形式不断出新，其艺术魅力同样为许多王公贵族所心动，他们不惜重金订购或作贺礼馈赠亲朋。源远流长的历史演变，早已让面塑成为中国文化和民间艺术的一部分，也是人们研究历史、考古、民俗、雕塑、美学不可忽视的实物资料。就捏制风格来说，黄河流域古朴、粗犷、豪放、深厚；长江流域却是细致、优美、精巧。如今，由于面塑由街头转而登堂入室，从此身价倍增，整体水平产生了质的飞跃。面塑俗称“面花”“礼馍”“花糕”，面团加彩后形成不同的色彩，捏面人用手和简单的工具塑造各种神态各异、栩栩如生的花鸟等动物和各种历史人物形象。黄宝富师傅介绍说：“家乡是我创作、创新的灵感源泉。特别是水乡的千垛菜花场景、梅兰芳大师京剧《贵妃醉酒》人物形象都是我创作的题材。面塑匠人只需掌握‘一印、二捏、三镶、四滚’，就能捏出出神入化的面人。”

兴化面塑始于汉代，传于唐代，兴于明代，盛于清代。当时“百里水乡”已有面塑匠人的足迹。兴化面塑造型简洁而浑厚，朴实雅洁，是自然崇拜、宗教思想、心理意识、造型语言的综合凝聚物。它有几何植物、动物的形象，形成了特殊的民间艺术形式。

明洪武年间，一位苏南民间面塑艺人在阊门码头传授面塑艺术，正好碰上准备从苏州阊门逃难到兴化的黄松山，黄松山便在阊门跟着这位面塑制作匠人学了一段时间，得到了这位师傅的亲传。农民黄松山带着所学的面塑制作技艺和先赴兴化沈坨的家人团聚，并将所学的面塑制作艺术全部传给儿子。当时黄氏父子在圩南地段制作面塑颇有影响，到了20世纪90年代，黄氏传人黄宝富又将面塑制作这一技艺传给了儿子黄春伟。面塑匠人黄宝富指着那些塑好的面人说："旧时的面塑艺人只为谋生，故而含着眼泪走四方，整天挑担提盒，走城串乡、走街串巷，做于街头、成于瞬间，虽然深受群众喜爱，但不能登堂入室。"

如今，面塑艺术已得到各级政府和社会的高度重视，并走进了文化艺术的殿堂。捏面塑匠人根据所需，随手取材，在手中几经捏、搓、揉、掀，用小竹刀灵巧地点、切、刻、划，塑成身、手、头、面、后披上衣裳。顷刻之间，神态各异、栩栩如生的各类精美的艺术形象便脱颖而出。颜色新颖的各色花鸟、活灵活现的各类动物、衣裙飘逸的美女、天真烂漫的儿童以及各种神话故事、戏剧中的历史人物，非常精致地陈设在玻璃框里。

面塑匠人黄宝富创作的艺术形象主要来源于我国四大名著《水浒传》《西游记》《三国演义》《红楼梦》中的人物，既有生动活泼的趣味性，又有广泛的群众性。如今，面塑匠人黄宝富父子俩技术精益求精，手艺巧夺天工，所捏的人物、飞禽走兽姿态各异、形神兼备、惟妙惟肖，成为百里水乡的一朵奇葩。

近几年来，面塑匠人黄宝富不但将面塑艺术在省内外许多城镇普及，而且带着这一传统制作技艺，走进了泰州市海光中心小学、泰州市凤凰小学、泰州市城东小学、

面塑传承人黄宝富

面塑（软陶作品）

泰州市实验学校等学校，向广大小学生传授面塑的制作方法，让广大小学生从小爱上面塑、学会面塑制作这门技艺，使泰州市非物质文化遗产面塑制作技艺这一传统文化在泰州市得到进一步的传承。2021年8月，他在泰州市教育局举办的“第七届中小学生展演活动”中获优秀指导老师奖。2021年12月，在江苏省教育厅举办的“江苏省第七届中小学生艺术展演学生艺术实践工作坊”中荣获一等奖。同年12月，在海陵区教育局举办的“第七届中小学生展演活动”中获优秀指导老师奖。2021年10月，面塑匠人黄宝富荣获泰州市人才工作领导小组办公室、泰州市人力资源和社会保障局颁发的“乡土人才大师工作室”荣誉称号。

黄氏传人黄春伟说：“我和我父亲制作的兴化面塑，承载着丰富的文化内涵，有着传统文化的表现精神和文化创造性，在形成过程中渗透了人们对美好生活的渴望以及对平安、吉祥、幸福生活的展望。在当今新的市场领域里，面塑已注入更加丰富的文化内涵，并融入人们的生活中。我们作为新一代面塑艺人，在继承和发展传统面塑艺术的同时，还要不断像我祖辈和父辈这样的老面塑匠人们一样，努力创造新的艺术高峰。虽然说民间艺术发展的路途荆棘密布，但我坚信，路虽不远，行则必至，事虽难，做则必成。只要坚持不懈，我们传统的民间艺术一定会更加辉煌。”

（原载于2022年10月18日《兴化日报》，作者为孙荣庆）

徐氏皮肤病传统疗法

沈坨沈家舍徐门第七代子孙徐元兴，在兄弟四人中排行老二。1830年，时年7岁被其父送到竹泓港光福寺出家。16岁那年，徐元兴在寺中收留并悉心照料来自北方的一位体弱有病的行乞老人。老人为报答其善举，收其为义子，并将毕生所学皮肤病疗法传授给他。

老者在两年后去世，徐元兴披麻戴孝安葬老人后还俗回乡行医，族人们恐其犯法，怕受连累，逼迫其改名换姓，第三代无事后方可恢复祖姓，徐元兴便改名随母姓，叫李如松。子叫李筱亭，孙依规回归徐姓。由于徐元兴经常雇人到荒田地采集药草，自制疮药，徐门中凡有文化的人便学会了皮肤病疗法。最多时发展到十七八家卖疮药，且个个医治有效，方圆百里都有影响。鼎盛时期，每天求医者的船只有五六十条，民国《兴化县志》上有记载，也有很多人不满足现状，外出行医。如徐步岭（子俊）在兴化，徐德圣（子信）在江都樊川，徐步遥在大垛，徐增寿在荡庄，徐定宇在荻垛，徐尚志（坚白）在陶庄，徐定仁（静之）在舜生，徐氏后人都在行医治疗皮肤病。随着生活水平的提高，卫生条件越来越好，得皮肤病的人也就越来越少，但仍然有不少徐氏后人坚守徐氏皮肤病传统疗法。如徐继元在兴化，为第九代传人。通常疗法首先用生理盐水对患者治疗区域进行消毒处理，待伤部晾干后涂抹事前自制成品的疮药，除关节部位用无菌纱布进行包扎，其余部位均暴露在空气中。正常情况下，严重患者每日涂抹一次，两周可见效果。轻者隔日涂抹一次，周内可治愈。该疮药对湿疹、疱疹、荨麻疹、牛皮癣、水泡、青春痘、带状疱疹、过敏性皮炎等常见皮肤疾病有较好疗效。

2013年，兴化市人民政府将“徐氏皮肤病传统疗法”列为兴化市非物质文化遗产。

庙会集场

庙会是民间广为流传的一种传统民俗活动，民俗是一个区域被广大民众所创造、享用和传承的生活文化。它的产生、存在和演变与老百姓生活息息相关。集场都随庙会举办，各路商贩不请自到，为庙会增添热闹。

沈圩都天庙会

沈圩都天庙会传统举办时间为每年农历五月二十二。后来为避开农忙，而改为农历二月二十二。

元朝末年，盐民张士诚在苏北白驹、刘庄一带起义，专劫发财的盐商，而救治穷人。后来，朱元璋打败了吴王张士诚，苏北各地老百姓自发建造土地庙，尊张士诚为“都天菩萨”，同时以庙会的形式纪念张士诚。

传说朝廷知道消息后，下旨拆毁都天庙，并取缔庙会。为避免朝廷的镇压，老百姓假托纪念唐朝时因顽强抵抗安禄山叛军而坚守睢阳城池献身的张巡，以纪念张士诚。“江淮人民念（吴）王逝，则托之张睢阳”（民国周宏炽《张吴王传》）。为瞒过朝廷，老百姓在都天菩萨脸上涂成青蓝色，额头上添上一只天眼，此后举办都天庙会，既是为纪念心中的英雄，同时也是借此为老百姓消灾祈福。

明朝中期，沈圩建有都天庙，都天庙会同时兴起。20世纪60年代末被拆除，取消庙会。1996年，重建都天庙，恢复庙会。

庙会之日，民众抬着菩萨像游行，沿镇区主要街道和周边各巷巡游一圈，最后回到都天庙。迎会过程中，附近各地镇村都来赴会，有舞龙队十多支，各种表演数不胜数，“渔樵耕读”、《西游记》人物、“许仙白娘子”、打莲湘、踩高跷、花担、花船唱凤凰、洋鼓洋号等热闹非凡。尤其是马弁开道，一根钢条从马弁口中穿过，更引来万人空巷的观看。庙会当日，各户早早地点上斗香，待游行队伍到哪里，哪里就鞭炮齐鸣，一些商贾大户，敬奉成条好烟和大红包，以示吉庆。

庙会前夕，各地商贩纷至沓来，镇上周边街道变成各类商品的集散市场。镇上的商户早早地焚香敬佛，开门营业。庙会期间三五天，都安排唱大戏，各个剧团轮番登场，一般都是唱几个全本淮剧。

穆家堡东岳庙会

穆家堡东岳庙，始建于清同治年间，为供奉“东岳菩萨”——黄飞虎。黄飞虎是商周时期一名家喻户晓的传奇人物，传说他疾恶如仇，匡扶正义，深得广大民众喜爱，人们把他尊为神，作为菩萨供奉。《封神演义》将他列为五岳之首。

清同治年间，大清王朝内忧外患，民不聊生，人们盼望有如黄飞虎般的人物救万民于水火。故各地纷纷修建东岳庙，供奉东岳神，祈盼人间风调雨顺，国泰民安。

穆家堡的庙会日定于每年正月廿八，会期一般为三天，头一天为清街，第二天出驾，第三天归位。历史上最为盛大的一次，当数1941年。是年，正逢抗日战争最艰难时刻，国民党江苏省政府在兴化城，省政府主席韩德勤安排各地坚持抗日，在兴化城召见穆家堡名流董宝琛，委托他发动民众，守土抗日，保一方平安。并委任其为省府参事，持少将衔。董宝琛深为感动，回穆家堡后，其时正临近东岳会期，他决定大搞一次，以庙会形式发动群众守土抗日，活动开支费用均由他个人承担。

据早年庄上的老人回忆，是年的正月廿七（会期清街日），穆家堡大街小巷收拾得干干净净，部分占道的建筑全部拆除让道，各家各户张灯结彩，一派节日气氛。出驾当日午时整，前面马弁开道，只见马弁光着上身，一根两米长的钢条从嘴肋右进左出，跳跃而行，让人不寒而栗，围观人群纷纷退至道路两侧。马弁后紧跟着16个佛教居士（八男八女）手捧香炉，口诵经文，款款而行，紧接着的是8个衙役打扮的男子高举“天官出行”“肃静巡察”的牌子，让人感到衙门的威严，紧随其后的16个高大体壮的轿夫抬着“东岳菩萨”沿着主街道一路前行。后面跟着彩旗队、秧歌队、锣鼓队以及扮演唐僧师徒四人的高跷队，再后面是“渔樵耕读”“八仙过海”“断桥相会”“济公活佛”等历史故事人物的彩妆扮演和舞龙队、彩船队、洋鼓号队的表演队伍，引起观众极大轰动。最后是近百人的佛教信徒身着黑色长袍，手敲木鱼，一路跟行。“东岳菩萨”所到之处，家家门前敬着斗香，燃放鞭炮。一些商贾大户还献上整条香烟和红包，以图吉利。廿九菩萨归位那天，各家各户纷纷到庙里敬香、丢香钱，祈求风调雨顺、全家太平。接着庙会安排唱大戏三天。庙会期间，董宝琛每餐办40桌“流水席”。据估算，此次庙会，董宝琛用去稻谷200担、大洋3000块。

穆家堡东岳庙毁于1966年，直至2010年原址重建。重建后的东岳庙前后两进，建筑面积约200平方米。庙会于次年恢复后，保留以往大多健康民俗，新增舞蹈、表演唱等群众喜闻乐见的文艺节目。

雁荡关帝石头盛会

清乾隆年间，雁荡庄李氏开了一座粉坊。1747 年农历正月十三，天刚蒙蒙亮，户外寒风凛冽，滴水成冰。李氏粉坊家姑嫂俩顶着严寒，抬着一只大木桶到河里抬水。来到河边，姑娘拿着杠棒，嫂嫂提着空木桶踏上码头提水，嫂嫂将满满一木桶水提放在码头边踏脚磨上，姑嫂俩穿好杠棒抬水回家，当时未发现异常，感觉一桶水比平时重些。姑嫂俩回到家正往水缸倒水之时，李老汉在微弱的灯光下，发现木桶底下粘着一只石磨，全家人万分惊奇而不得其解。随即将石磨、木桶、杠棒洗刷干净，安放在神台前，点烛焚香供拜起来。从此，李氏粉坊生意兴隆，人丁兴旺。数年后，李氏全家移居江南发展，并将房屋家产转卖给刘家。刘家把粉坊改为茶馆，每逢初一月半照例在神台前供拜石磨、木桶、杠棒，刘氏茶馆越办越红火。

无可考证何年起，庄上新建关帝祠，祠内供放关云长、关平、周仓三尊佛像及石磨、木桶、杠棒三件物具。每年正月十三如期举行关帝石头会，将磨桶合一，敲锣打鼓抬着游街，直至磨桶分离，庆典方可结束。磨桶分离后，看磨子掉落的地面高低，预测当年年景的好坏、水势大小。1917 年正月十三迎会，绕庄三周石磨未掉，后在都天庙东山墙碰撞方才落地，磨子落地后直滚河底。这一年里下河地区地面干旱，内河干涸后才将石磨搬了上来。1921 年正月十三迎会，磨子落地时，由下而上走了个弧形，石磨稳稳地停在老庄台的最高点。当年里下河十余县一片汪洋泽国，雁荡庄也不例外，时有房中逮鱼之事。所以每年四乡八舍，方圆百里都要打听雁荡关帝石头盛会磨子落地的方位、位置来种植庄稼。

1955 年雁荡关帝石头盛会停办。直至 2000 年，各方合力修复“观音禅寺”，恢复“关帝石头盛会”。会期间，正月十二至正月十四唱太平戏，各路商贩纷至沓来。正月十二“踩街”，正月十三“迎会”，迎会当日，头锣头鼓开道，会标、龙凤旗紧随其后，二位福爷抬着披红挂绿的桶磨，在彩龙队、丰收锣鼓队、舞狮队、洋鼓号队、腰鼓队、花旦花船队、莲湘队、高跷队等簇拥下款款前行，迎会队伍长达千米。

沈坨镇民间庙会一览表（截至2021年）

表6

庙会所在村庄	会期（农历）	主办寺庙	庙会名称
沈坨集镇	二月二十二	都天庙	都天庙会
沈坨南村	正月初五	龙王庙	龙王庙会
安塘村	正月十三	观音禅寺	关帝石头庙会
薛鹏村	二月二十八	东岳庙	东岳庙会
华谈村	正月初八	永盛寺	春公庙会
金家村	正月初八	善庆寺	春公太平庙会
繁盛村	正月一十	伏龙律院	财神庙会
张王村	正月初六	春公山	春公太平庙会
谈洪村	正月一十	普善庵	太平庙会
柏家村	正月初五	复兴庵	财神庙会
姜童村		清义观	拜伏忏、年忏
沈坨集镇	三月二十至二十六	圆通庵	打佛七

故事传说

沈坨历史悠久，文化底蕴丰厚。千百年来流传着许多优美、神秘的民间传说故事。这些口耳相传的民间故事不仅反映古代民众对美好生活的向往和追求，也为后人理解古代社会、文化、信仰留下了珍贵的文化遗产。

沈家坨的由来

元至正二十七年（1367），朱元璋攻打苏州城，张士诚因沈万三等江南富商倾囊相助及百姓大力支持，固守苏州城达8个月之久。城破后，朱元璋对苏民采取报复措施。沈万三见形势严峻，主动示好朱元璋，以求自保。先是帮助修建南京城，资助筑城资金三分之一。朱元璋欲犒军，又提出代出犒银，问其“百万军能遍赏乎”，沈万三答每军可犒银一两。朱元璋忌惮沈万三收买军心，起意杀之。马皇后多次劝谏，谓沈万三固然富可敌国，然而未尝为不法之事。遂免死，不过死罪可免、活罪难逃，沈家家财被朱元璋没收，沈万三本人也被流放到云南。其远房族弟沈万九，将一支族人200多口，随“洪武赶散”的人潮，沿水路逃往兴化、大丰一带张士诚的大本营。途中，船队在蚌蜒河沈坨段前泊停靠过宿。沈万九上岸走了一圈，发现此地风水甚好，四面环水，好似观音老母莲花宝座，是个发祥之地。遂决定在此落户，30多条大船在沈坨前泊排开，引起百姓极大轰动。到底是南京的大户人家“瘦死的骆驼比马大”，他们拥有先进的思想理念、农耕技术、纺织技术，为能在当地生存发展奠定坚实基础，良好家风也深深地影响着当地住民。久而久之，沈姓族人成为当地百姓的共主。时逢东台县政府实施行政区划调整，进行庄名造册登记、推选庄首，由于沈姓族人的善德善行，公道正派，大家一致公推沈万九为庄首，并以沈姓为荣，定庄名为沈家坨。

1387年，定居沈坨、经营沈坨、发展沈坨的沈万九与世长辞，终年77岁。沈万九临终留下三条遗训：“凡我族人，读书不得参加科考；财富再多，不得为富不仁；立身处事，当以包容为先，善待外人”（包容人、善待外人之风，在沈坨流传至今）。

清顺治二年（1645），清军攻打扬州，民族英雄史可法率军民拼死抵抗，杀死清军无数。后因独木难支，扬州城破，史可法被清军俘虏，不屈就义。清军主帅多铎下令屠城10天，被杀军民血流成河。大批百姓连夜出逃，不到十日，扬州便成了一座空城。扬州城中，有一义士殷天寿，颇有家财，个人出资雇船30多条，把周围邻居50多户300多人带出扬州，经大运河转蚌蜒河顺流向东逃生。船队行至沈坨前泊时突遭大风暴雨，两条客船被巨浪打翻，30多人落水，全庄人在沈万九第十一代孙沈为善的指挥下，全力抢救，落水人无一伤亡，殷天寿感叹道“老天有眼，又遇贵人，此乃缘分也”。沈为善带头让各个寺庙和大户人家对全体难民妥善安置，前庙广场搭起粥棚，放赈粥历三个月之久。这批逃难人员深感当地人真诚、厚道、朴实、包容，要求领队殷天寿在此扎根落户，庄人一致欢迎他们留下。这批人中多数是各种工匠和经商人员，不乏资本、手艺和经商理念，很快融入当地百姓，更是促进当地经济社会发展，使沈坨成为里下河十大古镇之一。

1911年，境内推行市乡制，改沈家坨设立沈坨市，周边五六个乡镇，85个庄舍划归沈坨市管辖。

穆家堡的溯源

穆家堡形成于元末明初，是兴化东南地区和东台西南一带“九寺十八堡”中人气最为旺盛、商业最为繁荣、古迹最为众多、村庄最为整齐的一座硕大的自然村镇，素有“十八堡”之首美誉。

相传元至正十六年（1356），镇南王孛罗普化等元军将士兵败红巾军赵均后，孛罗普化的子孙及族人四处逃散，分布于南通、连云港、江阴、苏州等地。其中一支改姓穆，隐居于泰州北乡，今穆家堡一带曾有穆姓定居，“穆家堡”由此得名。

明朝开国皇帝朱元璋平定天下后，为江山永固，千秋万代，一日命军师刘伯温夜观星象，刘伯温观后大吃一惊，奏道：“江淮之间由东北走西南，连绵百余里，有龙脉，紫气冲天，时隐时现，有帝王之气……”生性多疑的朱元璋最担心有人图谋不轨，危害大明江山，问计刘伯温，刘伯温答曰：待臣访而再计。刘伯温扮成云游道长，来到江淮大地，查实紫气来自东台、姜堰、江都一线，后奏请朱元璋建“九寺十八堡”以镇龙脉。因唐太宗李世民已在兴化戴家泽建护国寺，宋时已建茅山景德寺，故以两寺为定点，向西南连绵百余里直至江都仙女庙再建七庙。刘伯温在夜间沿着九寺中心线施展神力，大步由西南向东北跨来，每步十八里，每步建一堡，两边各对称九堡，号称十八堡。“九寺十八堡”成三排纵向由东北向西南百余里展开，并插以地标。朱元璋下旨，限兵士及能工巧匠数万人三个月内建成七庙，并在两旁依标建村设堡。岂料此事惊动刘伯温的先生鬼谷子，遂站在九霄云端，一阵神风将刘伯温所插地标纷纷吹落到戴家泽周边偏北百里之中，且杂乱无章。次日天亮时分，疾驰而来的数万施工大军只认地标，不辨真伪，日夜赶建。待庙成堡就之日，刘伯温方知鬼谷子所为，深知天命难为，非人力所及，只好以假乱真，弄假成真。由此，杂乱无章的“九寺十八堡”坐落在戴家泽周边百里之内，各堡以聚居地为名。

雁荡庄的由来

朱元璋起兵推翻元朝，剿灭陈友谅、张士诚后，1368 年称帝，成立大明王朝，定都南京。朱元璋为了确保自己的帝王地位不被撼动，大明江山永固，生性多疑的他认为陈友谅已不足为患，唯有张士诚，人虽死，但是拥护张士诚的臣民大有人在。对于这些人既不能滥杀无辜，又怕日后死灰复燃，这成了朱元璋抹不去的心病，自从听从了刘伯温分流的谏言，朱元璋龙颜大悦，下旨将苏州境内部分人分期分批分流江北定居（史称“洪武赶散”）。

明朝洪武十一年（1378），苏州阊门有户人家，户主俞世英也在移民之中。一天，俞世英前往姑苏城外寒山寺请大和尚占卜、择日，何时动身、在何处安置为宜。大和尚让俞世英抽签，他看着签上的“水”字说道：“俞”“鱼”同音，鱼靠水方可生存，施主做到“遇水而安”即可。

数日后，俞世英变卖了家产，购置一条乌篷船，拖家带口过了长江，一路向北。某天，终于到了现在的安塘庄。全家人经过几天考察，认为此处是一块风水宝地，此庄四面环水，中间有一 2000 多平方米的水洼地，芦苇、蒿草、菖蒲长势茂盛，成为无数大雁栖身之处。庄外围地域平坦、泥土肥沃、河港纵横。俞世英遂选择在庄内东夹沟东西两侧定居下来。不久杜氏排行二五两家、李氏、于氏、赵氏、常氏陆续在此落户。后有杜半庄、俞桥口、赵一角、常河南、于家嘴子、李夹巷一说。

此时此地，虽有 10 多户人家居住，庄名一直困扰着大家。经碰头协商，大家从情景、地形、地貌入手，认为庄中有“荡”（塘），荡中有雁，登高环视整体地貌酷似一只腾飞的大雁，庄台是雁身，河东河西是雁翅，河南是雁头，河北是雁尾，受“沉鱼落雁”的启发，故而取名“雁荡庄”。20 世纪 50 年代，因“雁荡”二字书写烦琐，图简便省事，将雁荡改写成“安塘”。庄名虽改，但安塘人对“雁荡”二字情愫至今挥之不去。如今将拆除村西首迎客牌坊的背面仍然写着“雁荡庄”三字，“雁鸣似歌颂人间国泰民安；荡景如画展家国情满河塘”，此联藏头雁荡、藏尾安塘，显现安塘人对“雁荡”永久的深深情怀。

沈家村的起源

沈坨镇最北端的繁盛村沈家自然村由庄中河分隔东西。乾隆年间，河东的沈家舍隶属东台县管辖，河西的东徐舍隶属兴化县管辖。这是在兴化境内少有的一村分辖两县的自然村。

相传元朝末年，沈家舍庄南的杨家垛上，住着一个姓杨的员外。杨家垛占地约15亩，四周都有濠河，濠河的岸边都是一丈余高砖砌的围墙，南面有一座吊桥连接陆地。杨员外家财万贯，有东、西杨家圩200多亩的高田、120多亩荒田，就连西北角水井盖子都用黄金打造。此人为富不仁、无恶不作，家养一只看家护院的马猴，这条马猴近1米高，站起来两个前爪能够到成人的肩膀，绝大多数庄人都是绕道而行，或者撑船走水路避过。明朝洪武年间，沈姓始祖从苏州阊门迁入，来到此地定居，其人高马大，力气过人。麦收的一天，沈姓始祖扛着一笆斗小麦从吊桥前路过，这时杨员外正捧着茶壶坐在吊桥边树荫下纳凉，当看到有人路过时，立刻放出了马猴，这畜生便直奔沈姓始祖而去，只见沈姓始祖不慌不忙放下笆斗，双脚向上一踢，将两只坏蒲鞋抛向空中，马猴见状，立即调整方向，一跃朝蒲鞋而去，两条后腿超过沈姓始祖的头顶，趁着马猴下落时，沈姓始祖两只手抓住了马猴的两条后腿，用尽全身力气一撕，硬生生将马猴撕成了两半，鲜血淋淋。杨员外躲在一旁目睹眼前的一切，战战兢兢，从此再也不敢嚣张，逐渐变卖田产，年底就离开了此地，远走他乡谋生。

手撕马猴的事件，周围邻庄无不叫好，人人赞颂，送其美称为沈大王，他居住的地方亦取名沈家舍。清朝康熙年间，徐姓始祖徐玉台从苏州阊门迁入兴化，后又从徐家祠堂迁入沈家舍西边高地上，取名东徐舍。袁、王两姓也曾在沈家舍盛极一时，袁姓在庄上经商，后因单门独户销声匿迹。王姓也全部迁出，有王家圩、王家田的高田，也有王家荒的荒田为证，另有一支徐姓迁到柏家的徐家墩。沈家舍、东徐舍虽然一小河之隔，近在咫尺，但两地的口音风俗习惯略有不同。最典型的是烧青柴，东台管是正月十五夜，兴化管是正月十六夜。后来沈家舍和东徐舍合并成沈徐村，先后隶属四还乡、凡柏乡、凡唐乡、沈垅乡。人民公社成立后改为沈家大队。1983年体制改革后为沈徐村，2000年后为沈家村。

1972年，沈徐村有人在河里摸河蚌，摸到了杨家垛西北角的古井，挖起了一船的井砖回家当房基。据目击者说，此砖带有弧形，且每块砖都有公母榫，有人说这种砖头是宋朝人烧制的，由此推算，沈家村的历史有700年左右。

吊脚楼二三事

清宣统元年（1909），穆家堡社会达人顾万安，在石板街北侧新建一栋坐北朝南的二层吊脚楼，砖瓦结构，木质楼梯、楼板、楼栏杆。站在二楼栏杆边，可俯瞰整个石板街全貌，是一栋造型别致的吊脚楼。

吊脚楼建成后，发生一些较有影响的大事。在五四运动的影响下，全国的学生青年纷纷行动起来，打着“反帝”“反封建”“反列强”的横幅，掀起新文化运动。1920年早秋，东台县公学的20多名师生，一路宣讲到穆家堡，地方乡首把他们安置在吊脚楼上。上层作为师生的宿舍，下层作为活动场所。师生们在穆家堡 7 天，在广大村民中大力宣讲推行新生活运动，其间被剪掉辫子的男子有 100 多人，30 多名少女从裹小脚中被解放出来，解除包办婚姻 10 多起。这次学生运动，打开了穆家堡人的眼界，促进了他们第一次思想大解放。

1946 年 7 月，穆家堡来了一对布匹商人，租下吊脚楼一个月，销售洋布、夏布和丝绸，由于款式新鲜，价格公道，购买者络绎不绝，顾客称道这对夫妇是做生意的好料子。其实他们既不是夫妻，也不是生意人。男的叫郭森，是溱潼县游击大队政委，女的是溱潼县妇抗会沈姓女干部。他们到穆家堡的任务是获取穆家堡敌人的布防图和敌人的火力部署情况，并与地下党取得联系，为华东分区解放穆家堡做好前期准备。某天晚上，郭森“夫妇”、大垛区委副书记李默、区长何仁华、区游击营干部唐金发、穆家堡镇镇长季岑楼等人，在吊脚楼上研究部署解放穆家堡相关事项，李默的警卫员孙克章负责警戒。会议决定由李默负责发动周边群众做好支前工作、战时部队的伙食供给，对穆家堡周边敌对分子进行布控；大垛区游击营负责配合主力部队的战役进攻，由何仁华与主力部队对接并参与指挥，游击营唐金发担任主力部队向导；季岑楼负责动员地方骨干力量做好内应工作。时至午夜，沈坨的一股敌人乘铁壳船奔向穆家堡准备偷袭。船近声响，孙克章当即发出警报。郭森随即安排季岑楼镇长负责掩护，其余众人由唐金发领路从后门向北撤，并约定到陆家舍会合。季岑楼立即下楼到石板街上放了一枪，敌人闻枪声追赶，在庄东头季岑楼被捕，被关进穆家堡土牢，其他人安然脱险。

1974 年，扬州公署专员何仁华到沈坨检查“农业学大寨”工作，重访穆家堡吊脚楼。故地重游，回顾当年脱险之事，他深情地说：“穆家堡的吊脚楼，伴随时代向前走，风雨兼程上百年，乃是心中一‘红楼’。”

蚌蜒河的传说

相传很久以前，东海龙王庆贺千年华诞，邀请所有经历百年以上修炼、有一定道行的水族精灵、各路神仙参加祝寿盛会，并安排虾兵蟹将专门在海边迎接嘉宾。

一只在鄱阳湖修炼了 500 年的巨蚌，收到邀请后，经大运河向东，日宿夜行，一路风尘仆仆。“百年修行成仙，千年修行成佛”，这只巨蚌经 500 年的打磨，身上既有仙的法力，也有佛的慈悲，离开大运河后前路尽是浅塘弯沟，她决计运用法力开一条大河，既可缩短行程，亦能为民造福。只见巨蚌所到之处，泥土向两边堆垒，后面巨浪滚滚，形成一条近 20 丈的大河。一日，过了高邮地段，在兴化境内的武家直，只见渔火点点，一老渔翁在夜钓。巨蚌施礼道：“请问老人家，现在是什么时辰，到东海还有多远？”老翁道：“现在正值午夜，按你这样的速度，再过两个时辰，估计天亮鸡鸣时，就该到了。”巨蚌信心大增，继续前行。

俗话说，好事多磨。在一个名叫复兴庄的西南方，有一处荒芜的草塘，塘内盘踞着一条凶恶的乌鱼精，搅得周边不太平。它这次没有收到东海龙王赴会的邀请，心中十分不快。听说巨蚌要经过此地去东海，它决定用大火把巨蚌烧死。幸有两只站岗值班的大虾精，趁乌鱼精睡着之机，引导巨蚌左拐数10丈，径直向东疾驰躲过一劫，后人将此弯道称为“虾家湾”。

巨蚌马不停蹄一路东行，在兴化和东台交界的串场河处，只闻岸上锣鼓喧天，鞭炮齐鸣，以为已到目的地，遂爬上岸等待接应，未料知这是一户人家嫁女办喜事。人群看到一只比骆驼还大的巨蚌，随即招来万人围观，巨蚌进退不得，最后被太阳晒死。巨蚌死了，身后留下一条大河，为纪念巨蚌为民造福的善举，后人将这条河取名为蚌蜒河。

蚌蜒河的河名由来，民间流传的是一则神奇的神话故事。其实，蚌蜒河的真名可能是“驳盐河”，它是串场河东各大盐场驳运食盐的水上主要通道。食盐运至陵亭镇（即现在的老阁），通过盐官检验，然后向南转运泰州或向西经邵伯运至扬州。驳盐的谐音即蚌蜒，正好蚌蜒河弯道较多，人们把驳盐河混淆成了蚌蜒河。

将军塘遗址

在沈坨镇金唐纪村及周边村庄，流传着薛仁贵征东的传说。相传这位白虎星转世的唐朝名将，在奉唐太宗之命远征辽东之前，曾驻军于金家舍东南、穆家堡庄西北的水边，并在此地埋锅造饭，留下了许多遗迹。至今境内还有一处名为“将军塘”的遗址，留有土灶的残迹，灶膛里深黑色的草木灰依旧赫然在目。20世纪90年代，有人在遗址上挖出三只陶碗，陶碗质地粗粝，半陶半瓦。此碗一种可能是烧制年代极其久远，另一种可能正如民间所传，确实是军中之物。关于薛仁贵征东，只是当地民间传说。不过远在元末明初朝代更迭之际，金家舍附近这一片水网沼泽地带，确实曾有过很多将军士兵出没其间。相传吴王张士诚进兵江南之前，曾在此地招兵买马，并在边城西北设立13处官庄。此后张士诚兵败身亡，有一群吴王的亲兵侍卫，逃亡到茅山、沈坨一带，藏匿于水草之间，伺机举兵复仇。明洪武皇帝朱元璋针锋相对，分别设立陈家堡、柯家堡、史家堡、穆家堡等13处堡垒，严阵以待，用以弹压这一股张士诚的残余势力。此外，蒙古族王公大臣为逃避战乱，也举家迁徙到此处，改名换姓，分别以穆姓、冒姓为名。

由此可见，最初到达金唐纪村的郑姓以及杨姓，他们或是张士诚的部下，或是朱元璋派遣的驻军，或是某位蒙古王公的随从。至于“将军塘”当年那一支生火做饭的军队，他们受谁的统辖？又为谁转战千里？由于文字资料的缺失，如今对此已无法做出有效考证。

东望子的传说

明嘉靖三十二年（1553），东南沿海屡遭日本倭寇的侵犯。嘉靖皇帝命江浙总督胡宗宪组织抗倭军，将倭寇赶出去。胡宗宪颁布法令，凡江浙两省属地，每户三丁抽一，组军抗倭。已定居沈坨近200年的沈万三族弟沈万九第八代孙沈行远，是沈坨的名门望族，其生有3子，依次为沈念祖、沈继祖、沈耀祖。沈行远和妻子沈王氏均已60多岁，三子沈耀祖被抽丁，沈王氏感到天塌下来了，哭得死去活来。其时里长出了个主意，只要沈家出稻谷200石，可以找一穷人家的男丁顶替投军。沈王氏很高兴，认为这是一个两全其美的好办法，便劝丈夫采取这个法子，并说“大明朝对我们祖上不公，沈万三抛尽家财，却落得发配充军，我家的儿子没有必要为这个朝廷卖命”。沈行远听了很生气地说：“休得胡言，太祖皇帝对我先祖不公，那是家仇，倭寇犯我疆土，烧杀抢掠，这是国恨，国恨大于家仇，大家都不投军，谁来打倭寇，你放心，好在三年一轮，很快儿子就会回来的。”

三年后，仍不见沈耀祖回转。因思儿心切，沈王氏命人筑3丈高台，每日登高翘首东望，盼儿归来。早上天一亮就上台，晚上天黑才归家，天天望，天天哭，整整一年，哭瞎了双眼，哭死在台上。后人为纪念这位爱子如命的母亲，将高台命名为东望子，寓东望子归之意。

明嘉靖三十六年（1557），江浙总督胡宗宪巡视东海，在东台县衙听说发生在沈坨的这个故事，唏嘘不已。他嘱咐东台县在望子高台边，另筑一长亭以示纪念。并手书“父恩似山重，母爱大如天”的匾额一块。东台县令也献“舍身抗倭”匾一块，两块匾共同挂在望子亭上。

1940年，驻守泰州城的国民党军“二李”之一李长江公开投敌，当了汉奸。这年冬天，一股日寇从沈坨境内的关口登岸，奔袭沈坨杀害百姓7人。此股日寇后来听汉奸说到镇东有个纪念抗倭的亭子，遂赶至此地，一把大火将亭台烧尽。

民歌号子

劳动号子是一种随着劳动而唱，带着呼号的歌曲，具有特殊的乡土气息。中华人民共和国成立后至分田到户，“打号子”（劳动号子）在境域最为盛行，当时劳动场面随处可闻号子声。随着不同的劳作，应运而生不同号子。境内劳动号子主要形式是一人领唱众人和，歌词多为即兴发挥，雅俗共赏。

渔樵耕读

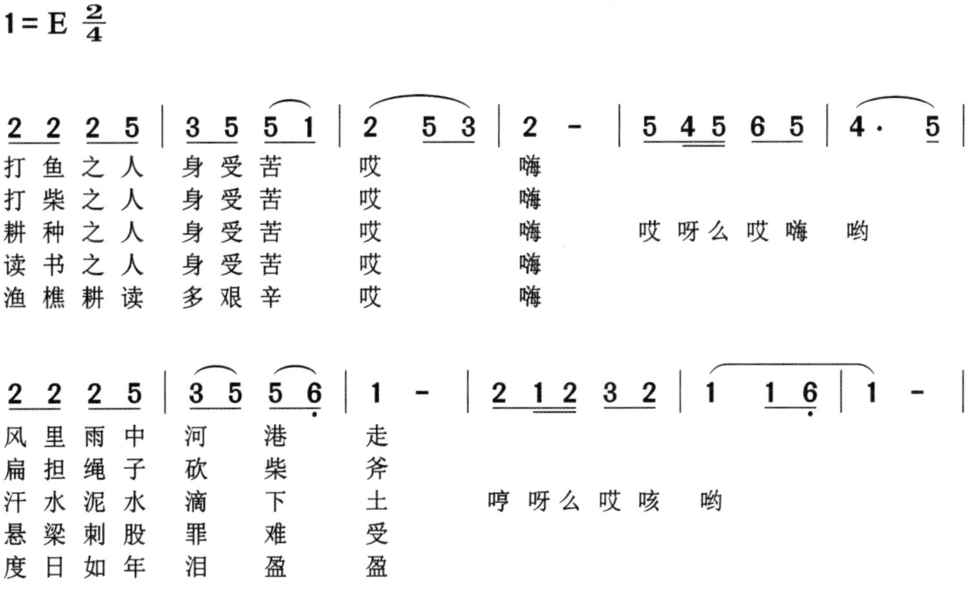

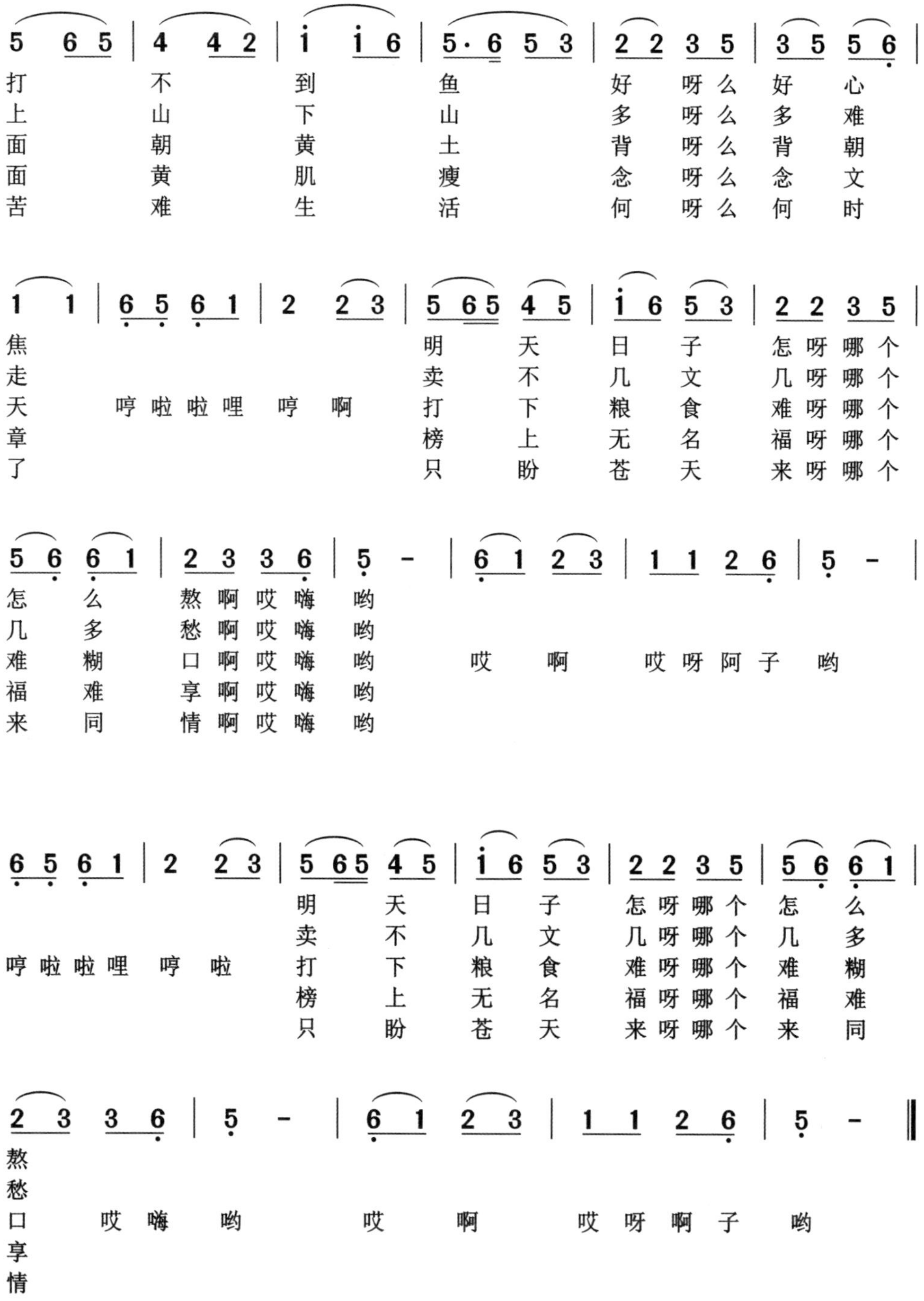
打 不 到 鱼 好呀么好心
上 山 下 山 多呀么多难
面 朝 黄 土 背呀么背朝
面 黄 肌 瘦 念呀么念文
苦 难 生 活 何呀么何时
焦 明 天 日 子 怎呀哪个
走 卖 不 几 文 几呀哪个
天 哼啦啦哩 哼 啊 打 下 粮 食 难呀哪个
章 榜 上 无 名 福呀哪个
了 只 盼 苍 天 来呀哪个
怎 么 熬啊哎嗨哟
几 多 愁啊哎嗨哟
难 糊 口啊哎嗨哟 哎 啊 哎呀阿子 哟
福 难 享啊哎嗨哟
来 同 情啊哎嗨哟
明 天 日 子 怎呀哪个怎 么
卖 不 几 文 几呀哪个几 多
哼啦啦哩 哼 啦 打 下 粮 食 难呀哪个难 糊
榜 上 无 名 福呀哪个福 难
只 盼 苍 天 来呀哪个来 同
熬
愁
口 哎 嗨 哟 哎 啊 哎呀啊子 哟
享
情

沈坨劳动号子

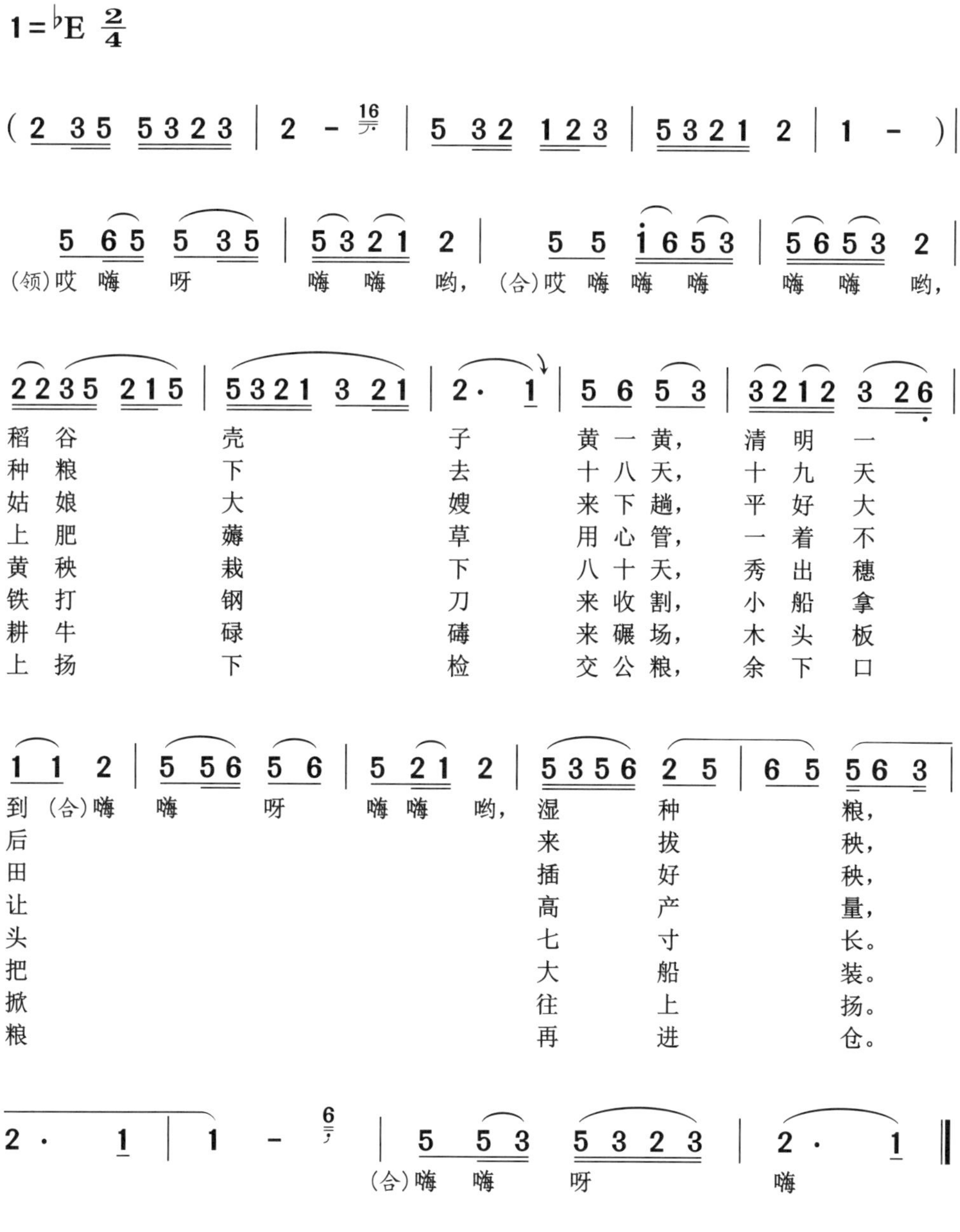
1=♭E 2/4
(领)哎 嗨 呀 嗨 嗨 哟，(合)哎 嗨 嗨 嗨 嗨 嗨 哟，
稻 谷 壳 子 黄 一 黄，清 明 一 到 (合)嗨 嗨 呀 嗨 嗨 哟，湿 种 粮，
种 粮 下 去 十 八 天，十 九 天 后 来 拔 秧，
姑 娘 大 嫂 来 下 趟，平 好 大 田 插 好 秧，
上 肥 薅 草 用 心 管，一 着 不 让 高 产 量，
黄 秧 栽 下 八 十 天，秀 出 穗 头 七 寸 长。
铁 打 钢 刀 来 收 割，小 船 拿 把 大 船 装。
耕 牛 碌 碡 来 碾 场，木 头 板 掀 往 上 扬。
上 扬 下 检 交 公 粮，余 下 口 粮 再 进 仓。
(合)嗨 嗨 呀 嗨

方言土语

方言是市井的日常表达，具有深厚的文化内涵和浓厚的乡土气息。因沈坨位于兴化市境东南部，与泰州、姜堰相距不远，语音特点与泰州、姜堰和兴化戴南、周庄、陈堡、临城等南部乡镇接近，而与兴化市区尤其是兴化北部地区的方言差别较大。

方言

声韵调系统

比兴化市区多 v、z 两个声母，如歪、晚、袜、位、稳、物等字；兴化市区读音以 u 开头，而东南部声母为 v，读让、惹、人、忍、日、柔等字时，市区为 l，沈坨为 z，舌略卷。

有几组字的读音不同于兴化其他镇区，如：基－资、欺－雌、计－志、妻－痴、洗－死、夫－呼、扶－湖、斧－虎、妇－户、雷－驴、水－许、粹－去、赘－巨等。

n（鼻音）、l（边音）不分，但在有些村庄以 n 占优势。

阳入多在口语中出现，文化水平较高的青年人讲话时，阴入与阳入的区别已不明显。

沈坨、戴南音系中：

声母：b 布半帮毕；p 怕盘抱旁；m 门没忙毛；f 飞贩冯房；v 万萎文稳；d 斗短搭档；t 天堂段团；n 南老娘乱。

韵母：i 支思诗池；u 布夫士古；a 大爸蛇家；o 婆母多可；ei 杯培梅飞；ui 回灰归对；ou 否斗口丑；ong 兄用熊穷。

声调：阴入读杀博割缺得，阳入读笛舌落昨闸滑，去声先平扬后稍降等。

方言字、词

（前一句是根据语音写字，后一句为释义）

薅（hao）：动词，拽，拔。【举例】田里草太多了，要薅了。

扚（di）：动词，拽，拔。【举例】腿的毛不能扚，疼呢。

敳（ai）：形容词，确定的，不会变通的。【举例】要他做个作业像敳死。

㧊（pu）：动词，展开。【举例】冬天冷，要多㧊点草呢。

烀(huo):动词，用蒸笼将米粉圆蒸熟。【举例】过年前家家烀团。

搲(wa):动词，用手或瓢舀出。【举例】西瓜要一大块一大块搲着吃才爽。

枵(xiao):形容词，薄的意思，不厚，不厚道。【举例】一张纸太枵了。这个人枵得凶呢。

㖿(a，读“儿”):动词，张开小口，没闭紧，煨、煮。【举例】把门㖿(a)一道缝，不要关起来。

戽(hu):音同“虎”(普通话里读hù)，动词，从容器泼洒出来。【举例】一杯酒不成喝就戽了。

噇(chuang):常用贬义词，去指责对方在“吃喝”上表现的形态，一般解释为无节制地大吃大喝。【举例】旁的本事没得，一天到晚滴就晓得噇!

滗(bi):形容挡住稠物取出液汁。【举例】碗里的汤太多了，要滗掉点儿。

囥(kang):藏。【举例】私房钱要囥好，不能被婆娘查到。

撧(jue):折断、掰断。【举例】他把铅笔撧断掉了。

扽(den):拉，猛拉，使伸直或平整。【举例】快来，我扽不住了，牛要下河了。

皴(cun):皮肤因受冻而裂开。【举例】天冷了，风吹得脸都皴了。

潽(pu):液体沸腾而溢出。【举例】不能烧了，锅子潽了。

㓾(chi):用刀剖开。【举例】㓾鱼。

蕫(tong，读“痛”):形容女孩长得漂亮。【举例】要得蕫不怕冻。

哕(wa):呕吐时嘴里发出的声音，意有吐、呕，但比吐、呕更形象。【举例】婴儿容易哕奶。

抈(yue，读“域”):本意为折断，现意使弯变直或使直变弯。【举例】桑树从小抈，到老笔直。

趋(xuan):追、赶之意。【举例】你在前头跑，他在后头趋。

趖(suo):贴着地面很快地走。【举例】仓库里老鼠趖趖的。

訄(qiu，读“糗”):逼迫。表示动作和行为，干、做、弄。【举例】死訄。

拃(zha):张开大拇指或中指和小指来量长度。【举例】这桌子多长，量量有几拃。

隑(kai):直直地依靠。【举例】梯子隑在墙上。

戤(kai):倚靠的意思。【举例】他戤在椅子上睡着了。

埲(pong):同埄，灰尘等微细物质由于搅动在空中乱飞。【举例】灰埲埲的。

搉(ke，读“壳”):敲打。【举例】发劲搉下子。

鹐(kan，读“刊”):禽类用嘴吃的动作。【举例】斗鸡就是两只公鸡相互鹐。

头上来:原来

先打头:当初

才将代:刚刚

戳咯再:昨天

跟咯再:今天

门咯再:明天

后咯再：后天
麻麻亮代：黎明
凉月巴巴：月亮
变变天：阴天
劳里八早的：很早
隔等代：一会工夫
好早晚：时间较长
腰碗再：小田埂
哈（ha）河口：上码头
四团团：四周围
蹋蹋里头：最里面
瘪塘代：小坑
淘撸来：淘米竹篮
芦习：高粱
弯刀再：镰刀
挽水再：舀水的木制品
掸子：扫帚
奋起（奔斗dou代）：簸箕
剪布：抹布
癞宝：蟾蜍
田鸡：青蛙
河烟：蚯蚓
假牛：蝉
歪代：河蚌
吊吊港：蜻蜓
百脚：蜈蚣
二艄再：中等木船（约两吨）
滚再：碌碡
捣告：责备
捣鬼：耳语，悄悄话
起雀头（斗瘸再）：故意找碴儿
搞骚：吵架
打驳再：游泳时双脚交替打水
攻猛再：潜水
打高肩：踩在别人肩上登高
现霍现：当场兑现
劈着：裁定
冲对：舂米、舂面粉
拉田：人工犁田
掭超：一人划双桨
一托：两臂伸直后，两中指尖之间的距离
一掭叉：拇指与中指伸开后，两指尖之间的距离
家私大呢：财富多、发财
才调代：牙齿
肘整弯再：肘关节
手坳再：腕关节
脚坳再：脚关节
膝头盘代：膝盖
反堂：病情复发
帷事：结婚
拨绞：花销、开支
什力稿再：什么东西
床倒头：吃饭（气话）
俟告（睏求）：睡觉
戽（hu）臭水：恶意攻击、诽谤他人
蛮蛮拉代：胡搅蛮缠，不讲道理
说相符：只说不做的人
伢娘呵（上家）：娘家人
人儿灯：逞能的人
大口条：不切实际说大话

大嘭缸：自己错了，找理由先责怪别人

什喱门儿：什么意思、什么原因、怎么回事

惯用语

半枝枯：不成熟，半途受损。【举例】受自然灾害影响，今年的稻子半枝枯，减产。

瘪枯囊心：不饱满、干瘪。【举例】稻谷、车轮、肚子瘪枯囊心的。

不涨汤：没出息。【举例】某人不务正业，好吃懒做，不涨汤。

抄头不抄尾：讲话没逻辑，做事无章法。【举例】某人不管做什么，向来就是抄头不抄尾的。

促惯痨：有心计的人

兜七兜八：说话颠三倒四的

滚油浇心：心里特别难受

哈不郎当：统统的，全部

见风下棹（jiao）：机动灵活，随机应变

侉兜兜：不讲究，随随便便

勒头暴眼：吹胡子、瞪眼睛

六角铮铮：正儿八经，装模作样

乱钵子：语无伦次，颠三倒四，唠叨

裸裸藤：不饶人，抓住不放

门帘痧：性格内向，不善言语

木冲子：行为粗鲁冒失，不讲究技巧

念歪嘴经：暗里说坏话，诽谤他人

三天冒九：不正常，三天打鱼两天晒网的意思

说（shuo）鸽子：说吉利话

剔（ti）骨算命：刻薄，斤斤计较

铁（tie）头犟：脾气倔强，听不得别人意见

野（ye）三八四：蛮横无理，没有教养

阴（yin）里不嚎：说话阳奉阴违

歇后语

巴掌心里长白毛——老手

鼻孔里养宝宝——哄人

补锅匠锔碗——自顾自

茶壶里煮（下）饺儿——肚里有倒不出来

出头的椽子——先烂

穿钉鞋，扶拐棒——稳而准的

大姑娘上花轿——头一回

大桥的驴子——两头赶

斗大的馒头——没处下口

盖屋匠收工——往下爬

高山滚鼓——不通（扑通）

公鸡害嗓子——不能提（啼）

狗赶鸭子——呱呱叫

关老爷卖豆腐——人硬货不硬

郭呆子求财——越多越好

过呃端午卖雄黄——不是时候（过时了）

荷花塘里打架——没得你的藕

黄瓜打锣——去了一半

黄鼠狼看鸡——越看越稀

鸡子磡石头——难得（啄）

江边的蚊子——吃客

豇豆角子下面——清汤清水

叫花子晒太阳——享的天福

快刀劈豆腐——两面光

癞蛤蟆跳上戥盘——自称自贵

懒婆娘的脚布——又臭又长

痨病鬼开药店——带吃带卖

老虎不吃人——恶名在外

老虎头上拍苍蝇——找死

老鼠拱进风箱里——两头受气

老鼠拖板掀——大头子在后头

老鼠钻进书箱——咬文嚼字

六指（只）儿打时——忙不过来

六指儿抓痒——加一恭维

聋子的耳朵——摆设

麻雀儿掉进烟囱里——有命没毛

麦田里捉龟——稳拿

猫子吃蟹渣——恶势

帽子没檐（墙）——顶好

没头的苍蝇——乱拱

螃蟹过河——七手八脚

蒲包里装钉——个个想出头

旗杆上点灯笼——高明

砌墙的砖头——后来居上

秋后的蚂蚱——蹦不了几天

青菜烧豆腐——一清二白

蜻蜓吃尾巴——自吃自

瘸和尚说法——能说不能行

筛子做锅盖——透气

实心的竹子——不通窍

丝瓜烧豆腐——清清白白

安塘放电影——中国胜

铁匠的砧子——听随（锤）

铁匠做官——打字向前

田鸡翻跟头——白大肚

铜匠的担子——走到哪块，想（响）到哪块

秃头上虱子——明摆

瘸子打伞——无法无天

秃子做和尚——现成的

袜筒子做套裤——上升

外甥子打灯笼——照旧（舅）

王三骑驴子——跨过溜

王二小过年——一年不如一年

乌龟吃馓子——自绕自

屋顶上支碓——冲家

瞎子磨刀——望见亮

巷子里扛木头——直来直去

灶家老爷上天——有一句说一句

帐子里放风筝——不得远去

纸糊的灯笼——肚里明

坐北朝南——不是东西

澡堂子的灯笼——天天挂

谚语

白鸽子拣亮处飞

半斤对八两，针尖对麦芒

半夜打岗（gang）上扬州，天亮还在家后头

朝里无人莫做官

车到山前必有路，船到桥头自然直

吃不穷，穿不穷，算计不到一世穷

吃酒不吃菜，各有心中爱

儿不嫌母丑，狗不嫌家贫

该派河里死，不在岸上亡

合伙养性命

隔河千里远

瓜无滚圆，人无十全

过到老学到老，活到八十学个巧

寒打脚上起，火从头上生

花喜鹊尾巴长，取呃老婆不要娘

话说三遍淡如水

黄牛角，水牛角，各顾各（角）

家有千口，主事一人

酒逢知己千杯少，话不投机半句多

口口吃草，角角刁人

猫子不在家，老鼠在家豁（huā）连叉

门前扣的高头马，不是亲来也是亲

门前戗（qiàng）的讨饭棍，骨肉至亲不上门

男子无妻不成家，女子无夫浪淘沙

宁欠阎王债，不空小鬼钱

宁在世上挨，不往土里埋

棒打出孝子，惯养忤逆儿

小冬不值钱，大冬大似年

女儿不断娘家路，客家不断行（háng）家路

会做媳妇两头瞒，不会做媳妇两头搬

第十篇 人物

沈坨人杰地灵，英才辈出，多年来涌现出无数在政治、经济、军事、文化、教育、卫生和科技等领域的名人志士。他们有的为民族独立、人民解放坚持斗争，留下许多可歌可泣的感人故事；有的为社会主义建设事业踔厉奋发、勇毅前行，展现不平凡的业绩风采；有的为家乡发展、人民福祉日夜操劳、无私奉献，汇聚乡村振兴的强大力量。

本篇收入“人物传略”里的人物 5 人，为近代已故知名人士；收入“人物简介”里的人物 18 人，是现阶段沈坨在外有一定知名度的专家代表、领导代表或有一技之长的人士；收入“名人履痕”里的人物 10 人，是与沈坨结下不解之缘的革命先贤和知名人士；“在外乡贤名录”收录人物 17 人，为党政机关、行政单位和国有企业领导副处以上，部队干部上校以上，专家学者副教授以上，以及具有博士学位的人士。

一方水土养一方人，蚌蜒河水养育了勤劳善良的沈坨人。在战火纷飞年代，沈坨进步青年为民族解放不惜生命。中华人民共和国成立后，沈坨人永葆初心、继续前进，以一腔赤子之心投入祖国建设事业，凝聚了沈坨人民共创未来的磅礴力量。

方宗儒

方宗儒（1910—1998），从祖辈开始，定居当时隶属于东台县第八区的穆家堡（今沈坨镇薛鹏村），青少年时代在穆家堡生活成长。因为家境贫寒，方宗儒读过几年私塾，也曾在金家舍跟随庙里高僧学习中医。

抗日战争爆发，方宗儒投奔李明扬部“鲁苏皖边区游击总指挥部”，后成为李的副官。陈毅“三进”泰州城拜会“二李”，方宗儒均参与接待，给陈毅留下深刻的印象。

抗战胜利后，方宗儒以上校军衔转业到江苏省建设厅公路局。因国民党杂牌军名分而屡遭排挤，一气之下到香港的东南纺织厂任技师。后来在香港、台湾自办纺织厂。1998年在台湾病故。

附：《传奇经历 跌宕人生 方铭（方宗儒之子—— 编者注）》

先父方式，原名方宗儒，取“儒为席上珍”之意，字席珍。生于1910年，1998年病逝于台北，享年88岁。从我的曾祖父开始，我家定居当时隶属东台县的穆家堡，务农为业，家世清贫。据父亲履历记载，原籍安徽桐城，按我曾祖生活的年代考证，其时正值太平天国和捻军转战安徽一带，战乱中家人有可能从故乡逃难，辗转流亡到相对安全的苏北水乡，因年代久远，对于这个在当地罕见的“单门独姓”——方氏来源，已无从稽考。

纯朴的水乡乡亲，以宽厚的胸怀接纳了来自异乡的先曾祖父，他依附当地朱姓先人，在这块热土上定居下来，并通过联姻继承了位于穆家堡东南、称为鬼庄的“曹家庄”处一块丛葬的薄田，这也是我家唯一的产业。为感恩朱氏，又不忘祖先，曾祖父改名朱方洪，即以朱为姓，而在名字中保留了原来的姓氏，不过从我祖父方正义开始已自立门户，囿于传统的认祖归宗的思想，又改回方姓。到父亲时已是我家在穆家堡的第三代了。

除三亩六分薄田之外，用贫无立锥之地来形容我家的家境并不过分，我家在当地没有房产，一直赁屋居住。后来，曾典过穆家堡村东丁姓一处宅院，由于父亲抱有“走出水乡”、到外面发展的想法，始终未在本庄置产。祖父中年早逝，只活到42岁，丢下孤儿寡母，原本拮据的生活更是雪上加霜，当时父亲才13岁，家中无壮劳力，幸得樊家舍母舅徐元勋帮助，学做纸扎匠勉强糊口。1928年与舅氏次女（即先母）姑表联姻，两家相互扶持，艰难度日。正是少年时代的失恃与贫困，造成父亲独立和不安于现状的性格，在动荡的社会大潮中成为一名敢于冲决封建礼法和旧势力斗争的弄潮儿。

由于家贫，父亲并未受过良好的教育，可能读过几年私塾，也曾去金家舍跟随庙里高僧学习中医，后因夜间点灯读书几乎酿成火灾而中止。由于勤奋好学，他虽然读书不多，却能粗通文墨，字也写得相当流利娟秀，俨然一位浊世的翩翩少年，而他的不受拘束的天性，藐视宗法的思想和敢作敢为的行事作风，不仅给他的生活造成许多危难和风险，也在故乡一带留下了一些带有传奇色彩的故事，至今仍在老一代中间口口相传。

父亲早年即离开家乡，和子女一起生活的时间很短，我对他的一些经历知之甚少，后来因分居两岸，睽隔三十余载，无论双方在香港会亲或大陆开放赴台探亲，也都是短暂的聚首，未能谈及这些鲜为人知的往事。如今，父亲逝世忽忽已十七寒暑，故乡政府和乡亲仍然怀念他当年对家乡曾经做过的一点微末善举，希望能形诸文字，以为纪念，此事不仅令作为后人的我辈深为感慰，亦足告慰父亲在天之灵。虽然这些往事只是他青少年时代十分幼稚的个人行为，但从深层次思考，又何尝不源于他对故乡人民的感恩与回报呢？他出身贫寒，早岁丧父，备尝生活艰辛，与贫苦村民感情相通，他的祖上在这里被宽容接纳，他也在这里受到族人、乡亲的眷顾而成长，他和这片土地、乡亲有着难以割舍的情愫。直至今日，虽然他的后代都已远离故土，定居海内外，但对故乡的乡情、与朱氏族人的亲情却从未中断。在党和政府的关怀下，故乡的祖茔得到良好的保护，每年朱氏兄弟均代为祭扫，今春，我以望八之年，也曾和老伴重返久别的故里扫墓会亲，对家乡在改革开放后的巨大变化更感到由衷的喜悦。

父亲一生经历丰富多彩，大略可分为四个阶段，早年身居乡里，以务农和手工业为生；上世纪三十年代初，赴上海当工人；抗战军兴，弃工从军，投奔李明扬所部“鲁苏皖边区游击总指挥部”，后成为李的副官，抗战胜利后在江苏省建设厅挂职；解放后去香港再度重操旧业，担任纺织技师；后来又自行创业，并往台北办厂。晚年多病，事业难以为继，退而“市隐”终其天年。缘此，他终于未能在有生之年回到大陆和故乡看看，而两岸开放后，由于他在事业上已是有心无力，也未能为家乡的发展尽到绵薄之力，成为他一生的憾事。

故乡老人们常会谈及1931年苏北水灾的往事，其时里下河一带几成泽国，庄稼颗粒无收，百姓生活濒临绝境。当时政府发放救济粮款物资受到地方有势力的乡绅把持，使受灾乡亲得不到应有的接济。父亲当时年少气盛，不顾势单力薄，决心要和朋友一起，改变这种不合理的现状。他们假借名义，在运送中途将救灾的布匹、面粉等物资截留，直接分给村中灾民。此外还曾经偷天换日，擅自开仓放粮，解救挣扎于饥饿死亡线上的乡亲。这些“无法无天”的惊世骇俗之举，自然触怒了有权势的地方势力，遂勾结政府将他拘捕，关到沈坨。为了保全性命，他机智地深夜出逃，乘小船跑到周柏庄姨妈家中，躲藏于一间草屋的夹墙内，才逃过这一劫。后来便离乡背井，远走上海当工人谋生。

他在上海入裕丰纱厂做机修工，苦学技术，后来当上了“拿摩温”，相当于现在的机修工段长。不过生活仍然十分艰苦。据家姐回忆，那时她才三四岁，曾随母亲多次去沪，三口之家租住一间小屋，连床都没有，只好睡地铺。这段经历对于父亲后来重新从事纺织业生产经营大有裨益。

1937年7月，日寇发动全面侵华战争，八一三淞沪大战爆发，上海工厂停工，工人失业，大约在此前后，父亲离沪返回苏北，投奔由李明扬将军任总指挥的国民党地方部队“鲁苏皖边区游击总指挥部”，随军在里下河一带活动。由于他办事干练，又有些文化，后来成为李的副官。1939年李明扬以泰州为根据地，与已占领靖江、扬州的日军对峙。其间又交织着与国民党嫡系韩德勤部和挺进苏北的新四军陈毅部队之间错综复杂的关系。由于李明扬是一位德高望重的老革命家，参加过同盟会和辛亥革命，为人正直，具有民族气节，因而在大敌当前的形势下能顾全大局，坚持抗日。并与从江南北上、谋求东进的新四军保持良好的友军关系。1939年左右，陈毅将军三次亲赴泰州拜会李明扬，父亲后来在闲谈时曾提起这段历史，说他曾负责接待工作，与陈毅有过接触。这也正好和家姐回忆她1939年11岁时随母亲在泰州随时任副官的父亲暂住的一段经历相吻合。此外，由作家沙黑撰写的纪实性小说《李明扬和李长江》一书，对于这段历史有较为翔实的记录。

此期间，新四军为谋求建立苏北根据地，从江都一带挥师东进，不仅向李明扬部借路过境，还请求李部在黄桥战役中缓兵暗助，在这次著名的战役中新四军大获全胜，从根本上改变了苏北地区抗日的形势。1941年左右，日寇大举进攻，泰州沦陷，为保存实力，部队化整为零，到里下河一带打游击，在敌伪的夹缝中艰苦支撑，直到抗战胜利。这其中大部分时间，父亲都在李明扬身边工作，随军作战，历经艰危，我曾见李明扬亲笔书赠给父亲的放大照片，长髯飘飘，一副长者风范。后来，李明扬被迫前往上海赋闲，1948年国共谈判中，作为国民党一方的代表前往北京，解放后曾任全国政协委员、国防委员会委员，1978年逝世，粟裕同志亲自主持追悼会，对他的一生有客观公正的评价。

1946年父亲在扬州暂住，年末，他的好友顾邦淦先生病故扬州，客况萧条，父亲为之理丧，10岁的我始随家乡赴扬接运灵柩的民船前往随他一起生活。这期间大批军官经短期培训，转入地方行政部门工作。父亲亦以上校军衔转业到江苏省建设厅公路局。可能由于其出身属于受国民党正统势力排挤的地方部队，只得了个“视察”的闲差。那时，我在无锡读小学，记忆中只有一次他到无锡例行公事，其间，当地公路管理部门派车让我们逛了一趟太湖风景区。

不过，闲差也有闲差的好处，虽然薪水微薄，但不用按时上班，许多人就利用公务人员乘坐车船免票的便利，做些短途生意贴补家用。父亲便和几位朋友经常往返于无锡、绍兴之间，贩运锡箔谋些收入。有一次返程途中轮船在苏州望亭翻船，他的一位朋友被困船舱内不幸淹死，他因故未同行，才逃过一劫。

1949年4月，人民解放军渡江南下，旧省府人员如鸟兽散，父亲留在江南，移居昆山茜墩镇，与当地船民合伙做贩米生意，将当地有名的优质大米——“薄稻”运往上海附近的罗店、嘉定等地，他亲自操篙背纤，靠劳动维持全家生计。后在上海与当年务工老友取得联系，介绍他承包一宗用旧零部件组装织布机的工程。这批织布机或许是为了保存才故意拆散的，零部件早已生锈，杂乱堆放在上海造币厂桥附近的一处仓库里，他雇了一些临时工，清洗分类，最后组装成30台织布机。其时已迁居沪上，我也入免费的晋元中学夜校初中班就读，白天随他一起上班，也干些轻活，照例拿一点工钱，也算是我首次“勤工俭学”吧。这时距他在上海裕丰纱厂做机修工已十多年，他居然还能完成这样一件繁难的技术工作，确非常人能及，这也显示出他在专业方面的卓越能力。如果在和平时期，以他的聪明才智和钻研精神，或许会在专业方面有所建树。

这次成功的尝试深受业主的赏识，这位业主正是原籍靖江、后来曾任江苏省人民政府副省长的民族资本家刘国钧先生，他随后便将我父亲介绍到他的女婿在香港的东南纺织厂任技师。1950年冬，父亲独自赴港履任，次年各事粗定，让庶母带我和妹妹赴港读书。此事遭到家母的抵制，我作为父母两方家庭唯一的男孩，终于留了下来，不久即回泰州，就读于江苏省泰州中学。父亲则通过上海亲友转汇，继续供给我和祖母的生活费用。1956年夏我高中毕业，以优异成绩考入清华大学，虽然未能去港帮助他开创自己的事业，但顺利考入名校也令家人感到莫大的安慰。

在此期间，父亲先是为人作嫁，后来便自己独自在港创业，曾开办金轮织绸厂。不过香港商界竞争激烈，他的事业也时起时伏，有时顺利，有时失败，可他从不气馁，总能依靠个人奋斗东山再起。可能因在香港发展有些不服水土，在二十世纪七八十年代，便以侨胞身份赴台投资，兴办“龙侨纺织有限公司”，自任董事长。直至年老多病，无力经营，才安居台北，颐养天年。

三年困难时期，父亲对我们关怀备至，经常从香港给我和在上海工作的姐姐寄些衣物和药品。可能出于对时局的敏感，大约在“文革”前两年，父亲便主动和我们中断了联系，前后达20多年，因而我对他这段时间的经历知之不多，由于同样的原因，我们在“文革”并未受到冲击。直到1985年他才通过回沪的朋友和我们联络，并促成我携带独子方征赴港会亲。此时父亲已年过古稀，我也已接近天命之年，亲人相见，恍如隔世，从此重又接续起中断多年的亲缘，鸿雁传书，常通音问，虽然通讯还得通过香港转寄，但心理上已经消除了以往那种隔绝之感。

随着改革开放的发展深化，1987年夏，方征高中毕业，父亲以继承香港一处房产为由，通过正规渠道，命我办理孩子赴港定居手续。鉴于父亲年事已高，身边无人照料，老人也想尽到培养后代的责任，我只好遵照他的意见，忍痛将独子送往香港，后并以“侨生”身份赴台，考入逢甲大学，毕业后赴美深造，入克里夫兰俄亥俄州州立大学攻读工商管理，取得硕士学位。先后在台、沪、港等地金融业工作，目前，就职于香港中国华融集团公司。

20世纪90年代，开放两岸探亲，我和家人几次赴台与老人团聚，父亲病重期间，我也曾专程赴台，侍奉左右，直到1998年秋，父亲二度中风，一病不起，最后在台北荣总医院弥留之际，我和家姐仍一直在病榻旁陪伴，这或许多少给垂危中的父亲以安慰。

父亲就这样默默走完了他漫长而又跌宕起伏的一生，在动荡的战争年代和两岸长期隔绝的特殊历史时期，我们父子离多聚少，很少交流，因而我对他的经历了解不多，不过，仅从我所亲历亲闻中，已然可窥见他的一生确是历经坎坷而又富于传奇色彩。他早年思想激进，敢于与地方恶势力斗争，虽败犹荣；从军后虽然身处国民党一方，但在国共合作抗日时期，能坚持抗日，对内秉持中间立场，保护同里乡亲，反对互相仇杀；后在蒋政权的江苏省政府挂职闲居，与当时政治中心相对疏离，因而在国民党溃退台湾时，并未跟随南下，反而改弦更张，重操旧业，并在港台经营工商业，自食其力，不再卷入政治旋涡，这也无疑是他多年来历经世变，有所彻悟而采取的明智之举。

父母育有一子一女，女儿方秀莲，解放前即在上海当工人，现已87岁高龄，退休在家安享晚年。我是第四代唯一的男丁，1962年毕业于清华大学，现在也已临近望八之年，退休前一直在开封电机厂任总工程师，中共党员，曾因参与全国电机统一设计项目获国家科技进步二等奖，并曾获河南省先进科技工作者称号。庶母所生妹妹方梅影移居加拿大，已于前年病故。我们三人均有子女，分别定居上海、香港和加拿大等地，家庭幸福，事业有成。一个平凡的家族，能像今天这样走出水乡，繁衍后代，承先启后，绵延不绝，亦足告慰先父于泉壤，也希望能不辜负故乡领导和亲旧的厚爱，倘能如此，便是我们最大的安慰了。

（2015年11月16日　方铭草于沪上）

邢荣年

邢荣年（1911—2002），兴化市沈坨镇人，出生于沈坨集镇的一个贫苦农民家庭。由于家庭贫寒，12岁给地主家放牛，15岁到烧饼店做学徒。由于他能吃苦、肯钻研，很快就把打烧饼的工艺流程学了个通透。为了招揽顾客，他自创特色，把烧饼做成三角形，由于外形独特，色香俱佳，常常供不应求，人称“斜角烧饼”。久而久之，邢荣年的名字被“斜角烧饼”所替代，“斜角”的代称伴随了邢荣年一生。

1945年，中共地下党员宋庭茂经常给邢荣年讲革命道理，提高他的革命觉悟，增强他对革命的信念。邢荣年表示坚决跟党走，一心闹革命，于1946年加入中国共产党。在党的指引下，邢荣年积极投入对敌斗争中，骁勇善战，沈坨的“还乡团”一听到“斜角”就不寒而栗，曾重赏大洋100块，收买“斜角”的人头，没有抓到邢荣年，只好把他家的房子扒去修土围子。

中华人民共和国成立后，邢荣年当选为新成立的沈坨镇人民政府副镇长，历任大垛区副区长，沈坨公社副社长，竹泓区监委书记、副区长。1972年离休后，担任沈坨乡老龄委主任，坚持步行跑遍全乡当时的29个行政村。1975年，沈坨乡被江苏省、扬州市老龄委表彰为“敬老之乡”，邢荣年的先进事迹在省市多家新闻媒体上被宣传报道。

唐金发

唐金发（1921—2001），沈坨镇金唐纪村唐家舍人，出生于一个贫苦的农民家庭。

1944年，中共党员吴荐找到唐金发，给他讲革命道理，动员他参加革命，唐金发本来就苦大仇深，毅然跟着共产党走上了革命道路。由于工作积极，斗争坚决，是年5月在吴荐的介绍下，加入中国共产党。

“北撤”以后，唐金发任大垛区游击连二排排长，在溱潼团攻打大垛的战斗中，为掩护县团主力部队撤退，敌人子弹穿过他左腿。由于唐金发的特殊贡献，唐金发被华东二分区授予“特等模范”称号。

中华人民共和国成立后，唐金发历任临城区委副书记、区长，海河区委书记。1956年到省委党校学习，学习结束后任兴化县西毛公社党委书记。三年困难时期后，任沈坨公社党委副书记，1966年调戴南区负责行政工作，后任代理书记。1977年调任兴化县航运公司任党委书记，1982年离休。

邵培玉

邵培玉（1926—2011），沈圪镇沈圪北村人。1945年加入民兵组织，1946年6月加入中国共产党。先后任乡治安员、民兵大队长。在“血战兴化城，活捉刘湘图”的战斗中表现突出，受到上级的褒扬。

解放战争期间，邵培玉历任大垛区游击连班长、副排长、交通员。在负责大垛区委与兴化县委交通联络工作中，近百里的路程，独来独往，日走夜行传递情报。一年多时间，传递若干情报，无一失误，受到兴化县委的表扬。1948年8月，大垛区委安排邵培玉到二分区教导队学习，结业后转到地方工作，出任支前股长，负责筹备民工和大船，支援中国人民解放军打过长江去，解放全中国，因工作表现突出，受到上级嘉奖。

中华人民共和国成立后，邵培玉历任沈圪镇治安股长，沈圪乡副乡长，刘陆公社副社长、管委会副主任，沈圪供销合作社主任、党支部书记。1986年离休。

刘正洪

刘正洪（1927—2009），沈圪镇安塘村人。出身农民家庭，念过两年私塾。1950年1月任安塘村民兵大队长，同年加入中国共产党。1958年11月任安塘大队大队长，同年12月至1982年担任安塘大队党支部书记，其间连续两届当选沈圪公社党委委员。

长期以来，刘正洪注重农田基础建设，先后开挖5条生产河，建成5座机耕桥、4座倒虹吸、2座电灌站、1座排涝站、5座防洪闸，挖渠4000多米，修筑4000多亩田圩堤，高压线路通达全村11个生产队打谷场。1991年特大洪涝灾害，方圆几十里一片泽国，颗粒无收，唯安塘一片绿洲。

他坚持走农副工全面发展路子，二十世纪六七十年代兴办粮食、饲料加工厂，油石加工、拉丝、电机修理、皮鞋制品综合厂。1973年兴办全乡第一座土窑砖瓦厂，后发展为6座。相继新建水泥制品厂、酿酒厂及万头猪场。大队集体鱼塘实行鱼苗自育，先后发展果园、蔬菜园、育珠池、豆腐坊、三就店（综合商店），“五匠”统一纳入集体，组建村级建筑队。

任职期间，刘正洪创下三项兴化之最：1962年秋实行水改旱，把一年一季改为双熟季；1964年购置常州拖拉机厂制造的8匹双铧手扶拖拉机配循环耕作工作机；1972年购置上海产“丰收35”大型拖拉机。2009年，刘正洪病逝。

人物简介

中华人民共和国成立后，国家全面进行社会主义建设，为各类人才搭建成长进步、施展才华的舞台。国家恢复高考后，沈坨百姓子弟通过高考纷纷进入高等院校深造。大学毕业后，他们把青春奋斗融入党和人民的伟大事业，经过多年拼搏奉献，成为相关领域的知名专家、领导或有一技之长的人才。

杨建东

杨建东，1950 年 6 月出生，沈坨镇柏九村柏家人。1968 年 4 月参军入伍。1972 年 4 月毕业于原第七军医大学医疗系，分配至原南京军区第八一医院眼科任眼科军医。1982 年 9 月至 1985 年 9 月入学至原南京军区军医进修班，毕业后在八一医院眼科任主治医师、副主任、副主任医师。1989 年 9 月 至 1991 年 9 月参加原南京军区跨世纪人才班学习，1997 年 2 月任八一医院眼科主任、主任医师。

至 2021 年，杨建东先后担任原南京军区眼科学会副主任委员、中华医学会南京市眼科分会副主任委员、江苏省眼科中西医结合副主任委员、省医学会眼科分会委员、镇江医学院兼职教授、《国际眼科》杂志编委、省招标办和医鉴办委员等职。先后发表学术论文 30 余篇，参与主编《老年病防治》《外科急诊与救治》中的眼科章节，获军区科技进步三等奖 1 次、四等奖 4 次。

徐尚成

徐尚成，1957 年 12 月出生，沈坨镇繁盛村沈家人，中共党员，博士、教授级高级工程师。先后担任江苏省农药研究所副所长兼总工程师，江苏省澄扬作物科技有限公司总工程师，南京医科大学兼职教授、博士生导师，南京农业大学研究生导师，中国植保学会农药专业委员会委员，国家科学技术奖评审专家。

徐尚成是高考恢复后第一批被录取的大学生，1980 年参加工作，一直在江苏省农药研究所工作，从事农药研究。他和他的团队先后攻克了不少难关，突破了不少难题，取得了丰硕的研究成果，如2-氰基-3-氨基-3-苯基丙烯酸乙酸乙酯防治农作物病害的应用、防治水稻恶苗病的农药组合物等，在国内外科技杂志上发表论文30余篇。

徐尚成曾当选江苏省第九次党代会代表，荣获江苏省特殊贡献中青年专家称号，享受国务院政府特殊津贴。

陈　林

陈林，1961年4月出生，沈坨镇沈南村沈三人，中共党员，任上海市青浦区政法委员会二级巡视员。

1979年11月参军入伍，历任中国人民解放军上海警备区三团战士、班长，武警上海总队三支队排长、副中队长、代理中队长、中队长、副大队长、大队长、副支队长，武警上海总队六支队、一支队副支队长，武警上海总队八支队支队长；2004年8月转业，历任上海市青浦区综治办副主任、社区办公室副主任，人口综合治理领导小组办公室副主任、主任，区委政法委副书记、调研员、二级调研员、一级调研员、二级巡视员。

至2021年，陈林先后4次受到通令嘉奖，3次荣立三等功；获得上海市社会治安综合治理先进工作者等称号。

周广桂

周广桂，1963年出生，沈坨镇繁盛村樊荣人，中共党员。毕业于苏州大学和南京大学，双学士学位，一级律师。任江苏省擎天柱律师事务所主任，扬州市律师协会会长，江苏省律师协会常务理事，江苏省律师高级职称评委，扬州市人大立法委员，南京、扬州市仲裁委员会仲裁员。

大学毕业后，周广桂入职扬州大学担任法学教研室主任、讲师。1994年创办擎天柱律师事务所，2021年拥有各类律师130多名，是扬州市规模化律师事务所。事务所受聘担任扬州市委、市政府、市纪委等20多个党政部门和企事业单位的常年法律顾问。

2001年至2020年，周广桂先后获得扬州市首届“十佳律师”、“江苏省知名律师”、“江苏省十佳律师”、“全国优秀律师”、全国律师行业优秀党员律师、江苏省全省律师行业优秀党员、“全国公共法律服务工作先进个人”等称号。

张瑞生

张瑞生，1963年9月出生，沈坨镇沈南村沈三人，1985年8月加入中国共产党，大学本科学历。任江苏省高级人民法院法警总队副总队长、一级调研员、三级高级警监。

1982年10月，张瑞生参军入伍，历任武警江苏省总队连云港市支队战士、班长、排长、参谋、干事、政治指导员、党支部书记，武警江苏省总队政治部组织处干事、副处长，武警连云港市支队政治处主任、党委委员，武警江苏省总队政治宣传处处长兼蓝盾歌舞团政委、党总支部书记，武警连云港市支队政治委员、党委书记，武警盐城市支队政治委员、党委书记。2007年11月转业，先后担任江苏省高级人民法院司法巡查办副主任、江苏省高级人民法院法警总队副总队长。

张瑞生在武警江苏省总队服役25年间，先后多次立功受奖。3次荣立三等功，其中在1988年11月1日参加围歼全国特大持枪杀人犯战斗中荣立三等战功。8次被评为优秀党员和优秀党务工作者。

王春富

王春富，1964年1月出生，沈坨镇崇禄村张王人，中共党员。毕业于上海同济大学，硕士研究生学历。任原沈阳军区联勤第四十分部部长，大校军衔。

王春富1981年入伍，历任解放军测绘学院学员、见习学员、副连职教员，1987年上海同济大学测量系研究生。1990年起，历任军区后勤部地籍测绘队助理工程师，基建营房部基建工程处正连职助理员、营房管理处副营职助理员、土地环保绿化处正营职助理员、营房管理处副处长、住房环保绿化处处长，军区房地产管理局局长、联勤第四十分部部长、联勤第二分部部长，军委机关住房专项清理整治办公室副主任。

至2021年，王春富组织撰写专著2本，在《军事学术》《战略》《国防大学学报》等学术刊物发表论文50余篇，其中8篇被评为年度最佳论文。先后荣立三等功两次，参加了2009和平使命中俄联合军演等重大活动。

周学金

周学金，1964年3月出生，沈坨镇繁盛村樊荣人，二级巡视员，高级农艺师，硕士学位，中共党员。

1989年参加工作，历任扬州市水产局科员、科长、副局长，扬州市农业资源开发局局长，农业农村局常务副局长、党组书记。2012年6月至2017年1月，担任扬州市第七届政协委员。2017年2月至2022年1月，担任扬州市第八届政协委员。2016年10月，当选中共扬州市第七次代表大会代表。

至2021年，周学金先后主持与合作多项科研课题，《"双链型"生态农业模式标准化、产业化研究与示范推广》《克氏原螯虾—鲢鳙混养模式技术规范》分别在《农业资源与环境学报》《河南农业科学》等专业杂志上发表。《杉木土壤的肥力变化》获得全国促进科学进步工作三等奖、《克氏原螯虾苗种繁育与养殖技术研究与推广》获得江苏省农业技术推广奖一等奖、《关于扬州市现代农业发展载体调查报告》获得扬州市政府系统优秀调研论文二等奖、

《罗氏沼虾无公害标准化养殖与产业化开发》《虾池种草养鹅生态高效技术的开发与应用》获得扬州市科学技术进步奖二等奖；先后获得“江苏省创建清洁文明生产企业、环境与经济协调发展示范镇、百佳生态村工作先进个人”“江苏省农业标准化和农产品质量安全工作先进个人”。

李庆华

李庆华，1966 年 2 月出生，沈坨镇安冒村安塘人。东南大学经济管理学院工商管理系副主任，教授、博士研究生导师。

1987 年毕业于扬州工业专科学校（现扬州大学工学院）。1995 年在江苏理工大学（现江苏大学）管理科学与工程专业学习，获硕士学位。1998 年在浙江大学管理科学与工程专业学习，获博士学位。2001 年 9 月作为人才引进至东南大学经济管理学院。

硕博在读期间，与导师合作的《波特模型及其改进》《多角化经营悖论试析》《企业战略理论综述》《试论速度竞争》《基于企业——顾客认知互动过程的企业战略观》学术论文在《中国工业经济》《中国软科学》等权威期刊发表；《对浙江省专业市场发展方向的深层次思考》《管理新思维：改变假设》《企业变革若干问题试析》学术论文在《商业经济与管理》《企业经济》等核心期刊发表。学习期间，获得“优秀研究生”“优秀共产党员”“优秀毕业研究生”等称号。

至 2021 年，在中文权威以及核心期刊发表学术论文 40 余篇，独立编写的案例《该不该答应他的股权调整要求》收录至中国管理案例共享中心案例库，在全国 MBA 培养院校中共享。连续两届获“江苏省 MBA 案例大赛优秀指导教师奖”。《加快发展江苏战略性新兴产业的对策思考》，以“成果要报”形式被《新华日报》等权威媒体及多家网站转载。参与国家级科研项目 2 项，承担省级重点科研项目 2 项，为省市政府部门提供决策咨询服务多项，为企业提供管理咨询服务 10 多项。获得“江苏省社会科学应用精品工程二等奖”“东南大学优秀教学成果一等奖”。先后被评为江苏省“青蓝工程”优秀青年骨干教师、“东南大学优秀教学工作者”。

高日好

高日好，1969 年 12 月出生，沈坨镇关华复村华谈人，中共党员，硕士研究生。任中央军委后勤部军事设施建设局安置住房处大校师级正职助理员。

1985 年 10 月入伍，先后任中央军委原总后勤部工程总队战士，原总后基建营房部办公室保密员、图档库助理员、正连职保密员、正连职秘书、副营职秘书，综合计划局正营职秘书、副团职秘书，工程管理局副团职助理员、正团职助理员、副师级助理员、副局长，中央军委原后勤保障部军事设施建设局综合处副师职副处长、安置住房保障中心副主任、主任，安置住房处大校师级正职助理员。

至2021年，高日好3次荣立三等功；先后被评为原总后勤部“学雷锋先进个人”、北京市“2008”奥运环境整治先进个人。

俞鸿庚

俞鸿庚，1970年11月出生，沈坨镇安冒村安塘人。江西省公安厅特勤局4支队政委，中共党员，大学学历。

1989年10月入伍，历任武警江西总队机动支队战士、班长、排长、中队长；江西省公安厅警卫局大队长，江西省公安厅纪委现役纪检室副主任（副团职），江西省公安厅警卫局后勤部副部长（正团职）；2018年12月转业至江西省公安厅。至2021年，俞鸿庚获得机动支队上校单兵综合比武第二名1次，荣立个人三等功2次，嘉奖20次；被表彰为优秀党务工作者3次。

鲍倡俊

鲍倡俊，1970年12月出生，沈坨镇繁盛村樊荣人。硕士研究生学历，主任医师，任省预防医学会流行病与卫生统计专业委员会副主任委员、江苏省疾病预防控制中心急传所所长。

1989年东南大学公共卫生学院本科、医学学士；1994年东南大学公共卫生学院研究生、医学硕士；2008年格里菲斯大学人口与环境学院进修、理学硕士。1997年在江苏省卫生防疫站工作；2000年起，在江苏省疾病预防控制中心工作。

鲍倡俊擅长传染病流行病学研究，如狂犬病、出血热等自然疫源性疾病，尤其是新发传染病如禽流感、发热伴血小板减少综合征的预防控制、应急处置、风险沟通。获省科技二等奖、中华医学科技二等奖、中华预防医学科技一等奖、省新技术引进奖一等奖。

至2021年，鲍倡俊先后被江苏省政府表彰为H7N9禽流感防治先进个人、江苏省第十批“六大高峰人才”、江苏省“我最喜爱的健康卫士”、江苏省卫生厅优秀党员，江苏省委宣传部、省卫健委授予“最美医务工作者”称号。省总工会授予江苏省五一劳动奖章。

杜美蓉

杜美蓉，1971年10月出生，沈坨镇金唐纪村纪家人。1991年扬州大学医学院本科，1999年东南大学医学院硕士生，2002年复旦大学附属妇产科医院博士生，2007年加拿大渥太华大学博士后。复旦大学附属妇产科医院研究所副所长、研究员、主任医师、博士生导师；科技部重点专项首席、国家自然科学基金（NSFC）重点项目获得者、上海市领军人才、上海市优秀学术带头人、上海市浦江人才，美洲生殖免疫学会执行委员，美洲生殖免疫学杂志副主编、中国生理学会理事、妇幼保健协会生殖免疫分会副主委、上海市医师学会整合医学分会委员、《生殖医学》杂志编委等。

杜美蓉长期从事母－胎免疫调节机制研究及其相关临床工作，擅长反复自然流产、IVF-ET反复种植失败、不孕症、PCOS、卵巢功能早衰等生殖内分泌免疫调节相关疾病的中西医结合的诊断与防治。以第一通讯作者在Blood、Trends Mol Med、Cell Mol Immunol、Science Signaling、J Immunol、Human Reprod等发表SCI论文100余篇，累计影响因子440分，他引4053次，多次被Nat Med、Nat Rev Immunol等正面评价，中华医学杂志转载，申请发明专利4项（授权1项）。主持NSFC重点项目、NSFC重大研究计划培育项目等9项，科技部重点专项等项目7项；作为大会秘书长与共同主席组织第38届美洲生殖免疫学大会获杰出贡献奖，国际学术会议受邀发言4次；2011年获得明治生命科学奖，在研究生教学工作中获2012年复旦大学“教学成果二等奖”；2019年度复旦大学“十佳百优”优秀医生，领衔的生殖免疫优秀创新团队获2020年“复旦大学优秀医疗团队”。

至2021年，杜美蓉先后获得上海市三八红旗手、中国民主同盟上海市委员会组织工作先进个人、上海市领军人才、上海市优秀学术带头人、复旦大学“巾帼建功创新奖”、复旦大学附属妇产科医院“院长提名奖”等称号。

杨荣庆

杨荣庆，1972年1月出生，沈坨镇安冒村安塘人，中共党员。任贵州财经大学马克思主义学院中国近代史纲要教研室主任，教授、博士后。

1996年7月，苏州大学历史系本科毕业；2004—2011年，就读南京大学历史学系（全日制），先后获硕士、博士学位；先后在兴化沙沟高级中学、板桥高级中学任教，南京财经大学、南京大学工作；2013年，作为人才引进至贵州财经大学马克思主义学院任教，主讲课程有中国近现代史纲要、世界文明史、贵州省情、台湾现代政治变迁与两岸关系等。是台湾大学“国家发展研究所”访问学者、台湾“中央研究院”中国文哲所访问学者、台湾大学文学院台湾文学研究所访问学者。研究方向为中国近现代史、现当代台湾史与两岸关系、台湾文学制度史等。

杨荣庆参与国际性学术交流会议，承担与参与相关课题研究。在国内外权威期刊上发表个人专著和论文40余篇。

邢春明

邢春明，1974年5月出生，沈坨镇沈北村沈四人，中共党员。任中国人民解放军新疆军区航空兵处处长，大校军衔。

1993年入伍，先后在长春飞行学院保定分院、宜宾飞行训练团任飞行学员，陆航三团飞行员、副中队长、中队长、副大队长，团作训股长，陆航飞行三旅作训科科长，飞行大队大队长，旅副参谋长、副旅长，新疆军区参谋部航空兵处大校处长。飞行总时间达6000小时。

至2021年，邢春明先后荣立二等功1次、三等功2次。2015年参加“纪念中国人民抗日战争暨世界反法西斯战争胜利70周年”阅兵仪式，被评为“铁杆僚机”。

杜华洪

杜华洪，1974年出生，沈坨镇安冒村安塘人，中共党员。毕业于中国人民解放军炮兵指挥学院，硕士研究生学历，上校军衔。

1991年12月入伍，1995年6月入党。历任中国人民解放军某部战士、学员、干事，营教导员，任学院组织处处长、党委书记。

至2021年，杜华洪荣立三等功2次，先后被表彰为优秀学员、优秀党员、优秀党务工作者等。撰写发表相关研讨文章10多篇，在《解放军报》等媒体刊物发表新闻作品30多篇。

杜丽娟

杜丽娟，1981年12月出生，沈坨镇薛鹏村人。本科学历，中国书画家协会理事，国家一级美术师。

2005年，杜丽娟毕业于扬州科技大学设计系，师承韩东教授。后研修于中央美院油画系第一工作室。杜丽娟自幼爱好绘画。2001年，临摹莫奈、梵高等大师名作。2005年，潜心油画创作。在中央电视台主办的“我与电视”绘画大赛中，《我的祖国》油画作品获评大赛一等奖。先后在《当代书画名家》专业刊物上发表油画代表作5幅。2007年起，从事少儿美术教育工作。2009年，在江苏省“童眼看世界”绘画大赛中，5名辅导学生的参赛作品获一等奖、3名辅导学生的参赛作品获二等奖。2011年，辅导学生参加“迎青奥，绘文明交通”绘画大赛，5名学生的作品获评一等奖，7名学生的作品分获大赛二、三等奖。

陈友乐

陈友乐，1985年10月出生，沈坨镇繁盛村凡南人，中共党员，硕士研究生、三级律师。上海市光大律师事务所党支部书记、管委会主任，高级合伙人，上海外国语大学法学院校外实务导师，同济大学法学院实务硕导。

2004年6月，毕业于贵州大学。2011年6月，毕业于华东政法大学。2011年9月参加工作，曾经在上海市虹口区人民法院、上海市第一中级人民法院工作。参加法律工作以来，在理论研究与实务经验两方面均有深厚积累。在理论研究方面，参与撰写的“骗取社会福利行为刑事司法实务研究”课题，被评为2012年度上海法院报批的调研课题优秀奖；参与撰写的“新类型贿赂犯罪实证分析与法律规制研究——贿赂犯罪条款司法实践评估及推进对策研究”课题，获2015年度上海法院优秀司法统计分析评选二等奖；参与撰写的“侵犯公民个人信息类犯罪案件实证分析与法律规制研究”课题，荣获最高人民法院2015年度司法统计分析自选课题优秀奖；参与撰写的“破解执行难题提升司法公信——拒执罪条款司法实践评估及推进对策研究”课题，获全国法院第九次优秀司法统计分析评选一等奖；参与撰写的“网络服务商刑事处罚的边界及路径”课题，被评为2016年度上海法院报批调研课题优秀奖；参与撰写的“破解执行难背景下对拒不执行判决裁定罪实证研究”课题，被评为2017年度上海法院报批调研课题优秀奖。

李怀海

李怀海，1999年5月出生，沈圪镇安冒村冒家人。2017年毕业于华东理工大学。上海市体育局田径运动中心110米栏运动员，国家级运动健将。

李怀海自幼随在上海创业的父母生活，小学、初中、高中分别就读于上海市三林小学、杨思中学、七宝中学。学生时代，都作为校田径队运动员参加训练和比赛。进入专业队后，李怀海跟从昔日亚洲栏王陈雁浩训练。2019年起，先后获得全国短跑、跨栏、跳远及接力项群赛（第一站）男子110米栏第二名，成绩14秒34；全国短跑、跨栏、跳远及接力项群赛（第二站）男子110米栏第一名，成绩14秒16；浙江省台州市田径分区邀请赛男子组110米栏第三名，成绩14秒14；第十四届全国学生运动会田径（大学组）男子大学甲组110米栏第二名，成绩14秒09；“金马集团杯”全国田径大奖赛男子110米栏第三名，成绩13秒92；“慈溪文旅集团·多威杯”田径分区邀请赛男子110米栏第二名，成绩13秒85。

名人履痕

沈圯是一座水乡古镇，若干名人与沈圯有着深厚的渊源。他们在沈圯停留时间虽然短暂，但其影响力、传递的正能量，给沈圯人民留下铭刻心间的印记。

慈舟情结青龙庵

慈舟（1915—2003），原籍兴化唐刘。俗名史源，法名月济、培功、慈舟。1927年在沈圯穆家堡青龙庵出家，依师祖恒静上人披剃，学习经文。1931年，任青龙庵第五代方丈。

1986年后，慈舟历任镇江市佛教协会会长、秘书长、镇江市政协常委、江苏省佛教协会常务理事、江苏省佛教协会名誉会长、中国佛教协会理事、中国佛教协会咨议委员会副主席、金山江天禅寺方丈、南京宝华山隆昌寺方丈等职务。

2003年2月10日，慈舟圆寂于江天禅寺楞伽丈室。法师俗腊89岁，僧腊76年，戒腊69夏。

慈舟从沈圯穆家堡青龙庵剃度出家，尤对师祖恒静深存感恩。1994年，出资重建穆家堡青龙庵。1995年，在薛鹏村选址建造师公之塔院。2000年，为沈圯撤乡建镇书赠“为民至上”字匾。

李默冒险守沈圯

李默（1921—1947），又名李德山、李沧栗、李微君，上海市南汇县（原江苏省南汇县）人。1938年参加抗日救亡青年团，1940年加入中国共产党。历任“江抗”教导队学员、连副政治指导员、团政治部宣教干事、旅教导大队教育干事等职。

1941年，李默随部队加强苏中抗日根据地的武装力量。先后调任安宜师范学校政治辅导员、中共宝应县委宣传部宣传干事、宝应县石塘区宣教科科长、宝应县城区区委青年科科长、宝应县宣传部宣教科科长、宝应县望直区委书记。

1947 年，李默奉调到南线边区溱潼县工作，担任大垛（后划归兴化县）区委副书记。是年 7 月 30 日午夜，沈坨东面安塘的七八名土顽偷袭复兴庄北舍。敌人向查完岗哨刚睡下的李默连开数枪，李默光荣牺牲。李默牺牲后，当地政府将复兴庄、王家舍等附近几个村子合名为李默乡。1957 年，李默牺牲 10 周年，当地政府修缮烈士墓园，建造纪念塔。江苏省省长惠浴宇为李默纪念碑题词“人民功臣”。著名学者、诗人、书法家、教育家沈尹默为李默烈士墓碑书写“李默烈士之墓”。1954 年，李默乡因区划调整被撤销。2000 年，行政村规模调整，当地政府将王家舍和相邻的村子合并命名为李默村。

焦裕禄式的好干部滕一峰

滕一峰（1921—2002），原籍江苏省阜宁县吉沟乡人。1943 年参加革命，加入阜宁县吉沟乡武工队。1944 年加入中国共产党，并担任武工队长。

1960 年从江苏省文化干校结业，分配到兴化县。被兴化县委任命为沈坨公社党委副书记。自此，滕一峰长期工作生活于沈坨，直至病逝。

1964 年，滕一峰被兴化县委任命为沈坨公社党委书记。1965 年，兴化县境内发生一场洪涝灾害，滕一峰把公社防汛指挥部设在沈坨北部最低洼地区的凡荣大队。自带被褥和行李，用队部的大门和条凳拼成床。公社有一条小划船，下乡检查工作，小船便成了他的家。沈坨四万亩耕地的每块田埂，几乎都留下了他的脚印。

20 世纪 70 年代，滕一峰对兴化地区的粮、棉、油生产情况并不在行，敢于实践、大胆探索，坚持科学种田的精神，沈坨的农业生产一度跨入全县先进行列。他长期蹲点的薛三大队，科学种田一直是全公社的样板。

1976 年秋，暑气未消，滕一峰拖着病体在凡荣大队主持召开紧急会议，会议结束后的下半夜，滕一峰腹痛加剧，经大队赤脚医生鉴定为急性阑尾炎，在人们的劝说下，连夜划船到沈坨人民医院进行了手术。《新华日报》头版对滕一峰的感人事迹进行了专题报道。

2002 年，在滕一峰的追悼会上，“干武工队长，任公社书记，恩泽于几方百姓，最难矣，在职时一贯始终，众口皆碑真新四军；树求实风范，是公仆楷模，影响及数代干部，诚传哉，离休后依然如故，民意盛誉活孔繁森”的挽联是对滕一峰恰如其分的评价。

薛鹏英勇献身穆家堡

薛鹏（1922—1947），原名薛根兴，常熟碧溪西周市人。1939 年 5 月参加江南抗日义勇军，同年加入中国共产党，历任班长、副排长等职。

1944 年，薛鹏调任江都独立团八连连长。薛鹏在历次战斗中，右臂先后五次中弹不下火线，顽强地坚持江都地区的武装斗争。继邵伯保卫战后，他被提升为苏中二分区四团一营副营长。

1947 年 2 月 27 日，苏中二分区得到情报，沈坨穆家堡圩子里的当地土顽，准备第二天将关押在圩子里数十天的穆家堡镇长季岑楼等几名干群杀害。为了营救季岑楼等干部群众，当时在宝应县的华中二分区四团担任一营副营长的薛鹏，在叶克守团长指挥下，长途夜袭穆家堡。在此次战斗中，季岑楼等几名干群被成功救出，薛鹏不幸牺牲。1947 年，当时的溱潼县政府追认薛鹏为烈士，将穆家堡镇改名为薛鹏镇。

吴崇禄掩护战友献生命

吴崇禄（1924—1947），兴化大垛集镇三村人。1940 年加入新四军。1941 年加入中国共产党。历任班长、排长、机枪连长、连指导员、副营长，后因回家探亲与部队失去联系，加入地方武装组织，担任大垛区游击连副连长。

1947 年 4 月，大垛区游击连两个班执行任务后在沈坨乡童家舍宿营，因匪保长告密，遭到驻扎在刘陆的国民党军队合围。吴崇禄带领几名队员一边拼死向敌人还击，一边掩护战友撤离，一次又一次地击退了敌人的进攻。战斗中，敌人的一颗子弹不幸击中吴崇禄的头部，吴崇禄光荣牺牲。

吴崇禄牺牲后，当年大垛区委将烈士牺牲地的凡唐乡改名为崇禄乡。中华人民共和国成立后，当地政府将烈士牺牲的所在地周边修建的联圩命名为崇禄圩。2019 年，沈坨镇将张谭、姜朱两个村合并，命名为崇禄村。

何仁华引领沈坨青年闹革命

何仁华（1925—1988），大垛镇大何舍人。1944 年初，是八路军、新四军对日伪军发起全面攻势作战，也是部分地区残敌作垂死挣扎的时期。何仁华毅然参加革命，3 个月后被接收为中共党员，一年后被任命为娄庄乡乡长兼民兵大队长，后任大垛区委书记兼区长，开辟了大垛、昌荣、竹泓及沈坨东部地区一大片革命根据地。

当时，沈坨是东台县第八区区政府所在地，是日伪反动派聚集的战略重镇。为了打掉这个反动堡垒，何仁华着眼于培养沈坨本土的革命力量，先后发现并培养了唐金发、邢荣年、邵培玉、邵冬银等多名革命青年，带领他们与敌人作坚决的斗争。遇到艰难险阻的任务，他亲自冲在第一线，手把手地教导他们怎么去完成任务，这几名沈坨的本土干部也很快成了沈坨地区武装斗争的中坚力量，1948 年 11 月 16 日，何仁华率领大垛区游击营对沈坨反动堡垒进行攻击，击毙反动区长周锦，活捉匪镇长夏启龙，沈坨获得解放。

中华人民共和国成立后，何仁华先后

担任兴化县副县长，江都县县长、县委书记，靖江县委书记，扬州地委副书记、专员，淮阴地委副书记、专员，连云港市委副书记、市长。1986 年 6 月，何仁华调到省里，担任江苏省对外开放领导小组副组长、顾问等职，是第六届全国人大代表。

何仁华为革命奋斗一生，长期积劳成疾，64 岁不幸病故，在他的追悼会上，有一副挽联这样评价他："武装斗争转战村、乡、区、县，伤敌胆；改革开放跋涉扬、淮、连、宁，得民心。"

"铁姑娘"徐素华

徐素华，出生于 1951 年 12 月，兴化市昭阳镇人，中共党员，研究员。1977 年毕业于南京大学哲学系，当年分配到中国社会科学院哲学研究所工作，先后担任中国马克思主义哲学史学会秘书长、副会长。

徐素华于 1969 年 1 月知识青年下乡到沈坨公社薛三大队，1970 年任薛三大队第二生产队会计，1971 年任薛三大队党支部书记，1972 年任沈坨公社团委书记，1973 年先后担任沈坨公社党委委员、共青团兴化县委副书记。徐素华插队沈坨公社薛三大队后，主动报名参加大队"铁姑娘突击队"，担任政治队长，与男劳力一样干重体力活，成为当地女性青年偶像，曾在兴化县英模人物代表大会上做事迹演讲。1974 年 8 月推荐至南京大学就读，1977 年 8 月毕业分配至中国社会科学院哲学所工作，长期专注于毛泽东哲学思想和马克思主义哲学在中国传播发展史方面的研究。30 多年来，承担多项重点科研课题，出版发行《论中国化形态马克思主义哲学》等多部个人专著，其中《马克思主义哲学在中国》荣获第五届社科院优秀科研成果奖三等奖、《马克思主义哲学在中国——其传播、应用、形态变化及发展前景展望》获得中国社会科学院哲学研究所 2003 年优秀科研成果一等奖，第 18 届北方十五省、自治区、直辖市哲学社会科学优秀图书奖；先后在中华社会科学研究基金会资助项目《中国当代哲学史》中，承担其中第二编约 8 万字的写作任务。在中国社会科学院重点科研项目《新中国马克思主义哲学五十年》中，承担其中第二篇约 5 万字的写作任务；先后在权威期刊上出版或发表个人与合作的著作、论文 30 余篇。

里下河文学流派作家费振钟

费振钟，出生于 1958 年 1 月，祖籍兴化顾庄人。19 世纪 50 年代初，中医出身的祖父费炳南到沈坨穆家堡挂牌行医，自此祖孙三代从个体诊所到公办医院，一直在沈坨从事医生职业，凭着精湛医术和高尚医德享有较高声誉。

费振钟在沈坨这座水乡古镇度过少年和学生时代。1983 年开始从事中国当代文学研究和批评，发表理论作品 200 余万字。20 世纪 90 年代后转入中国文化和思想史研究，兼写作随笔散文，作品被选入多种选本。1986年毕业于扬州师范学院中文系。历任《雨花》杂志社编辑，江苏省作家协会创作研究室副主任，副编审。1990年加入中国作家协会。主要著述有：专著《江南士风与江苏文学》，散文随笔《堕落时代》《悬壶外谈》《黑白江南》《古典的阳光》《为什么需要狐狸》《橄榄核铭》《缘在南方》《清明茶亭》《生病纪事》《学医》《古村的雨》等40余篇，文学评论《杂找者恪守的田园》《民间的陷落》《生长着的思想与写作》《谁看护文学》等40余篇。曾获江苏文学研究奖，江苏省社会科学奖及第一、二届紫金山文学奖。

2009年，费振钟受聘为上海中国当代文化研究中心特约研究员，起意由历史文化的研究转向乡村政治文化的研究，他的目光由此锁定了自己的家乡。他笔下多篇文学作品，素材源于出生地沈坨及周边乡镇。

附：《失踪的乡间手艺人》

一九九六年，我父亲在他工作生活了三十年的小镇上去世。安葬前，按照乡村的风俗和本家亲戚们的意见，举行一场法事。这属于人之常情，只要不当真就行了。

领头前来为我父亲念经做忏的是两个本乡小庙的和尚，一般乡村里的丧事，都请他们。我已离家二十多年，对于这些新近兴起的乡村事务不甚了了，人物也是陌生的。但我还是在穿戴齐整的和尚中发现了一个熟面孔。

这个六十出头的和尚，胖胖的，穿了一件灰色僧装，脚下也是那种前头有点翘后面有搭袢的僧鞋，与我小时候在庙上见过的和尚相似。然而他不是和尚，他怎么可能做和尚呢？他分明是我一个蒋姓同学的父亲，小镇上著名的“犁木匠”。

那时我读小学，放学后经常到这位同学家里玩。他家靠河边，青砖瓦房，高门楼，砖阶很陡，走进院子，就能看到院子里堆着大摞桑树。犁木匠是专门做耕田的犁的手艺人，从事这项手艺的人不多，但在乡村必不可少。犁材最适宜用桑树，桑树木质细，弯曲度好，而且结实，不怕水沤。犁的种类很简单，只有两种：一种为人拉的犁，一种为牛拉的犁。犁木匠手艺的好坏，就在犁把的角度和弧度，角度与弧度偏差了，做出来的犁就不好使，吃力，耕出来的土花不均匀。特别人拉的犁，省力是最重要的。

我的小学同学的父亲蒋木匠，就有一手能做上等犁把的手艺，因而在小镇周围的乡村比较闻名。我们在一堆已经开出来的犁材中间钻来钻去，身边是蒋木匠，立在一根成型的犁把边，正用小圆刨细细地刨犁把的曲弧，趁他歇下来，我们会拿一块桑树的下脚料，请他给我们做一只陀螺。蒋木匠总是和和气气给我们做出来。我对蒋木匠和他做的陀螺，充满了敬意。谁知道二十多年后，蒋木匠竟然当了和尚，他的犁木匠手艺与他的和尚职业有什么关系？

从前的蒋木匠对我说，这两年才做的和尚，原来还想把犁木匠手艺做下去，但做的犁堆在家里，一张都卖不掉，哪能做下去，这门手艺到我算是绝路了。看看这些年和尚倒吃香。做和尚也容易，剃了头，穿件袍子，就弄成这个和尚样。其实也是混混，人总得有碗饭吃。蒋木匠说话时的神情，好像并不那么特别失落，他本来属于那类随遇而安的人，不容易有沧桑之感。蒋木匠也算我们家的老熟人，他说你父亲这么好的一个人就去了，我要尽心尽意为他念几卷经。说完，他就坐到一群和尚中去，他诵经的声音洪大有力，时时盖过其他和尚。

像蒋木匠这样在乡村消失的手艺人，现在越来越多。在我们的乡村小镇上很难看到他们的踪迹。时间的变易，似乎专门针对他们的，也就是最近十几年，那些曾经是乡村中最有鲜明色彩的手艺人，日渐隐藏到生活的深处。对于大部分人来说，当一个封闭的时代结束以后，新的生活样式在很短几年中代替了往昔的生活样式，乡村手艺人们很容易成了被遗忘的对象。但是，假如你愿意认识他们，你仍然可以按照乡村生活的流程去发现往日的旧痕。

这一年冬天，趁着仅有的几天闲暇，我重新走访从前生活过的几个小村镇，在那些尚未完全旧貌换新颜的街道和小巷，河边桥头，且行且止；我追寻旧迹探测往事，用一种近似“考古”的方式，从那些尚存的残迹遗痕里，试图拼接出某种乡村的日常“图形”，还原我们对某种生活的认识。

我在这个小镇读小学时，与潘铜匠的三个儿子是很好的玩友。潘铜匠可能不属于本镇人，但他的铜匠船长年累月靠在小镇南石桥下面，从来没有离去过。这个镇里，不只有潘铜匠的铜匠船，还有箍桶的顾瘌头、专做锡器的庞锡匠，都有一条住家的竹篷船。这些以船为家的手艺人，以前都是游动不居，后来受到管制在镇上落上了户口，他们就不能自由行走了。潘铜匠是个麻子，他的铜匠担子总是停在离船不远的岸边，那里有一块不大也不小的空地，他的工作场地就是这块空地。潘铜匠有四个儿子，大儿子长得白白净净，已经结了婚，也有一条船，比父亲的要小一些，傍在父亲的船边。潘铜匠的大儿子，自己独立做铜匠活儿，每天都挑着铜匠担晃晃当当地走街串巷，直到晚上才回来。潘铜匠的另外三个儿子，在镇里的小学校读书。按顺序排，我们叫他们潘二小、潘三小、潘四小，都是有大名，但不叫，也就忘了他们大名。我和潘铜匠的这三个儿子经常在一块玩儿，玩的地点就在潘铜匠的铜匠担周围。潘三小是我的同班，一脸黑皮，最像潘铜匠，他总是拿一些空子弹壳，和我一起用他父亲的锉子做木头手枪的枪管。

潘铜匠是镇子里最好的铜匠。镇子里的人都叫他麻铜匠，这种叫法一点也不是轻视和侮辱，倒显得十分亲切。哪一家需要做什么铜器，往往都说到麻铜匠那儿吧。潘铜匠主要做烧制类的日常用物，比如铜炉、铜盆、铜汤婆、铜铲、铜勺之类。他的铜匠担子，一头是个带高柄的木头箱子，箱子里放着十多个已经做好的铜铲铜勺；

一头是只用来化铜的炉子和鼓火用的风箱，炉子不大，炉膛深，里面是只坩埚。潘铜匠上午挑出担子来到空地，第一件事就是起火生炉子，风箱拉得呼啦啦响。他用的都是上好的钢炭，火是炽白色，这样的火才好化铜。化了铜，就浇铸各种各样的铜器。潘铜匠有很多的铜料，最多的是铜钱和铜板，还有铜子弹壳，不知他从哪儿收来的。我喜欢到潘铜匠的铜匠担子边玩，就因为这些铜钱和铜板。潘铜匠小气，从他手里是要不到这些东西的，但他的儿子特别是小儿子潘四小会拿给我，潘铜匠也没有办法。潘铜匠把那么多好玩的东西都一锅化了，真让我觉得可惜。不过看着潘铜匠把那些旧铜料化成蛋黄一样的铜水，然后浇制成鲜亮的铜器，也是一件有趣的事情。潘铜匠不做铜器时，会用一些看上去像泥一样的东西做模子。这是一种特别讲究的工艺，因为浇制铜器当然是靠模子，模子好坏，浇出来的铜器的坯子可以分出质量的好坏。光是厚薄均匀，对模子的要求就已经很高，何况有些铜器胎特别薄，全靠上下公母两片模子所设计的空隙，宽了达不到工艺要求，窄了浇制时容易穿孔。潘铜匠的铜器做得好，首先就因为他做的模子好。其他铜匠在这一点上不能与潘铜匠比，只能甘居下风。奇怪的是，潘铜匠做模子时并不保密，这样的技术恐怕是别人偷学不到吧。所以，潘铜匠的模子就搁在空地上吹干。他最怕的是我们这些顽皮孩子，走路不长眼睛，一脚把他的模子踩烂了，那他得花半天工夫才能重做一个。潘铜匠还经常做坩埚，做坩埚也用一种特制的泥，这种泥做成的坩埚在炽白色的炭火中不炸不裂。潘铜匠的坩埚，有大中小三种类型，最大的坩埚，一锅可以化几斤重铜水，一般用来浇制铜盆、铜脚炉。潘铜匠做成的坩埚，总是放在他的船篷上晒。如果我们到潘铜匠的船上去，就得提手提脚不敢用力，生怕摇晃了船，把坩埚摇到河里。我们不喜欢去潘铜匠的船上。

乡村里对铜器有种特殊的感情，虽然六十年代城市里已盛行使用洋瓷盆之类的日用品，但乡村的观念还是认为铜的东西好。农民对铜器的需求量当然远非往昔可比，但是使用铜器的习惯仍然是农民重要的生活方式和口味。单以农民们婚娶来说，铜器作为陪嫁的生活用品，铜盆、铜炉、铜捂子这些代表了家境和财力的东西，是必不可少的。实际上，这些铜器不仅仅为了实用需要，更重要的还在于维护一种观念。老辈人喜欢说，孩子，这只铜炉子还是从太爷爷那儿传下来的，那只铜什么，已经用了五代人啦。这里面就包含了一种观念，一种关于生活的延续性、恒常性的观念。由于这种观念在我们所处的封闭时代，一直支配乡村生活方式和口味，所以农民们喜爱的铜器，便获得了超越日常的象征意义。我小时候并不懂这些道理，只是看到潘铜匠了不起。除了本镇，四乡农民也都向潘铜匠买铜器，最忙碌时，潘铜匠一天要赶做好几样，潘二小岁数大一些，已经能当他父亲的帮手，一放学，他就蹲到铜匠担旁边，耐心地用小钢锉锉浇制成型的铜器坯子。潘二小将来也像他父亲一样，会成为一个好铜匠。

还要插叙一下潘铜匠的技术。潘铜匠一脸麻子，人生得丑，但他是个精致的人，甚至是个有着良好的审美素养和表现力的人。不用说，这是指他手上的技艺。他可以在铜器上錖上最漂亮的线纹，这些线纹都是他自己设计出来的。有些具有装饰性的几何图形，丰富多变，你想不到这会出自一个乡村铜匠之手。潘铜匠拿手的工艺是直接在铜器上刻写花鸟虫鱼一类形象，他眯着眼，脸上有种怪物般的表情，刻刀在手中灵巧异常地转两转，一个活生生的形象就出现了。我前几年在新疆见过一些来自巴基斯坦的工艺铜器，那上面有各种美丽的花纹，据说也都出自手工刻制，现在想起来，潘铜匠的工艺足以与它媲美。有一年秋天，我家放在窗台上的两只铜壶被窃。偷窃的人是本镇的一个不学好的二流子，后来窃物追回，可惜两只铜壶已捶扁，上面原先的花纹图案也已毁坏。找到潘铜匠，他不仅将铜壶复原，而且重新镂刻了花纹，竟与原来壶一模一样。这两只铜壶，最终还是丧于“文革”中的抄家破四旧，潘铜匠的手艺自然也湮没无存。

潘铜匠每天都在空地做他的铜器，这块空地只属于潘铜匠所有，没有其他的手工艺人会到这儿来，潘铜匠在这儿心安理得，好像从古到今就在这里从事他的重要而优美的工作，所以潘铜匠是自豪的，他虽然通常沉默寡言，但是那份自豪就在他那不声不响的专注的神情中流露出来。有时候他会对前来购买铜器的人发出一两声沙沙的笑，笑声就像那浇铸到模子里的金黄色的铜浆，它使整个河边空地都充满了熟铜的炽烈气味。

潘铜匠唯一受到镇里人质疑的地方，与他的手艺无关。皆因潘铜匠一家的日子过得与农民不同，他们看到中午送到潘铜匠担边的饭菜，每回总是鱼肉齐全。这样阔绰的日子，让大家想入非非。传言潘铜匠收罗旧铜料时，得了不少金子，因为谁也说不准有没有金子混在铜里面，一般不识，只有潘铜匠是识货的行家，他不声不响地就把那些误作铜的金子藏下来了。但这些传言只在私下里说说，不能证实也不能证伪。我问过潘家三兄弟，听说你们家有一箱金子，他们又委屈又气愤地说，没有！就没有！你要再瞎说，就不跟你玩了！

潘铜匠儿子们的声音犹在，而他们的铜匠船已不知被新生活的潮流冲向哪里了。

有几年，我们家与一个箍桶匠是邻居。箍桶匠姓顾，记不得他有多大岁数，只记得他的头发比较少，头上有几个大瘌痢疤。箍桶匠有三个孩子，都不是他亲生的，他是他们的继父。三个孩子中，一个十七八岁，是大姐，一个上六年级，是二弟，还有一个先天性痴呆，是小妹。实际上我们与这三个孩子比邻而居，而姓顾的光头箍桶匠，总是在外面，带着他的女人，一条船，今天停在这个村庄的码头边，明天靠在那个村庄的木桥下。过一段时间，或者逢上节日，会回来看看。

箍桶匠属于木匠行，但他的工作，可能比其他木匠更与日常生活联系紧密。比如水桶与马桶，就是每天都需要使用的器物。水桶有挑水的、拎水的、舀水的分别，我们那里的农村是水乡地区，这些桶都与用水有关，哪一天可以少了它们？马桶更重要，马桶管拉撒，这是生活中的另一件大事，其日常性可能超过水桶。因此，箍桶匠经常要做的活儿，就是替人家箍马桶。马桶的样式至少有三四种之多，做工也异乎寻常的讲究，比如做一种倒扣式的礼帽形马桶，除比例匀称以外，上面的盖子加桶圈，都需严丝合缝，而上面打的箍，更要见出箍桶匠掌握圆度的本领，箍无论是铁的还是铜的，上中下三道直径尺寸都是固定的，若是箍桶匠功夫不行，箍就会出毛病，不是箍大了，就是把桶打炸了。好的箍桶匠，手上那张特制的圆刨子，像长了眼睛一样，它会把桶子刨到恰到好处，箍往上一打，一只形体漂亮的马桶，成了！别看马桶这种极其形而下的物事好像不能进入高雅之列，可是它在乡村新婚的嫁娘船上，赫然陈列船头，而且它还由人抱着，走在新娘前面，首先登堂入室。闹房的人，还要从马桶里捧出枣子花生，表现他们的喜乐。再往下，新娘的肚子大了，她挺着肚子用力将马桶捧着、顶着，光荣地走过长长的巷子，马桶与新娘成为乡村生活中的一景。你想想，一个箍桶匠，能不将马桶做好吗？

箍桶匠的船，每次靠岸，我们都会看到船后艄堆了三五只马桶，还没有上漆，露出新鲜清晰的木纹。

箍桶匠的六年级的继子，在箍桶匠回来的那几天，总是不高兴。我起初不知原因，后来才知道，每次箍桶匠的船回来，他就得去做一件怕人耻笑的事情，到小学校的小便池里敲刮尿碱。尿碱有什么用？尿碱用来与细麻丝一起捣碎了，搪马桶与其他木桶的缝。要使桶不漏，这样的材料是不可缺少的。做这样的事，孩子最合适。箍桶匠的儿子不去敲刮尿碱，谁会去？他怕同学看见了笑，这孩子心里有点不愿，有点苦处。但箍桶匠养着他们一家子，箍桶匠也不容易，全凭有这门手艺，让他们娘四个衣食不愁。生活已经让六年级的孩子非常非常懂事了。

我们那里还有一种木匠，是船木匠，就是打造船和修理船的。我们那里水多，出门全靠船，船是不可缺少的交通工具。另外船还是劳动工具，像罱河泥这样的农活，就得靠船。我们那里使用的船一般都是小船，两三个人坐的小划子，稍大的船则是农用船，能载几千斤重量，这样的船一个生产队大概也就一两条。再大的木船就比较少了，即使有也是长年闲着。本地船木匠，通常都只打造或者修补小船。这样的活儿，总是在夏天进行。夏天阳光炽烈，天气干燥，适宜打船修船，木船要坚固耐用，全靠最后的油船这道工序。油船要用桐油，桐油油上去，要在高温的气候下阴干，夏季才合乎这样的要求。

我认识的船木匠并不专门打船修船，

只有在夏天，他才是一个船木匠，其他时间，他给人家做床。他的作坊里，有一架车木头用的人工车木机，专门车木床上的圆腿圆柱。打床和打木船，好像并没有区别，衣食住行，住和行是连在一起的。夏天一到，离开家里的车木机，他就和儿子一起成天蹲在一片空场上搭起的草棚下面，身边是一条新船或者一条旧船。

需要打造的新船，是那种最小的划子。两头尖翘翘的，中间有一个小小的船舱。打这样的船，是本地船木匠的任务，大一些的船，那就要到外地船厂去买。打船要用上好的杉木料，杉木质地比较轻，浮力好，很少见打船用其他木料的。至于我们那里生长的杨树、楝树什么的，从来都不会拿来打船，偶尔在船后艄镶上一块桑木，那是因为这块地方需要耐磨。除木制料外，打船最主要的材料就是船钉。船钉是两头尖中间有四个楞子的，这种船钉要用好铁，镇南头的金铁匠打制的船钉，公认质量最好。一条船要用多少船钉呢？没谁数过，大大小小长长短短总要用上一挽子吧。麻丝、油石灰，也是必需的东西。麻丝要长的，与油石灰一起锤匀锤熟，用小凿子细细地嵌进每一条木缝中间。打船工序中，最关键的技术在拼接船底与船帮，那里是通过木榫来拼接的，先要分别在船底与船帮上做好公母榫，一块一块嵌接好，再钉上锔钉，技术上稍有一点马虎，船下了水就可能漏水。做不好这样的榫头，就吃不了打船这碗饭。

修船要简单得多，把朽了坏了的板换下来，剔去已经漏水的船缝里的麻丝油灰，重新嵌入新鲜的麻丝油灰，刮掉附在船底的水垢。一般的船，不会让它坏得不能用才修理它，而是每过个两三年，把它拉到岸上，重新用桐油刷一遍，算作保养。保养得好的木船，用上一二十年不成问题。因此，我们那里的船木匠，打新木船的工作不多，多的是修理旧木船。在旧木船上，挖挖补补，涂涂刷刷，每年夏天都是这样的工作，能有什么意思？没有意思。但每年我们都放心使用这些船，这些经过修整、油得发亮的木船，成天在我们周围的河流上行来走去，让我们多少年来固定的生活流动不息。那些环绕这种生活的枯燥的日子，变得有些意思了。

我一直记得这个船木匠。他穿了香云纱的短衣短裤，头上是一顶细草编成的草帽，傍晚时，火一样的太阳下去了，摘了草帽，露出他秃瓢状的光头，这时候，他手中的凿子敲打船板的声音节奏鲜明地响起来，叮叮凿，叮凿叮凿叮叮凿，声音在夏日的晚风中明朗空透，亲切动人。

初中毕业后，我差点跟我的一位堂伯学木匠。我的这位堂伯是家传的细木匠，手艺好，脾气大，带过几个徒弟，都让他打跑了。堂伯看上了我，来跟我祖父说，要我做他的徒弟。那时候正好乡村“割资本主义尾巴”，木匠也是一条要割的“尾巴”，但没有木匠不行，处理的办法是让木匠每年向生产队缴纳一定的钱，叫“懒工钱”，记一个劳动力工分。尽管这样，我的堂伯仗着他的手艺，日子还是过得比一般农民要好一些。想跟他学徒的人不少，他单看上我，我祖父却不领他的情，回了他，我当然也就没有机会入木匠这一行。

细木匠主要制作家具。乡村连年穷困，生活已简单到了不能再简单的地步，但过日子总归要做一两件柜子、箱子、桌子、椅子等等家常器具。他的活儿干净利索，比如用斧，他一斧子下去，要劈去多厚就会多厚，几斧子下来，就能成形，这除了准确，还要吃透木性，用力匀，一个优秀的木匠，绝对体现在斧头的感觉上。而我的堂伯，在众多乡村木匠中，不用说就是以有一把好斧头出名的。当然，他还有另外两种过硬的技术，一天无论做柜子还是桌子椅子，从不用钉子，所谓家传，也就是他从上辈人手里掌握了“斗榫”的不传之秘，他知道每一种榫的做法，他手中做出来的木器天衣无缝，明明知道那些角是接上去的，可你摸不着它们的榫头在哪里。二是雕刻，他雕一种双线雕，这是种极细极精致的活儿，我们那儿的木匠中只有他一个人能做出这样的活儿，他在一只柜子门上雕上两枝牡丹，这只本来普通寻常的木柜，就立刻显得华贵起来。嫁女到外村的人家，哪怕陪不起大件家具，但是请我的堂伯做一件小小的梳妆台，雕上美丽的图画，那女方的亲长们脸面上就会好看得多了。我的木匠堂伯靠他的手艺，从年轻时就挣得一把名声，可是越往后他越抱怨自己的手艺得不到发挥。

农民们买不起好木头，要做家具，总是用家前屋后栽种的杨树、柳树、槐树、榆树这些杂七杂八的树木做材料，不是不能做，也不是做不好，可是就这些材料，值得再为它处心积虑做明榫暗榫，值得在它上面精致地雕镂花纹图画吗？我的木匠堂伯喜欢回忆以前，他做一种“三滴水”的雕花大床，那是花了几个月工夫才做成的作品，是乡村里难得一见的惊世之作，那才叫手艺！更让他沮丧的是，他现在很多时间都要花在为生产队做木锨、锹柄以及风车的水括子、转盘这些农具上面，他当然可以把木锨做得结结实实，把水括子做得滑滑溜溜，可是这些东西也需要他做吗？世事沧桑，江河日下，我的木匠堂伯白发横披，心情恶劣，他成了乡村里怒气冲冲别人轻易不敢招惹的手艺人。

为了弥补我的堂伯不能收我做徒弟的遗憾，我们砍掉庭院里一棵楝树，请他做了一张书桌。这张书桌做得无比灵巧，桌面光亮得如同玻璃。我去搬回它时，我的木匠堂伯说，只能是这个样子了，将就用用吧。这张书桌我一直用到离家外出读书。

金铁匠的铁匠铺子在一座土垛子上，迎着铺子门是座小桥，后来小桥废了，改成一座堤坝，这样走过堤坝到金铁匠的铺子就方便多了。

我们这里有两个铁匠，金铁匠是其中一个，他个子高大，但背有点驼，可能是长期俯身抡锤留下来的。铁匠在乡里的地位与木匠一样，早在农村合作化那会儿，乡村就联合铁匠和木匠成立了“铁木社”，组织他们为集体生产服务。金铁匠是否加入过“铁木社”这个工匠组织，我不太清楚，但他在六十年代后期就单独在他的铁匠铺里打铁，这是我亲眼所见。乡村里的人常把打铁、撑船、磨豆腐看作最苦的三样活，撑船、磨豆腐当然苦，打铁好像不同，打铁是一门手艺，是手艺就不能说苦。比如金铁匠，我从来没有看到他脸上的苦颜色，他走出来总是红光满面，卷起袖子的手臂也是红色的，一副精神抖擞的模样。金铁匠没事爱捧把大茶壶，笑嘻嘻地一边喝茶一边与人谈天。这是一个生活信心十足的手艺人才会有的态度，又印证了一句老话，灾年憋不死手艺人，六七十年代那是什么样的日子，金铁匠照样是金铁匠。

无论春夏秋冬，金铁匠早晨开炉的时间是一定不变的，人们刚刚端起早饭碗，就可以听到金铁匠铺子里的叮叮当当锤打声，声音大小错落，小的是金铁匠掌小锤的声音，大的是他儿子抡大锤的声音。从金铁匠第一声锤开始，到最后一锤结束，一种欢快激昂的气氛会通过锤声不停地弥漫到整个小镇。这样的声音多少年下来，以至于金铁匠这一天上午打造的是镰还是锄，下午打造的是犁还是锹，都能从锤子的不同声音中辨别出来。我们这些半大男孩，是金铁匠铺子里的常客。我们喜欢看铁锤锤打热铁时，四处溅射的红色铁花，喜欢看煅红了的铁放在冷水里淬火发出的声音。我们喜欢看金铁匠打铁，一手拉着大风箱，一手执着铁锤的姿态，喜欢他的孔武有力，以及他与他的儿子在打击一块铁器时配合的默契和那种父子共同的劳作中洋溢的热情。两个壮年男人在一炉热焰前的劳动，在我们眼里是最为优美的劳动，因为它是如此突出显示了一种强劲有力量，从而使我们暗中生出敬畏和膜拜。本来，我们到金铁匠的铺子里只不过为了寻几块碎铁玩耍，可是谁又会想到我们能够受到如此之深的吸引，谁又会想到这是对我们的暗中鼓舞，以至于多少年之后记忆犹新，并且保持着这种对劳动和力量的感佩之意。

当然，这并非说，金铁匠和他的铁匠铺与我们有什么关系，就像所有我看到的那些乡村手艺人一样，他们并非为我们这些孩子而存在而有价值，否则就太可笑了。金铁匠手艺是以对铁器的日常需要所决定的。凡是乡村里需要的铁器，金铁匠都能打制出来。一个村庄需要哪些东西呢？这在主要依靠本地铁匠的手工活的时代，几乎是不胜枚举的，农民们很少前往城市购买一把锄头或者一把镰刀，甚至一根铁钉，这些都在金铁匠打制的范围之内。因此，金铁匠的重要程度，表明了乡村处在封闭的耕作社会中对铁器的需求程度。至于说金铁匠的手艺特点，主要是他特别擅长打制铁犁和菜刀。我不知道别处的铁匠是否像金铁匠在这两门上集中了一生的技术，但金铁匠的铁犁和菜刀，却无与伦比，独骚四乡。金铁匠的铁犁，坚韧锋利，耕田的老把式都喜欢用，说是钢火好犁头快，说是省力，说是耕出来的泥花漂亮。于是，金铁匠和他的儿子每年开春时的工作就是打制铁犁了，他们要打几十张上百张，打好了，一排排架着，犁片闪烁着乌黑的光，要不了几天，这些铁犁就被人扛走了，扛犁的人走过金铁匠铺子前的堤坝时，脚步似乎添了几分信心。而金铁匠的菜刀怎么样？这要去问西桥头的宝奶奶，宝奶奶会对你说，他用的那把菜刀已经三十年了，那刀的木把子都换过三回，淬上去的钢火还有指头那么宽。我的一位儿时伙伴前几年来，谈到金铁匠，我说下次能不能给我带一把他的菜刀？他说，怎么不早说，金铁匠不在了。金铁匠不在了，他的菜刀将成为乡村人家最日常的记忆吧。

一九九六年冬天，在家乡的最后一个傍晚，我站在两个村镇之间的大路口，举目四顾，似乎看到两个担着担子的矮人对面走来。这是幻觉，但我要说，这是当年每年都出现的真实情景。两个矮人是皮匠方和皮匠陈。他们是我中学时代记忆最深的两位绱鞋子的手艺人，十年前我专为他们写过一篇文字，那时我把这篇文字叫作小说，现在我不这样看待了，那里面所有的文字都是真实可靠的，比如两个皮匠的出身、年龄，他们的故事，他们每天走向对面村镇时沉着从容的步子，以及他们担着担子擦肩而过时相视一笑，都可以找出见证。那个见证人自然就是当时一群相伴上学的少年中学生。我最后是这样写的：

“那群少年中的一个，长大后去外面念了几年书，回到他的家乡，还看到皮匠方到皮匠陈的村庄绱鞋，当然还看到皮匠方和皮匠陈在那条田径小路上对面走来擦肩而过。恰如他们手中绱鞋的那两根针，对面穿过，哧溜一声，带着长长的线，就把他们每一个日子缝得紧紧的严严的实实的。”

又是一个十年，两位乡村里的皮匠走到哪里去了？而且在这条路上亦曾走过的那些补锅匠、锔碗匠们，他们担着大大小小的担儿，又走向哪儿去了？

夕阳西下，宿鸟归飞，几阵聒噪之后，田野在暮色四合中逐渐安静。

（发表于《人民文学》2001年第08期，作者为费振钟）

刘政奎情系第二故乡发展

刘政奎，出生于1962年10月，原籍兴化沙沟。1983年7月参加工作，1992年10月加入九三学社。20世纪70年代初，因父母工作关系，自幼随父母迁至沈坨。从小学至高中，刘政奎一直在沈坨就读，视沈坨为第二故乡。在辽宁任职期间，刘政奎数次到沈坨拜谒祭奠安葬于此的祖辈，实地考察调研沈坨经济社会发展情况，关心支持沈坨交通等基础设施建设。现任全国政协常委、副秘书长，九三学社中央专职副主席、内部监督委员会副主任。

刘政奎1979—1983年就读于上海同济大学道路与桥梁工程专业，获学士学位。1983—1988年，任西安公路学院助教。1988—1997年，历任辽宁省交通勘测设计院助理工程师、工程师、高级工程师，电算室主任、副院长、院长。1997—1998年，任辽宁省交通厅副厅长兼交通勘测设计院院长、教授级高级工程师。1998—2008年，历任辽宁省交通厅副厅长、副厅长（正厅级）。2008—2013年，任辽宁省政协副主席、辽宁省交通厅副厅长。2013—2018年，任辽宁省人大常委会副主任。2018—2022年，任全国人大财政经济委员会委员。2022年，任九三学社中央专职副主席。

刘政奎先后担任第十届全国政协常委、第十一届全国政协委员，第十二届全国人大常委会委员，第十三届全国人大财政经济委员会委员，第十四届全国政协常委、副秘书长；九三学社第十一届、第十二届、第十三届、第十四届中央常委，第十五届中央专职副主席，辽宁省第四届委员会副主委，第五届、第六届、第七届委员会主委。

2021年在外乡贤名录

（按出生年月排序）

表7

姓名	性别	出生年月	单位、职务、职称	籍贯
顾定俊	男	1945.6	《泰州日报》社原社长、党委书记	薛鹏村薛四
张永兵	男	1946.11	连云港市检察院原检察长	安冒村安塘
顾国平	男	1959.7	兴化市委原常委、政法委书记	薛鹏村薛三
朱忙根	男	1964.4	南通中国远洋海运集团财务总监、世界注册内审师	安冒村安塘
胡凌平	男	1964.8	中国人民解放军原南京军区十三处处长	关华复村华谈
邵斌华	男	1965.5	南京汇金控股集团党委副书记（正处）	薛鹏村薛三
常传林	男	1965.8	兴化市人大常委会副主任、总工会主席	安冒村安塘
胡　勇	男	1966.10	山西省太原市煤电公司总经理（正处）	薛鹏村薛四
邵存武	男	1970.6	南京市六合区西厂门街道政协工委主任	沈北村沈四
唐圣金	男	1972.6	中国人民解放军火箭军工程大学教授	金唐纪村唐张

续表 7

姓名	性别	出生年月	单位、职务、职称	籍贯
奚兴茂	男	1973.2	山西省国家安全厅三处副处长	关华复村华谈
江爱贵	男	1975.2	泰州人民医院呼吸道科副主任，副主任医师、博士	安冒村安塘
董凤林	男	1975.6	苏州市第一人民医院副院长、主任医师	薛鹏村薛四
杨　顺	男	1977.3	苏州人民医院附二院副院长、主任医师	薛鹏村薛一
奚桂华	男	1977.6	南京信息工程大学应用气象学院党委副书记、副院长（正处级）	关华复村华谈
陈亚东	男	1977.7	南京信息工程学院南京科技职业学院院长、教授	繁盛村凡南
李　峰	男	1984.1	国家电网涟水县供电总公司总经理、高级工程师	安冒村安塘

革命烈士一览表

（参见第六篇《红色热土》，206 页）

先进人物一览表（截至 2021 年）

（按出生年月排序）

表 8

姓名	所在单位	授予称号	授予单位	表彰时间
赵 宏	沈圪镇安冒村	对越自卫还击战二等功	中国人民解放军 54832 部队	1986.5
许世忠	沈圪镇安冒村	对越自卫还击战二等功	中国人民解放军 54832 部队	1986.5
杜桂华	沈圪镇农业农村局	生产自救先进个人	江苏省农业厅	1991.11
杨如生	沈圪卫生院	卫生防疫先进个人	江苏省卫生厅	1991.12
范维礼	沈圪镇沈家村	全国粮食生产大户	农业部	2004.10
樊才林	沈圪镇樊荣村	全国关心下一代先进个人	中央文明办 中国关工委	2010.9
倪学书	沈圪镇关工委	先进工作者	江苏省委文明办 江苏省关工委	2011.9
顾春草	沈圪镇安冒村	江苏好人	江苏省委文明办	2021.10

编后记

《沈坨镇志》经过近三年的编纂，终于出版问世。

2022年8月，沈坨镇成立《沈坨镇志》编辑委员会，组建编辑部，明确各村、社区、办局中心联络员、信息员。9月，根据兴化市党史方志办编辑工作的总体要求和拟定的篇目大纲，编辑人员进行分工协作，收集了6万余字的相关内容和数据。12月前，基本完成资料收集、整理和甄别工作。2023年2月，编辑部根据纲目要求，对收集到的各类资料进行分类处理，进一步加以甄别，从中选出有利用价值的材料，并对筛选出的资料进行归类、编写。其间，编纂人员先后参加江苏省、泰州市、兴化市党史方志办组织的业务培训，虚心到大邹、戴南、陈堡等友邻乡镇学习取经，多次去相关档案馆查阅历史档案，摘录相关材料，分别走访老干部、知情人和资深学者、专家，踏勘域内公路、河流、桥梁、寺庙，考察文化遗址、古迹文物、相关企业，收集原始资料近50万字。9月，完成初稿报送兴化市党史方志办进行把关，同时送交镇党政班子成员、各村及部门主要负责人审阅，在初审会上共收集79条修改意见，对初稿进行修改。10月，形成复审稿，经兴化市党史方志办领导、专家认真审阅，认为《沈坨镇志》复审稿观点正确，内容充实；体例规范，结构合理；资料翔实，语言流畅；注重个性，彰显特色。复审通过，同时又提出6个方面的修改意见和建议。复审后，编辑部成员对文稿反复进行推敲，同时组织收集整理相关图片。2024年7月，基本完成23万字终审稿，拍摄、征集近千张图片，最终选用200余幅，为本志的图文并茂奠定了基础。2024年10月，召开《沈坨镇志》终审会，泰州市、兴化市的专家领导对志稿进行严格评审，在充分肯定志稿质量的基础上，并提出综合性的修改意见和建议，《沈坨镇志》顺利通过终审。编辑部成员根据专家组的评审意见，对志稿再行修改。2025 年 2 月，经泰州市党史方志办验收合格。

《沈坨镇志》编纂是一项全新的工作，涉及范围广泛、跨度年代久远，且既无经验又缺资料，贵在编纂过程中，得到了泰州市、兴化市史志办领导、专家的指导，沈坨镇党政领导的重视，各村、部门的配合，社会各界的支持，在此表示真诚感谢。本书采用的部分文字和图片属于相关权利人所有，因客观原因，无法与版权所有者取得联系，在此一并表示谢意。

由于编辑人员知识浅薄、能力有限，缺点或错误在所难免，热忱欢迎各级领导、专家和广大读者批评、指正。

需要说明的是，沈坨镇的“坨”字并不常见，通常人们写作“伦”字，本书部分图片中也含有“沈伦”字样，我们予以保留。

《沈坨镇志》编写组

2025 年 3 月